OS ELEMENTOS
DA JUSTIÇA

OS ELEMENTOS DA JUSTIÇA

David Schmidtz

Tradução
WILLIAM LAGOS

Revisão da tradução
ANÍBAL MARI

wmf **martinsfontes**

SÃO PAULO 2009

Esta obra foi publicada originalmente em inglês com o título
THE ELEMENTS OF JUSTICE
por Cambridge University Press, Cambridge, GB.
Copyright © David Schmidtz 2006.
Copyright © 2009, Livraria Martins Fontes Editora Ltda.,
São Paulo, para a presente edição.

1ª edição 2009

Tradução
WILLIAM LAGOS

Revisão da tradução
Aníbal Mari
Acompanhamento editorial
Luzia Aparecida dos Santos
Revisões gráficas
Maria Angela Montenegro de Azevedo
Ivani Aparecida Martins Cazarim
Produção gráfica
Geraldo Alves
Paginação/Fotolitos
Studio 3 Desenvolvimento Editorial

Dados Internacionais de Catalogação na Publicação (CIP)
(Câmara Brasileira do Livro, SP, Brasil)

Schmidtz, David
  Os elementos da justiça / David Schmidtz ; tradução William Lagos ; revisão da tradução Aníbal Mari. – São Paulo : Editora WMF Martins Fontes, 2009. – (Biblioteca Jurídica WMF)

  Título original: The elements of justice.
  ISBN 978-85-7827-094-0

  1. Justiça (Filosofia) I. Título. II. Série.

09-01531   CDD-172.2

Índices para catálogo sistemático:
1. Justiça : Filosofia   172.2

Todos os direitos desta edição reservados à
Livraria Martins Fontes Editora Ltda.
Rua Conselheiro Ramalho, 330 01325-000 São Paulo SP Brasil
Tel. (11) 3241.3677 Fax (11) 3101.1042
e-mail: info@wmfmartinsfontes.com.br http://www.wmfmartinsfontes.com.br

ÍNDICE

Agradecimentos.. VII

PRIMEIRA PARTE
O QUE É A JUSTIÇA?

1. A comunidade da justiça 3
2. O conceito básico 9
3. Uma grande variedade de competidores 18
4. Funcionalismo contextual 24
5. O que é uma teoria? 31

SEGUNDA PARTE
COMO SER MERECEDOR

6. Merecimento 47
7. O que eu fiz para merecer isso? 51
8. Como merecer uma oportunidade 60
9. Merecer e ganhar 77
10. Justificação do merecimento 84
11. O merecimento como um artefato institucional 94
12. Os limites do merecimento 100

TERCEIRA PARTE
COMO RETRIBUIR

13. Reciprocidade 111

14. O que é a reciprocidade?... 113
15. Variedades da reciprocidade... 124
16. Dívidas para com a sociedade e partidas dobradas ... 136
17. Os limites da reciprocidade.. 142

QUARTA PARTE
RESPEITO IGUAL E PORÇÕES IGUAIS

18. Igualdade 159
19. O tratamento igualitário implica porções iguais?............ 162
20. Para que serve a igualdade?.. 169
21. Pagamento igual por igual trabalho................................ 178
22. Igualdade e oportunidade... 188
23. Sobre a utilidade das porções iguais............................... 210
24. Os limites da igualdade 225

QUINTA PARTE
REFLEXÕES SOBRE A NECESSIDADE

25. Necessidade 241
26. Hierarquias de necessidades... 243
27. A necessidade como princípio distributivo................... 248
28. Além dos números... 255
29. De que realmente necessitamos?.................................... 266

SEXTA PARTE
O DIREITO DE DISTRIBUIR

30. Dívidas intelectuais... 275
31. Rawls... 277
32. Nozick... 297
33. Retificação.. 313
34. Dois tipos de arbitrariedade 325
35. Justiça procedimental *versus* justiça distributiva 331

Referências.. 345
Índice remissivo 355

AGRADECIMENTOS

Sempre que eu me encontrava com James Rachels em uma conferência, ele me parecia extremamente consciente de como é divertido ser filósofo. Eu não poderia me equiparar à simplicidade magistral do texto introdutório de Jim, *The Elements of Moral Philosophy* [Os elementos da filosofia moral], mas até certo ponto tomei de empréstimo seu título, concebendo-o como um tributo, antes que viesse a saber que ele estava morrendo de câncer de próstata. Para meu espanto, Jim me mandou do seu leito no hospital um *e-mail*, poucos dias antes de sua morte, dizendo que uma das poucas coisas que lamentava na vida era não ter chegado a me conhecer melhor. Eu não faço ideia de quantos *e-mails* iguais Jim teria enviado, mas esse era o tipo de homem que ele era, atencioso e apaixonado pela vida, não importa o que lhe acontecesse.

Eu quero agradecer a Marty Zupan por ter me convidado para participar de uma campanha de levantamento de fundos em Palm Beach, em fevereiro de 2003. Agradeço a Randy Kendrick, a quem fui apresentado em Palm Beach, por me haver telefonado uma semana mais tarde para convidar Elizabeth e eu para jantarmos com ela e seu marido Ken, em Phoenix. Eu recusei o convite, dizendo-lhe que haviam diagnosticado um tumor em meu cérebro dois dias antes, em consequência do que não estava me sentindo muito predisposto à vida social. Randy exigiu que eu fosse consultar seu amigo, o Dr. Robert Spetzler. De acordo com a descrição feita de Spetzler por um neurocirurgião, mesmo que seja difícil explicar o que torna um pianista meramente excelente, enquanto outro é um *virtuoso*, o fato é que Spetzler é um virtuoso na sua especialidade médica. Seus pacientes simplesmente obtêm melhores resultados que os pacientes de outros médicos. Assim, agradeço ao Dr. Spetzler. Mesmo com relação a outras intervenções cirúrgicas cerebrais, essa operação foi delicada. Eu poderia ter morrido ou sobrevivido como uma concha vazia, se não fosse por ele.

Durante minha convalescença, Kit Wellman e John Tomasi, entre muitos outros, vieram me visitar e perguntar se havia alguma coisa que poderiam fazer por mim. Provavelmente, estavam esperando que eu dissesse:"Não, obrigado, sua visita já foi o suficiente, mas se eu me lembrar de alguma coisa..." Em vez disso, encorajado pela consciência de que a vida realmente é curta, eu lhes disse:"Quem sabe vocês organizam um *workshop* sobre o meu livro...?"Sinto-me especialmente grato a Kit, John e Dave Estlund por terem organizado esses eventos. No *workshop* realizado no estado da Geórgia, Andrew Altman, Andrew I. Cohen, Bill Edmundson, George Rainbolt, Geoff Sayre-McCord e Kit Wellman se apresentaram como comentadores. Alex Kaufman e Ani Satz foram participantes ativos. Em um segundo *workshop* realizado na Universidade Brown, meus comentadores oficiais foram John Tomasi, David Estlund, Neera Badhwar, Corey Brettschneider, Peter Vallentyne e Arthur Applbaum.

Agradeço a Galina Bityukova, do Centro de Recursos da Ásia Central, em Almaty (Alma Ata), capital do Cazaquistão, por ter reunido vinte e um professores universitários de nove das repúblicas pós-soviéticas, a fim de passarem uma semana juntos para discutir meu livro. Giancarlo Ibarguen e Manuel Ayau, presidente e ex-presidente, respectivamente, da Universidade Francisco Marroquín, organizaram minha visita de duas semanas à Guatemala, em que apresentei nove palestras a diferentes plateias. Michael

Smith, Geoff Brennan e Bob Goodin se encarregaram de todos os preparativos para minha estada de dez semanas na Escola de Pesquisas em Ciências Sociais da Universidade Nacional Australiana, em 2002. Também agradeço a Jeremy e Pam Shearmur por me acolherem em seu lar nos subúrbios de Canberra.

Agradeço a Michael Pendlebury as providências que tomou para minha visita de três semanas à Universidade de Witwatersrand [África do Sul], em 1999, ocasião em que apresentei as primeiras versões de diversos capítulos deste livro. Agradeço a Horacio Spector e a Guido Pincione pela oportunidade de apresentar uma boa parte deste material durante minhas visitas à Faculdade de Direito Torcuato di Tella, em Buenos Aires. Agradeço a David e Laura Truncellito por organizarem minhas conferências em Taiwan, na Universidade de Chen Chi, na Universidade Nacional de Chung Cheng e na Universidade de Taiwan e por uma visita inesquecível, passada em excursões pela ilha. Agradeço ao Centro de Ética Aplicada e à Faculdade Green da Universidade da Colúmbia Britânica por sua esplêndida hospitalidade durante a primavera de 2000 e igualmente ao Centro de Filosofia e Política Sociais da Universidade Federal de Bowling Green [também no Canadá], durante o outono de 1999. Com referência a palestras individuais, quero agradecer aos participantes e aos organizadores nas universidades de Michigan, Yale, UNC-Chapel Hill, em Ohio, ao Instituto de Tecnologia de Rochester e igualmente às universidades de Santa Clara, Auckland (Nova Zelândia), Alabama-Birmingham, Tulane, Georgetown, West Virginia e James Madison.

Quero agradecer a todas as pessoas maravilhosas do *Liberty Fund* [Fundo pela Liberdade] de Indianápolis seu apoio surpreendentemente generoso durante minha convalescença após a cirurgia, quando eu necessitava de paz e tranquilidade, a fim de aprender a pensar de novo. Agradeço à Fundação Earhart e ao *Institute for Humane Studies* [Instituto de Humanidades], que ao longo dos anos sustentaram financeiramente não somente a mim, como a diversos estudantes da Universidade do Arizona. É desnecessário dizer que minha dívida principal é para com a Universidade do Arizona. Este é o meu lar e agradeço aos meus colegas por fazerem com que eu me sentisse assim com relação a ela. Mais do que qualquer pessoa (e isto é dizer muito), Chris Maloney transforma a vida no departamento em um motivo de alegria, desde o momento em que chego pela manhã, até quando caminhamos juntos para casa ao fim do dia.

Todas essas boas pessoas abaixo, além daquelas mencionadas acima e outras a quem darei crédito mais especificamente em notas de rodapé que serão incluídas nos capítulos, fizeram tudo quanto se achava a seu alcance para aperfeiçoar este livro: Scott Arnold, Lawrence Becker, Matt Bedke, Jeremy Bendik-Keymer, Jason Brennan, Gillian Brock, Chris Brown, Allen Buchanan, Tom Christiano, Andrew Jason Cohen, David Copp, Tyler Cowen, Peter Danielson, Jonathan Dancy, Stephen Darwall, Amitai Etzioni, James Fishkin, Ray Frey, Gerald Gaus, Allan Gibbard, Walter Glannon, Charles Goodman, Rob Gressis, Chris Griffin, Allen Habib, Rosalind Hursthouse, Jenann Ismael, Frances Kamm, Scott LaBarge, Jason Lesandrini, Loren Lomasky, Garry Mackie, David Miller, Fred Miller, Chris Morris, Jan Narveson, Cara Nine, Guido Pincione, Steve Pink, Frances Fox Piven, Thomas Pogge, James Rachels, Peter Railton, Dan Russell, John T. Sanders, Steve Scalet, Daniel Shapiro, David Sobel, Horacio Spector, Christine Swanton, Mark Timmons, Mary Tjiattas, Kevin Vallier, David Velleman, Will Wilkinson, Elizabeth Willott, Matt Zwolinski e todos aqueles leitores anônimos dos manuscritos e provas que se esforçaram para que o livro viesse a ser impresso.

Trechos da Segunda Parte apareceram previamente no artigo "How to Deserve", publicado no periódico *Political Theory*, 30 (2002), pp. 774-99, DOI:101177/0090591702238203 © Sage Publications 2002. Trechos da Sexta Parte apareceram previamente no artigo "History and Pattern" [A história e os padrões], publicado no periódico *Social Philosophy*

& *Policy*, 22 (2005), pp. 148-77. A Quarta Parte incorpora material do artigo "Equal Respect and Equal Shares" [Respeito igual e parcelas iguais], publicado em *Social Philosophy & Policy*, 19 (2002), pp. 244-74. O Capítulo 22 atualiza e modifica material apresentado pela primeira vez em meu livro *Social Welfare and Individual Responsibility* [O bem-estar social e a responsabilidade individual] (1998), © Cambridge University Press. Uma versão inicial do Capítulo 23 foi publicada em "Diminishing Marginal Utility" [A diminuição da utilidade marginal], no periódico *Journal of Value Inquiry*, 34 (2000), pp. 263-72 © Kluwer Academic Publishers, reimpresso mediante gentil permissão de Springer Science and Business Media.

PRIMEIRA PARTE
O que é a justiça?

1. A comunidade da justiça

TESE: Os teóricos discordam. A culpa não é deles. Teorizar não leva a um consenso.

Pesquisa preliminar

Toda vez que faço uma pesquisa no terreno da justiça, percebo que o que chamamos de justiça é uma constelação de elementos mais ou menos relacionados entre si. Percebo um certo grau de integração e unidade, mas a integridade da justiça é limitada, mais como a integridade de um bairro do que como a integridade de um edifício. Uma boa comunidade é funcional, um lugar em que as pessoas podem viver bem. Todavia, os bons bairros não são *projetados* da mesma maneira abrangente que os bons prédios. (Sem dúvida, as comunidades projetadas causam uma impressão falsa, como se fossem cenários cinematográficos, cujas histórias obviamente podem remontar até a data de um plano criado por uma única mente.)

Existe uma propriedade que define a comunidade da justiça, em virtude da qual o substantivo se aplica a esta? Sim. A Primeira Parte explica esta questão, mas a propriedade é geral e formal: a forma como ela se traduz em princípios substantivos dependerá muito de seu contexto. As reflexões sobre quatro elementos substantivos – merecimento, reciprocidade, igualdade e necessidade –, são expostas da Segunda à Quinta Parte. A Sexta Parte presta homenagem a John Rawls e a Robert Nozick, que "podem ser descritos como os formadores da paisagem da filosofia política acadêmica durante as últimas décadas do século vinte"[1]. Suas teorias serviram de inspiração à minha (posto que talvez se assemelhe a elas apenas de maneira vaga).

Teorização

Se a justiça é uma comunidade vicinal, então uma *teoria* da justiça é um mapa dessa comunidade. A melhor teoria será incompleta, como um mapa cujo autor declina especular a respeito de avenidas inexploradas, sabendo que existe verdade nessas questões, mas deixando em branco essas partes do mapa. Desenvolve-se uma teoria mais completa sobre a formação da comunidade nas mãos dos futuros residentes dessa comunidade, que possuem maiores informações sobre ela e diferentes propósitos, ao mesmo tempo que a própria comunidade sofre modificações.

Eu me tornei um pluralista, mas há muitos pluralismos. Meu foco não são as "esferas" concêntricas de justiça local, nacional e internacional, tampouco a maneira pela qual diferentes culturas tendem a gerar intuições diferentes, mas sim a variedade de contextos que experimentamos em nosso dia-a-dia, que, por sua vez, requerem seus próprios princípios de merecimento, reciprocidade, igualdade e necessidade. Até certo ponto, tento integrar estes quatro elementos, mostrando como dão lugar uns aos outros e como definem os limites uns dos outros, sem, no entanto, considerá-los de maneira igual, dando a parecer que se encaixam melhor do que realmente o fazem. Será que uma teoria mais elegante poderia reduzir esses múltiplos elementos a um só?

---

1. Fried 2005, p. 221.

Seria mais útil uma teoria monista? Seria até mais simples? A tabela periódica seria, em certo sentido, mais simples, caso posicionássemos nela apenas quatro elementos – ou um único, já que estamos sugerindo essa modificação –, mas isso tornaria a ciência melhor? Não. Houve um tempo em que os astrônomos afirmavam que os planetas *deviam* ter órbitas circulares. Quando finalmente aceitaram a realidade das órbitas elípticas, que possuem dois pontos focais, suas teorias se tornaram mais simples, mais elegantes e mais eficazes. Assim, a simplicidade é uma virtude teórica, mas quando um fenômeno dá a impressão de ser complexo – quando uma órbita parece ter dois *foci* e não apenas um – a explicação mais simples pode ser a de que ele parece complexo simplesmente porque o é. Podemos encontrar uma maneira de fazer tudo apenas com um único elemento, mas isso seria um mero dogma – o oposto da ciência –, que seríamos então forçados a defender.

Apenas aquilo que não tem história pode ser definido[2]

Sócrates é famoso por sempre querer definições e não meramente um exemplo ou dois, mas na prática a maneira pela qual realmente aprendemos é por meio de exemplos. Deste modo, fico imaginando: o treinamento filosófico não nos leva a exagerar a importância das definições? Nós não precisamos definir "cão" para saber o que é um cão. Por que seria diferente com relação à justiça?[3]

---

2. Nietzche 1969, p. 80.
3. Se quiser ler uma discussão soberba e concisa sobre este assunto, veja Gaus 2000, Capítulo 1. Gaus, por sua vez, cita Wittgenstein, conforme segue: "Considere, por exemplo, esses procedimentos que chamamos de 'jogos'. Quero dizer, jogos de mesa, jogos de cartas, jogos olímpicos e assim por diante. O que todos eles possuem em comum? Não diga: *deve* haver alguma coisa em comum, caso contrário não seriam todos chamados de jogos –, mas *observe e veja* se existe algum elemento comum a todos. Porque se você observar com

A tarefa de analisar o termo "cão" nunca absorveu a imaginação filosófica com a mesma intensidade que a análise da justiça. Mas suponhamos que, de um grupo de professores, apenas um poderá tornar-se catedrático e que, de algum modo, o veredicto da banca examinadora dependerá de que uma dissertação sobre "chacais" possa ser capaz de classificá-los como "cães". O significado de "cão" subitamente se torna controvertido. Aquelas pessoas que não concordam com nosso ponto de vista começam a parecer pouco razoáveis. Surgem duas lições a partir daqui. Primeira: definimos e redefinimos os limites de um conceito somente quando isso se faz necessário. Segunda: as necessidades que nos impelem a definir os limites da justiça tendem a ser conflitantes. Desse modo, as emoções tendem a serem excitadas, isto é, exacerbadas pelo fato de que as regras da justiça dizem a todos nós não só o que podemos esperar uns dos outros, mas também aquilo que podemos considerar como uma *afronta*. Se a injustiça é uma afronta e não simplesmente uma decepção, então será difícil teorizar sobre a justiça. Singularmente, se a teoria de José não condena coisas que consideramos afrontosas, então a própria teoria, de certo modo, se torna para nós uma afronta.

Discordância

As pessoas razoáveis discordam sobre o que é justo. Por quê? Até mesmo a resposta a esta pergunta é um item sobre o qual pessoas razoáveis discordam. Nossas análises de justiça (como nossos conceitos de conhecimento, livre-arbítrio, significado e assim por diante) encontram sempre exemplos que as contrariam. Nós procuramos com tanto esforço e por tanto tempo. Por que não conseguimos encontrar o que estávamos procurando?

---

cuidado, verificará que não existe alguma coisa que seja comum *a todos*, porém semelhanças e relacionamentos. E toda uma série deles, de fato. Vamos repetir: não pense, *observe!*"

Em parte, o problema deriva da própria natureza da teorização. Este é um truísmo em filosofia da ciência: "para qualquer conjunto de dados, um número infinito de teorias corresponderá aos fatos". Assim, mesmo que concordemos em casos particulares, com toda a probabilidade haveremos de discordar sobre a maneira de reunir todos esses julgamentos a fim de formar uma teoria a partir deles. A teorização *per se* não produz um consenso (embora isso seja obtido através de pressões sociais).

Por que não? Ou um argumento é correto, ou não o é. Desse modo, por que uma teoria não compele à aceitação de todos nós, se for correta; ou de nenhum de nós, se não o for? Minha resposta: teorias não são argumentos, corretos ou não. Teorias são mapas. Os mapas, mesmo os bons mapas, não nos obrigam a fazer nada. Nenhum mapa representa a *única* forma racional de descrição de um determinado terreno. (Ou, pelo menos, é assim que eu os encaro.)

Ficaríamos muito espantados se dois estudantes de cartografia que tivessem recebido separadamente a tarefa de mapear o mesmo terreno nos apresentassem mapas idênticos. Duvidaríamos que tivessem trabalhado de forma independente. De forma semelhante, os teóricos que trabalham de forma independente constroem teorias diferentes. Sem perceberem como o terreno subdetermina as escolhas que fazem sobre a melhor maneira de mapeá-lo, eles presumem que sua teoria não pode ser verdadeira, a não ser que as teorias rivais sejam todas falsas e, desse modo, buscam identificar as maneiras pelas quais as teorias rivais distorcem o terreno. Naturalmente, descobrem algumas e esses erros lhes parecem ridiculamente demonstráveis, mas não são nada ridículos para seus rivais, que mal prestam atenção em seus argumentos, porque sua preocupação é a de demonstrar os erros cometidos pelos primeiros.

Embora discordemos sobre questões teóricas, existe menor discordância sobre como deveríamos tratar uns aos outros na vida quotidiana. Posso acreditar, pelo menos teoricamente, que a justiça requer a demolição das instituições vigentes e a reconstrução da sociedade, de acordo com uma grandiosa visão idealista. Você pode ter essa mesma sensação, exceto que o seu grande ideal não tem nada a ver com o meu. Todavia, quando saímos de nossos escritórios, tratamos o mundo da forma como ele é. Eu pego o meu carro no estacionamento. Você vai pegar o seu. Saímos dirigindo sem maiores incidentes. Se pretendemos viver em paz, necessitamos de um alto nível de consenso sobre uma longa e, em boa parte, relação de obrigações positivas e negativas que constituem o sentido comum da injustiça com o qual navegamos pelo nosso mundo social. O consenso que precisamos atingir refere-se ao *como* (e não ao *porquê*) tratar os outros e precisamos obter esse consenso no lugar em que o alcançamos: na prática.

Com efeito, há duas maneiras pelas quais podemos concordar: concordamos com aquilo que é correto ou sobre quem possui jurisdição – quem tem o direito de decidir. A liberdade de religião tomou a segunda forma: aprendemos a ser liberais em matéria de religião, alcançando um consenso não sobre aquilo em que devemos crer, mas sobre quem tem o direito de decidir. O mesmo ocorre com a liberdade de expressão. Não parece estranho que nossos maiores sucessos em nossa aprendizagem de como viver juntos derivem não de uma concordância sobre o que é correto, mas de um assentimento em deixar que cada pessoa decida por si mesma?

2. O conceito básico

TESE: A justiça trata daquilo que é devido às pessoas. Essa é, simplesmente, a forma inconteste como normalmente empregamos a palavra. Exatamente a que as pessoas têm direito, entretanto, não pode ser determinado inteiramente por uma análise conceitual.

O que sabemos a respeito do conceito básico

O que é a justiça? Esta é a pergunta feita por um filósofo e um filósofo pode começar observando que, quando indagamos o que seja a justiça, o termo "justiça" não é um som sem sentido. Nós discutimos sobre o que seja justiça, todavia o próprio fato de discutirmos sobre ela pressupõe um certo nível de entendimento mútuo. Por compartilharmos de uma linguagem, sabemos que não estamos discutindo a respeito do que seja uma berinjela, ou qual é a previsão do tempo ou qual o nome da capital da Argentina. Quando discutimos sobre justiça, pode haver muita coisa que não saibamos a respeito, mas sabemos que a justiça tem algo a ver com tratar casos semelhantes de forma semelhante.

Nós também sabemos que tratar casos semelhantes de forma semelhante não constitui tudo o que a justiça representa. Suponhamos que um rei medieval decrete que as pessoas condenadas por roubar uma loja devam ter sua mão esquerda amputada. Nós protestamos. Tal punição é injusta! O rei replica:"Eu não uso de favoritismos. Eu trato casos semelhantes de forma semelhante, portanto, qual é o problema?"Mesmo que o rei esteja falando a verdade, tal como ele a vê, isto não resolve a questão. Amputar a mão esquerda de todos os ladrões pode ser tratar todos os casos semelhantes de forma semelhante, mas a equidade (por assim dizer) não é suficiente. A imparcialidade não é suficiente. A ideia de tratar casos semelhantes de forma semelhante é importante, mas a justiça é mais do que isso.

Compare esse caso com este outro. O rei agora decreta: "Aqueles que forem considerados *inocentes* de furto em lojas terão sua mão esquerda amputada." Novamente, nós protestamos. Novamente, o rei contesta:"Eu trato casos semelhantes de forma semelhante, portanto, qual é o problema?"O que podemos dizer agora? No primeiro caso, o conceito de justiça do rei era uma barbárie. No segundo, o rei nem sequer *tem* um conceito –, nem ao menos um conceito aceitável para bárbaros. Sabemos disso porque, caso o rei seja convencido a abrandar seu posicionamento e diga que doravante os inocentes serão apenas multados, não mais mutilados, a punição deixa de ser barbárie, mas isso não resolve o problema. O problema é que o rei não consegue entender o conceito. Argumentar a respeito de justiça é argumentar a respeito daquilo a que as pessoas têm direito[1]. Simplesmente a compreensão do significado das palavras já nos diz que uma punição, mesmo uma leve punição, não é aquilo a que as pessoas inocentes têm direito.

Embora tratar todos os casos semelhantes de forma semelhante não nos impeça de punir os inocentes com equidade, dar às pessoas aquilo que lhes é devido impede. Quando indagamos:"O que é a justiça?"podemos ini-

---

1. Não estou negando que possamos fazer justiça a animais, a oportunidades ou a nós mesmos. De forma semelhante, o desfiladeiro do Grand Canyon, em certo sentido,"merece"a reputação de que goza. Meu foco aqui se concentra na relação entre fazermos justiça a X e darmos a X o que lhe é devido ou o que merece e não naquilo que possa ser substituído pela variável X.

ciar decentemente a resposta dizendo:"Sejam quais forem outros pontos que possamos debater, justiça significa dar às pessoas aquilo que lhes é devido." Há um limite até onde podemos chegar através da análise da linguagem, mas podemos chegar até esse ponto (como acabamos de fazer).

Também sabemos que podemos distinguir entre o *conceito* básico e as *concepções* particulares daquilo a que as pessoas têm direito. Deste modo, para John Rawls:

> parece natural pensar que o conceito de justiça seja distinto das várias concepções de justiça e que ele seja especificado pela função que esses diferentes conjuntos de princípios ou essas diferentes concepções tenham em comum. Aqueles que manifestam diferentes concepções de justiça podem, portanto, ainda concordar que as instituições são justas quando nenhuma distinção arbitrária está sendo feita entre pessoas na atribuição dos direitos e deveres básicos ou quando as regras determinam um equilíbrio adequado entre alegações competitivas sobre as vantagens da vida em sociedade.[2]

Para nossos propósitos imediatos, não necessitamos de tanta bagagem. Não precisamos assumir um posicionamento sobre se a arbitrariedade é ou não é sempre ruim. (Quando damos a alguém o direito de votar em determinada eleição, distinguimos arbitrariamente entre os cidadãos que completaram seu décimo-sexto aniversário e aqueles que são apenas um dia mais jovens.) Também não decidimos ainda se "alegações competitivas sobre as vantagens da vida em sociedade" são aquilo que precisa ser equilibrado. O conceito básico é este: a conversação normal das pessoas sobre a atribuição de justiça a X é uma conversação a respeito daquilo a que X tem direito. Este conceito compartilhado é o que nos permite propor concepções diferentes e então argumentar a respeito de seus méritos relativos.

---

2. Rawls 1971, p. 5. Ver também Hart 1961, pp. 155-9.

A ideia de que podemos discordar a respeito do que a justiça requer pressupõe que concordemos que a justiça, no final das contas, sempre *requer* alguma coisa.

O que o conceito básico deixa em aberto

Isto significa que nós sabemos alguma coisa a respeito da justiça. O seu conceito básico não é um conceito vazio, uma vez que a quantidade de coisas a que uma pessoa possa ter direito é limitada. Como foi observado, uma punição não pode ser contada como algo devido a uma pessoa inocente. Todavia, se o conceito não é vazio, tampouco é substancial o bastante para responder a todas as indagações. Por exemplo, se José trabalha mais do que Joana, José deveria receber um pagamento maior? E se Joana precisa mais de dinheiro do que José? Deve então ser Joana quem receba mais? O conceito básico não nos dá a resposta. Não podemos especificar o que é devido a Joana simplesmente definindo o termo "devido". Como poderemos estabelecer que o fato de José trabalhar com muito maior afinco do que Joana é mais importante do que o fato de ser Joana quem precisa ganhar mais dinheiro?

Suponhamos, apenas para argumentar, que, se Joana e José forem iguais em todos os aspectos relevantes, seu empregador deverá pagar-lhes salários iguais. Agora, vamos modificar o caso ligeiramente: Joana e José permanecem iguais, mas têm empregadores diferentes. O empregador de José deve pagar-lhe o mesmo que o empregador de Joana paga a ela? Se Joana é cozinheira e ganha vinte mil dólares por ano, enquanto José, um cozinheiro de igual capacidade, ganha trinta mil dólares no restaurante ao lado, será isso injusto? Surgem questões de justiça quando Joana e José são pagos diferentemente pelo *mesmo* empregador, mas não quando seus salários são determinados independentemente por *diferentes* empregadores? Por quê?

A busca de um árbitro

Essas questões sugerem um problema. Enquanto concepções rivais de justiça puderem receber um mínimo de aceitação (por exemplo, enquanto não endossarem a punição dos inocentes), o conceito básico não terá conteúdo suficiente para determinar qual seja a melhor. Nem podemos resolver coisa alguma apelando para um dos rivais. Coloquemos a questão desta forma: se jogadores de times opostos estão divergindo a respeito de uma regra, não podemos resolver a querela através da consulta a um jogador. Precisamos de um árbitro imparcial. Precisamos ir além da maneira pela qual os jogadores sopesam a questão. Precisamos apelar para um tipo diferente de autoridade.

Por exemplo, podemos escolher uma concepção conforme o tipo de vida que essa concepção (institucionalizando, endossando ou promovendo) nos ajudaria a levar[3]. Esta ideia não é uma concepção de justiça, e nem sequer pressupõe uma. Isto significa somente que podemos apelar para ela sem preconceitos[4]. Essa concepção pode servir como árbitro, justamente porque, no campo da justiça, ele não é um dos jogadores.

A ideia de poder viver com conforto não possui o tipo de *gravidade* que associamos aos princípios da justiça. Mas uma vez que essa ideia não é um princípio de justiça, ela é apenas o que deve ser. Afinal de contas, são os jogadores que nos entusiasmam, não os árbitros.

---

3. Williams (1985, p. 115) apresenta este mesmo raciocínio, porém com relação aos diversos conceitos sobre a moralidade.
4. Rawls nos diz que "não podemos, de um modo geral, avaliar uma concepção de justiça somente por sua função distributiva, por mais útil que tal função possa vir a ser para nos ajudar a identificar o conceito de justiça. O que devemos levar em conta são as suas implicações e ligações mais amplas, isto porque, mesmo que a justiça tenha uma certa prioridade, constituindo-se na mais importante virtude de qualquer instituição, mesmo assim é verdadeiro que, quando todos os demais fatores forem iguais, nossa concepção de justiça é preferível a outra, quando suas consequências mais amplas forem mais desejáveis" (1971, p. 6).

Ambiguidade

Podemos detalhar a ideia de viver confortavelmente de diferentes maneiras, não necessariamente compatíveis. Essa ideia significa satisfazer nossas necessidades básicas, promover o bem-estar geral, prover melhores oportunidades ou premiar a excelência? Na prática e a longo prazo, todas essas metas podem ser promovidas pela adoção das mesmas políticas de caráter geral. Mesmo quando os vários padrões são incompatíveis, todavia, esses objetivos ainda são importantes. Perguntar se uma determinada política favorece e premia a excelência não é um erro. Perguntar se uma determinada política atribui poderes aos menos favorecidos não é um erro. Admitir que coisas diferentes são importantes, mesmo que nem sempre apontem na mesma direção, tampouco é um erro. Se padrões relevantes apontam algumas vezes para diferentes direções, é assim que a vida é. A complexidade e a ambiguidade não são artefatos teóricos.

Para que serve a justiça?

Admitindo-se que a ideia de viver confortavelmente é complexa e ambígua, a função que a justiça desempenha em permitir-nos viver com conforto pode ainda assim ser (relativamente!) simples e bem definida. Suponhamos que não vemos a justiça como uma panaceia; isto é, suponhamos que aceitar que todos obtenham o que lhes é devido não seja garantia suficiente de que todos vivam com conforto. A justiça nos dá alguma coisa, mas não tudo. Para que serve então, especificamente, a justiça? Aqui apresentamos uma sugestão:

Uma *externalidade negativa,* algumas vezes chamada de "custo colateral", é a parte do custo de uma ação que apresenta impacto sobre os espectadores[5]. Os economistas fa-

---

5. Externalidades *positivas* são benefícios que se expandem de modo a enriquecer as vidas dos "espectadores inocentes". A discussão deste capítulo se refere muito mais às externalidades negativas.

lam de internalizar as externalidades, isto é, minimizar a extensão com que pessoas inocentes são forçadas a suportar os custos das escolhas feitas por outras pessoas. Se abraçar um certo princípio resolve um conflito, isto não é suficiente para demonstrar que esse princípio seja um princípio de justiça. Entretanto, se a prática de um princípio nos leva a assumir a responsabilidade pelas consequências de nossas ações, então ele não só é apto para resolver conflitos, mas também funciona como um princípio de justiça, porque exige que prestemos alguma atenção àquilo que é devido às pessoas que nos rodeiam. Henry Shue diz: "Quando uma pessoa comete um erro e recebe os benefícios disso, sem pagar pelos custos, não somente perde o incentivo para evitar cometer futuramente tantos erros quanto quiser, como também é injusta com quem quer que tiver de pagar tais custos."[6] As externalidades solapam a harmonia entre as partes de uma *pólis*, conforme nos ensina Platão. Nossos vizinhos não querem ser obrigados a suportar a presença de motoristas bêbados, por exemplo; e, de fato, não o deveriam. Ser justo é evitar, da melhor forma possível, que nosso próximo tenha de pagar por nossas escolhas negligentes.

Não estou propondo aqui um imperativo de internalização de externalidades como concepção ou mesmo princípio de justiça. Em vez disso, o que estou dizendo é que nossas razões para querer limitar a proliferação de externalidades negativas não dependem de qualquer ponto de vista particular de justiça. Tais razões *não derivam* de alguma concepção de justiça, mas bem ao contrário, *apoiam* qualquer concepção de justiça que leve as pessoas a internalizar. Qualquer teoria de justiça que nos afastasse da internalização de externalidades negativas corresponderia a uma difícil escalada rumo à plausibilidade. A internalização de externalidades negativas é apenas um aspecto daquilo que necessitamos para viver bem, mas este pode ser o modo ca-

---

6. Shue 2002, p. 395.

racterístico pelo qual a justiça nos ajuda a viver da forma correta. A justiça é um sistema destinado a reduzir o custo de viver em comunidade: o motivo principal para adotarmos esse sistema é que ele nos deixa livres para nos concentrarmos menos na autodefesa e mais nas vantagens mútuas, ao mesmo tempo que nos concede uma oportunidade de tornar o mundo um lugar melhor, isto é, uma oportunidade de gerar externalidades positivas, em vez de negativas.

Esta pode não ser a essência da justiça. Todavia, se o que chamamos de justiça serve a esse propósito, então temos razões para respeitar aquilo que chamamos de justiça e nos darmos por felizes ao perceber que dispomos de uma quantidade tão importante dela quanto a temos.

Se a justiça for, em si mesma, fundamental, pode não possuir nenhum fundamento mais profundo. Nesse caso, podemos indagar para que a própria justiça serve como fundamento. Podemos avaliar a solidez dos alicerces de uma casa sem presumir que exista alguma coisa mais fundamental que esses fundamentos. O que indagamos é que tipo de vida os ocupantes da casa serão capazes de levar, ao mesmo tempo em que percebemos que os alicerces não são tudo. Os alicerces facilitam o gozo de uma vida confortável, mas não bastam para garantir que gozemos de tal conforto.

Trechos posteriores deste livro não se irão basear abertamente nesta forma de testar concepções competidoras. Isto se deve, em parte, ao fato de que eu escrevi esses trechos posteriores antes do atual e, em parte, porque esse teste não é padronizado e, portanto, torna-se controvertido; ou ainda, porque meu objetivo primordial é analítico: avaliar até que ponto esses princípios se demonstram adequados como concepções daquilo que é devido às pessoas. Quando uma análise conceitual for inconclusiva, no entanto, eu recuo para considerar quais motivos temos para preferir uma coisa a outras como aquilo que é devido às pessoas. Em outras palavras, se e quando eu não puder responder "O que é a justiça?" diretamente, poderemos tentar uma abordagem indireta, indagando: "Que tipo de vida decorrerá se concebermos a justiça desta maneira ao invés de outra?" Mais precisamente, observamos as pessoas e as instituições, interpretando que a reciprocidade de certas pessoas perante a lei equivale a tratar todas as outras com igualdade e assim por diante e, em seguida, perguntamos se esse "principal" (reciprocidade ou igualdade) posto em ação dessa forma "particular" (informando essa ação, relacionamento, filosofia ou instituição) está sendo útil. Mas fazemos isso sabendo que tais interpretações estão isolando apenas um dos aspectos daquilo que observamos e que poderão, portanto, estar superenfatizando o referido aspecto.

Devemos ter sempre em mente que o conceito básico de justiça frequentemente é determinado o bastante para que possamos ver o que é justo sem necessitar apelar para outros objetivos e valores. Por exemplo, sabemos que é injusto punir deliberadamente uma pessoa inocente. É lógico que um castigo não é aquilo que merecem os inocentes. Não precisamos apelar para as consequências antes de decidir isso. Apenas apelamos para considerações externas ao conceito básico, tais como consequências, quando esse conceito básico não se demonstra suficiente para avaliar concepções rivais. E isso é tudo.

3. Uma grande variedade de competidores

TESE: A justiça possui diversos elementos. Nenhum princípio simples é correto para todos os contextos.

Justificativa para o aparecimento do pluralismo

No caso de o bem-estar de uma criança ser negligenciado, podemos dizer que a justiça exige que os pais atendam às necessidades dessa criança. Em contraste, se apenas um século atrás estivéssemos considerando se deveria ser permitido o voto feminino, seria irrelevante imaginar se as mulheres *precisavam* ou não votar, porque dentro daquele contexto [aquilo que era devido às] mulheres era o reconhecimento – não de suas necessidades, mas de sua igualdade como cidadãs. Discutir se justiça significava satisfazer ou não as necessidades das mulheres seria o mesmo que tratar as mulheres como crianças. Uma forma de explicar esses fatos é dizer que cada contexto exige um princípio diferente. A justiça consiste em dar a cada pessoa aquilo que lhe é devido: se não estivermos discutindo aquilo que é devido às pessoas, então não estaremos discutindo a justiça. Todavia, aquilo que lhes é devido é variável.

Uma multiplicidade de princípios

As teorias da justiça tipicamente são montadas a partir de um ou mais dos quatro elementos seguintes: os princípios de *igualdade* afirmam que as pessoas devem ser tratadas igualmente – fornecer-lhes oportunidades iguais, garantir que lhes seja dado um pagamento igual por igual trabalho e assim por diante –, ou que devem receber partes iguais de qualquer coisa que esteja sendo distribuída.

Os princípios de *merecimento* [ou de mérito] afirmam que as pessoas devem receber aquilo que merecem. As pessoas devem ser recompensadas na proporção de seu afinco ao trabalho, ou da quantidade de riscos que correm ao empreender uma determinada atividade, ou de sua capacidade em satisfazer seus clientes. Em resumo, os princípios de igualdade focam aquilo que temos em comum, enquanto os princípios de merecimento enfocam a maneira como nos destacamos.

Os princípios de *reciprocidade* afirmam que, quando José me presta um favor, eu fico em dívida para com ele. Eu agora devo um favor a José não em virtude do tipo de pessoa que José possa ser, mas em razão do tipo de história que temos em comum. Resumindo novamente, enquanto um princípio de merecimento pode enfocar o caráter de uma pessoa, os princípios de reciprocidade enfocam o caráter de um relacionamento.

Por último, os princípios de *necessidade* definem uma classe de coisas necessárias e depois declaram que uma sociedade é justa somente se tais necessidades forem satisfeitas, na medida em que for humanamente possível satisfazê-las.

Problemas

1. Quase todos pensam que justiça está relacionada com igualdade. Porém a igualdade em uma dimensão conduz

à desigualdade em outras. Sempre que um político em campanha propõe um corte nos impostos, aparecem editoriais e colunas nos jornais dizendo que 90% dos benefícios da redução dos impostos vão para os ricos. Os editoriais nunca explicam de forma satisfatória como isto poderia ocorrer. Suponhamos que Joana Pobre ganhe dez mil dólares por ano e pague em impostos exatamente 10% do que recebe, ao mesmo tempo que José Rico ganha cem mil dólares, sobre os quais paga exatamente 38%. Juntos, eles pagam 39.000 dólares, dos quais quase 95% são pagos por José Rico. Se cortarmos um por cento dos impostos dos dois sobre seus ganhos totais, Joana economizará cem dólares e José economizará mil, o que quer dizer que José receberá noventa por cento dos benefícios. Se fosse assim, os formadores de opinião estariam certos, mas eles nunca mencionam que José ainda continua pagando 37.000 dólares por ano, comparados com os novecentos que Joana paga e que, dos 37.900 dólares que José e Joana ainda vão continuar pagando juntos, José estará contribuindo agora com mais de 95% do total. Bem, isso significa que a desigualdade deve ser reduzida? *Qual* das desigualdades? A diferença de quarenta vezes entre o que José paga a mais do que Joana, ou a diferença de sete vezes entre o que sobra para cada um dos dois após o pagamento? Quanta desigualdade podemos tolerar em uma dimensão para produzir igualdade em outra?

Um segundo problema foi levantado por Rawls. Suponhamos que, quando as pessoas podem lucrar com o desenvolvimento de seus talentos desiguais, todos passem a lucrar mais do que faziam sob sistemas que diminuem as desigualdades e, ao mesmo tempo, diminuem os incentivos. Nesse caso, premiar a igualdade por si mesma pareceria irracional.

2. Pensamos que as pessoas devem receber o que merecem, mas por que pensar que qualquer uma merece qualquer coisa? Pensamos merecer crédito pela excelência de nos-

so trabalho, mas não por aquilo que foi conseguido meramente por sorte. O problema, conforme observa Rawls, é o seguinte: nossa capacidade de trabalho é, em si mesma, mera sorte; nossas circunstâncias sociais, nossos talentos e até mesmo nosso caráter são produtos da natureza e de nossa criação, pelos quais não podemos requerer nenhum crédito. Portanto, não existe nada por que o crédito seja devido e a ideia de merecimento é apenas uma miragem. Verdadeiro?

3. A maior parte de nós pensa que justiça tem algo a ver com reciprocidade. As pessoas que nos ajudam nos deixam em dívida para com elas. Todavia, não está claro que a retribuição de favores seja uma questão de justiça. Conforme observa Robert Norick, as pessoas não podem nos deixar em dívida para com elas simplesmente nos concedendo favores que não pedimos e que podemos até não querer[1]. Não só existem casos em que justiça não exige reciprocidade, como também, algumas vezes, justiça *não permite* reciprocidade. Foi Karsten quem me deu meu primeiro emprego na área acadêmica. Agora, vamos imaginar que, anos depois e por qualquer motivo, Karsten venha pedir emprego em meu departamento. Eu sei perfeitamente como lhe devolver o favor, mas será que eu tenho o dever ou mesmo o direito de tomar isso em consideração ao decidir sobre meu voto?[2]

4. A maioria de nós pensa que justiça tem tudo a ver com necessidade. Sem dúvida, o fato de que a justiça está envolvida no atendimento de necessidades é parte da razão que leva a justiça a ser tão importante quanto de fato o é. Ordinariamente, entretanto, encaramos o que é devido às pessoas e aquilo de que elas necessitam como sen-

---

1. Nozick 1974, p. 93.
2. Mesmo que eu não fizesse parte da comissão e não tivesse o direito de, em tal caso hipotético, votar em favor de Karsten, sempre seria verdadeiro que eu tivesse a obrigação moral de fazer coisas tais como mencionar seu nome em meu livro, para que ele soubesse que não me esqueci do meu dever para com ele em me mostrar digno da oportunidade que me deu.

do coisas diferentes. É simples demais supor que X é devido a Joana *simplesmente* porque Joana precisa de X. Esse tipo de ligação está errado. Bem, nesse caso, que outro tipo de ligação existe?

Uma questão muito mais perturbadora é a que se refere ao fato de que, quando aplicamos a justiça distributiva de acordo com o princípio X, o que estamos realmente fazendo é recompensar as pessoas que nos fornecem unidades de X. Quando distribuímos de acordo com X, a tendência será que recebamos uma quantidade maior de X. Esta consequência seria extremamente desejável, caso estivéssemos distribuindo de acordo com o mérito de quem recebe. Mas se isto acontece apenas com relação à necessidade? O que irá suceder se, quando distribuímos de acordo com a necessidade, há uma tendência progressiva ao surgimento de maior necessidade? É óbvio que esta não é simplesmente uma preocupação de natureza teórica. Dentro de sua própria família, você deseja assegurar-se absolutamente de que seus filhos recebam tudo quanto necessitem, mas você não quer que seus filhos pensem que a maneira de obter a sua atenção será a de se mostrarem necessitados. Essa seria uma receita garantida para dar uma péssima educação para seus filhos.

E se olharmos para além dos limites de nossa própria família? Suponhamos que você faça uma visita à Tailândia. Você sente compaixão pelas crianças que andam pedindo esmola pelas ruas e quer dar-lhes alguma coisa, mas o seu guia lhe diz que essas crianças foram raptadas no Camboja e trazidas para Bangkok por seus raptores, exclusivamente para esmolarem pelas ruas. Todas as noites, os raptores lhes dão comida, caso tenham conseguido obter dinheiro suficiente, mas lhes cortam um dedo, caso não tenham trazido nada. (A ameaça de tortura deixa as crianças desesperadas, as amputações fazem com que pareçam ainda mais patéticas e tudo isso contribui para melhorar os negócios.) Como um fato moral, está claro que essas crianças necessitam desesperadamente dessas moedas que lhe deram de troco e que você traz consigo. Todavia, se o seu guia tiver razão, quando você distribui seu dinheiro com base na necessidade, você está financiando uma indústria que *fabrica* mais necessidade. Desse modo, você terá de enfrentar um dilema, enquanto tenta decidir se vai dar ou não um pouco de dinheiro a essas crianças que estão à sua frente. O que a justiça tem a ver com a necessidade nesse caso? Por quê?

Capítulos posteriores retomarão esses problemas, mas não vão oferecer respostas fáceis. Estou tentando levar em frente a discussão e não lhe dar uma resposta final. Procuro apenas mostrar por que, apesar das dificuldades e com motivos bastante bons para isso, sentimos relutância em descartar quaisquer de nossas categorias básicas: merecimento, reciprocidade, igualdade e necessidade.

4. Funcionalismo contextual

TESE: Os diversos reinos da justiça, cada um deles governado por um princípio diferente, são distintos entre si, porém algumas vezes entram em conflito.

Uma teoria pluralista

Não me agrada em nada o emprego de rótulos, mas podemos descrever minha teoria como um *funcionalismo contextual*. A teoria é *pluralista* no sentido de que nenhum de seus quatro elementos primários constitui um padrão abrangente a que os outros possam ser reduzidos. A teoria é *contextual*, no sentido de que os elementos respectivos dominam somente sobre classes limitadas[1]. As classes são tópicos *mais ou menos* mutuamente exclusivos, abrangendo

---

1. Christopher Wellman sugere que minha teoria é semelhante à de Walzer, ao reconhecer a existência das diversas esferas da justiça, porém, conforme Wellman também sugere, quando Walzer fala de esferas (1983, pp. 28 ss), ele está encarando a justiça como relativizada a formas de vida dentro de comunidades particulares, enquanto eu falo em âmbitos de aplicação de princípios particulares, sem presumir que tais âmbitos sejam geograficamente limitados. Assim, a metáfora das esferas sugere uma semelhança que, neste caso, não existe. Walzer acredita em uma pluralidade de princípios, de modo que a semelhança é real, mas não elabora este aspecto de sua teoria. De qualquer modo, eu não tentarei exagerar aqui as diferenças ou salientar as semelhanças entre minha teoria e as teorias alheias.

conjuntamente *mais ou menos* o objeto da justiça. As classes se assemelham a placas tectônicas, no sentido de que seus limites vão se modificando à medida que nossas concepções evoluem. (Os movimentos de direitos civis buscam estender a abrangência da igualdade perante a lei.)

Esta transformação progressiva pode deixar lacunas em alguns pontos e causar sobreposições em outros. Desse modo, os elementos contidos dentro das classes podem deixar de fora as respostas a algumas questões, ao mesmo tempo que respondem a outras questões de maneiras conflitantes. Além disso, os pontos em que os princípios entram em conflito são caóticos, no sentido de que "efeitos borboleta" – variações de detalhes – levam a diferentes conclusões. Deste modo, será injusto que eu contrate meu primo? Observe que, aqui, os detalhes se revelam importantes[2].

A teoria é *funcionalista* quando postula que podemos tentar resolver as incertezas sobre aquilo em que devemos crer ao indagarmos para que serve a justiça. Existem considerações que vão além da justiça. Algumas delas são importantes, quer tenham ou não importância no campo da justiça. Quando considerações internas ao conceito de justiça (por exemplo, analisar o conceito de "devido") não conseguem decidir em qual das concepções rivais devamos crer, podemos indagar o que tem importância *fora* do campo jurídico, sem prejuízo das ideias que tenham importância dentro dele. Não existe nenhuma pressuposição de que aquilo que se encontra fora do campo da justiça seja mais fundamental do que as questões dotadas de importância dentro dele. O argumento aqui é o de que, quando exaurimos tudo o que é importante no campo da justiça, sem conseguir estabelecer qual concepção da justiça devemos encarar como sendo a verdadeira, não somos forçados a desistir da existência de uma conclusão.

---

2. Agradeço a Clark Durant pela metáfora das placas tectônicas.

Uma teoria contextual ainda que rudimentar

Cada princípio se aplica a um contexto diferente. Um *contexto* é uma questão que nos motiva a teorizar. "Que direitos têm os meus filhos?" é um contexto. "Que direitos têm os meus empregados (a receber de mim)?" é um contexto completamente diferente.

Do mesmo modo que procuramos um mapa quando queremos localizar um destino, procuramos uma teoria quando estamos às voltas com uma questão, esperando que ela nos oriente. É o tópico de nossa questão pré-teórica (filhos, empregados, animais e assim por diante), e não a teoria *per se*, que especifica nosso contexto teórico. Nesse sentido, os contextos não são carregados de teorias[3]. Portanto, temos aqui um mapa do entorno da justiça. Os tópicos ainda são rudimentares, especificando contextos igualmente rudimentares. Discutiremos os refinamentos daqui a pouco.

1. Que direitos têm as crianças? Têm direito àquilo de que necessitam.
2. Que direitos têm os cidadãos? Têm direito a um tratamento igualitário, isto é, que sejam tratados de forma igual perante a lei.

---

3. Gilbert Harman nos diz: "Não existem observações puras. As observações são sempre "carregadas de teorias". Aquilo que você percebe depende, até certo ponto, da teoria que você adota, consciente ou inconscientemente. Você vê um grupo de crianças derramar gasolina em um gato e atear fogo nele. Para realmente ver isso, você precisa possuir um alto grau de conhecimento. [...] Você vê o que viu devido às teorias que esposa. Mude essas teorias e você verá uma coisa diferente." (1988, p. 120). A lição a tirar da "observação" carregada de teorias é a de que "carregada de teorias" é um termo relativo. Mesmo a observação pura e simples de que o gato está pegando fogo *pode* ser encarada como "carregada de teorias" (dependendo da teoria que você aceita), mas é menos provocada por teorias do que o fato de atear fogo no gato é *errado*, o que, por sua vez, é menos carregado de teoria do que um ponto de vista de que atear fogo no gato é errado *porque* causa ao animal um sofrimento desnecessário. Aonde eu quero chegar: um *contexto* é uma situação que gera uma questão como: "O que eu devo ao gato?" As respostas estarão carregadas de teorias, mas a própria questão, *relativamente* falando, não o está.

3. Que direitos têm os sócios? Tem direito à reciprocidade.
4. Que direitos têm os concorrentes? Têm direito a um justo reconhecimento do mérito que vierem a demonstrar.
5. Que direitos têm os empregados? Têm direito àquilo que ganharam.
6. As famílias da vigésima faixa de renda correspondem aproximadamente à classe social que Rawls denominou de "menos privilegiada". Que direitos elas têm? Como o próprio Rawls poderia ter dito, elas têm direito a um máximo de liberdade compatível com uma liberdade semelhante para todos. Elas têm direito a uma oportunidade de viver em uma sociedade cuja maré de prosperidade crescente não deixe classes inteiras para trás. Seus filhos merecem uma oportunidade de crescerem em uma sociedade aberta, em que suas origens humildes não representem um grande obstáculo ao desenvolvimento integral de suas potencialidades. Todos merecem receber oportunidades iguais, pelo menos no sentido cósmico do termo[4].

Como refinar um contexto: um estudo de caso

Em uma teoria pluralista, a ideia de que as pessoas têm direito a (por exemplo) parcelas iguais em um determinado contexto é compatível com as pessoas terem outros direitos em outro contexto. Assim, a forma padrão de argumentar mediante um contraexemplo – construir casos em que parcelas iguais seriam uma coisa monstruosa – não refuta a atribuição de parcelas iguais dentro de uma teoria pluralista. Em vez disso, faz algo mais construtivo: mostra-nos *quando* um determinado princípio, tal como o de "parcelas iguais", não se aplica. Serve para identificar os limites.

---

4. Eu falo em justiça cósmica, porque dizer que Joana tem direito a alguma coisa deixa em aberto a discussão sobre se alguém tem o dever (ou mesmo o direito) de garantir que Joana receba aquilo a que tem direito.

Considere o primeiro contexto listado acima: a questão de quais são os direitos das crianças. Uma pessoa dotada de sabedoria logo percebe que este é um contexto grosseiramente delimitado, de tal modo que, quando ela afirma que "As crianças têm direito àquilo de que necessitam", é claro que ela não pretende estar ditando uma lei universal. Ela sabe que um contexto completo é uma coisa cheia de nuances e que qualquer *descrição verbal* dele será apenas parcial. Assim, ela oferece uma regra de caráter geral, cobrindo aquilo que ela imagina ser um caso padrão. Ela percebe que surgirão contraexemplos, cujos detalhes vão além daquilo que ela pretende abranger com sua generalização grosseira. (Pense nos manuais de instruções que você usou para montar uma nova peça de mobiliário. A tarefa é simples e você sinceramente quer entender as instruções, mesmo assim comete erros. Será de espantar que instruções para alguma coisa vastamente mais complexa – como a concepção de justiça –, possam ser mal interpretadas nas mãos de especialistas treinados na arte da interpretação argutamente perversa?) Assim, ao lhe perguntarem quais são os direitos das crianças, Joana diz que elas têm direito àquilo de que necessitam. Astutamente, José replica: "E se meu filho já cresceu e se tornou adulto?" Joana escuta o contraexemplo de José, não como uma refutação de sua resposta, mas como um refinamento da questão original. Uma refutação verdadeira demonstra que a generalização de Joana não é verdadeira, sequer em sentido geral.

É isto que significa "filosofia analítica". Se nós conseguirmos ultrapassar a "filosofia da vitória", a filosofia analítica será um processo para a formulação de generalizações sobre contextos que admitem maior refinamento. (Eu estou, naturalmente, falando de um modo geral.) Começamos com alguma coisa em estado bruto, alguma coisa que não poderia ser um bom ponto de transição, mas que poderia tornar-se um bom ponto de partida. Podemos tentar rasgar completamente a proposta, impensadamente, como o faria um vândalo, ou estudá-la cuidadosamente, com a intenção de descobrir como foi construída. Suponhamos que Joana trate a indagação de José como um refinamento da questão original. Ela responde de forma adequadamente refinada, dizendo: "Quando eu disse que os pais deveriam satisfazer as necessidades de seus filhos – porque esse é o direito das crianças –, eu estava imaginando alguém com mais ou menos seis anos de idade. Você está indagando a respeito de um contexto a que minha resposta não se aplica. Esta é minha resposta para sua nova pergunta: seus filhos adultos são também seus concidadãos. Ou no caso em que seu filho adulto seja também seu sócio comercial ou seu empregado, esses refinamentos levam a diferentes refinamentos de minha resposta." (Isto porque as pessoas são mais de uma coisa.)

Por que aquilo que é devido a uma criança deveria diferir daquilo que é devido a um filho ou a uma filha adultos? Aqui vai uma resposta possível: algumas vezes, aquilo de que seus filhos mais precisam é serem reconhecidos e recompensados por um desempenho meritório. Ou podem precisar de que você estabeleça e reconheça um relacionamento recíproco, por exemplo, pagar os seus serviços para cortar a grama. De um modo mais geral, aquilo de que seus filhos eventualmente necessitarão é que você passe a tratá-los como adultos e não mais como crianças[5]. Tratá-los como adultos consiste, em parte, em tratá-los como portadores de responsabilidades adultas. Tratá-los como tendo as mesmas responsabilidades que os adultos implica, em parte, reconhecer que existem limites definidos para sua obrigação de satisfazer as necessidades adultas deles. Até isto faz parte da arte de agir decentemente como pais: cortar os laços com os filhos e deixá-los à solta, quando se tornam capazes de lidar com suas próprias responsabilidades. Chega então o momento em que distribuir de acordo com as ne-

---

5. John Locke (*Segundo tratado*, Capítulo 6, Seção 55) diz que as crianças não nascem em pleno estado de igualdade, mas nascem para adquirir esse estado. Agradeço a Chaim Katz pela lembrança.

cessidades não é mais aquilo de que seus filhos precisam. Seu relacionamento com eles constitui um contexto ao qual se aplicam os princípios de justiça, mas esse contexto não é estático. À medida que os filhos amadurecem, ele evolui e gradualmente se transforma em um contexto ao qual se devem aplicar princípios diferentes.

5. O que é uma teoria?

TESE: As teorias bem-sucedidas são mapas e não tentativas de especificar condições necessárias e suficientes.

As teorias são mapas

Vamos explorar a ideia de que uma forma de ver o que é uma teoria e o que essa teoria é capaz de fazer, consiste em considerar tal teoria como sendo um mapa[1]. Começamos com um terreno (um assunto) e com questões a respeito desse terreno. Nossas questões nos impulsionam a construir teorias – mapas do terreno –, que articulem e sistematizem nossas respostas. Para saber como chegar a Detroit, precisamos de um outro tipo de mapa. Para saber a maneira de agir como uma pessoa de bem, precisamos de outro tipo de mapa. Observe: *os mapas* não nos dizem aonde queremos ir[2]. Nossas questões antecedem nossas teorizações e, desde o início, constituem nossas razões para teorizar.

---

1. Agradeço a Jenann Ismael por diversas conversações agradáveis e educativas sobre a metáfora das teorias consideradas como mapas.
2. Isto é igualmente verdadeiro no que tange a teorias científicas. Por exemplo, para aqueles que querem entender a natureza em termos seculares, o darwinismo é um mapa útil. Não explica tudo, mas explica muitas coisas. Todavia, o darwinismo é rejeitado pelo criacionismo. Por quê? Não porque seja falho em ajudar a entender a origem das espécies em termos seculares, mas porque os partidários desta corrente buscam um outro destino.

As teorias são abstrações

Um mapa de Detroit é um artefato, uma invenção. O mesmo ocorre com um mapa da justiça. Em nenhum dos casos o terreno que foi mapeado *realmente tem essa aparência*. Um mapa de Detroit é um objeto estilizado, abstrato e simplificado. Caso contrário, fracassaria em sua função como mapa. Todavia, um mapa pode ser acurado, no sentido que ele não nos desorienta. Um determinado mapa terá amplos detalhes para alguns propósitos, enquanto para outros objetivos será supersimplificado.

Um mapa não pretende ser a realidade em si mesma. É, na melhor das hipóteses, uma representação adequada para nos ser útil. De um modo semelhante, as teorias morais são representações mais ou menos úteis de um terreno. Elas não podem ser mais do que isso.

Os detalhes minuciosos são
um meio para se atingir um fim

Quando elaboramos um mapa, deixamos de fora detalhes e minúcias que simplesmente serviriam para confundir os usuários. Os detalhes minuciosos não constituem um fim em si mesmos. Nós não procuramos mostrar a localização atual de cada carro estacionado à beira da estrada nem afirmamos que um mapa é falso, somente porque omite esse tipo de detalhe. A questão é se usuários que, honestamente, pretendem seguir as indicações serão ou não conduzidos para longe de seu objetivo.

Um campo abrangente é um meio
para se atingir um objetivo

As teorias existentes tendem a ser como mapas do globo terrestre: o resultado de uma tentativa para se alcançar um campo abrangente – destinado a satisfazer um princípio ou conjunto de princípios que cubram toda a superfície. Mas as questões realmente morais, no entanto, são com frequência mais semelhantes à necessidade de se saber como chegar à universidade a partir do aeroporto. Um mapa do globo é impressionante, mas quando desejamos simplesmente chegar ao *campus* universitário, o globo não nos ajuda em nada. Nem sequer é pertinente.

Os mapas locais não nos dizem como chegar a todos os destinos. Todavia, embora não sejam abrangentes, eles quase sempre servem para o que queremos cada vez que precisamos de um mapa. Por quê? Porque nos fornecem os detalhes de que precisamos para resolver problemas que realmente temos. A perspectiva distante com que temos uma visão global da moralidade parece, superficialmente, lisa. Princípios morais que ampliamos de modo a recobrir o globo fracassam em estabelecer contato com os valores mais profundos da vida moral. Eles não ajudam as pessoas que habitam o solo a tomar decisões morais.

Teorias sempre encontram contraexemplos

A função típica de um contraexemplo é a de demonstrar que uma teoria não é algorítmica. Podemos seguir uma teoria ao pé da letra e, mesmo assim, chegar ao destino errado. Mas podemos tomar essa teoria como se fosse um teorema popular de filosofia analítica: *qualquer* teoria que for simples o bastante para ser útil encontrará contraexemplos. (Esta é uma teoria simples. Deste modo, se estiver correta, também encontrará exemplos contrários.)

Os contra-exemplos são sinais de aviso, que servem para informar que não se deve confiar cegamente em teorias, assim como não se confia cegamente em um mapa quando se está diante de uma placa na estrada avisando que a ponte que ficava à frente foi interditada. Mesmo simples instruções de viagem requerem interpretação, julgamento e experiência. (O Carlos nos disse que a curva ficava "mais ou menos a um quilômetro e meio". Será que já fomos longe demais? É aquele o posto de gasolina ao qual devíamos prestar atenção, segundo ele?) Na prática, não existe essa coisa que chamam de "basta seguir as instruções".

As teorias nos dizem o que fazer dentro do contexto C, não em que ponto do contexto C nós nos encontramos

Queiramos ou não, nós aplicamos teorias, em vez de meramente segui-las. Em outras palavras: quando formulamos *regras*, tentamos formular instruções que outras pessoas possam seguir, mas quando formulamos *princípios*, em vez de regras, nem sequer estamos tentando formular instruções que outros possam simplesmente seguir. (Existe conforto na ideia de seguir. Ela parece nos aliviar das responsabilidades, ao passo que a *aplicação* de uma teoria requer boa-fé, sabedoria e experiência, deixando pouco espaço para dúvidas sobre quem está escolhendo o quê e sobre quem é responsável pelas consequências.) Aqueles que desejam que os princípios da justiça sejam "à prova de idiotas" estão formulando a ideia errada sobre aquilo que uma teoria é capaz de fazer.

Se o seu destino é um *campus* universitário, um mapa da cidade pode lhe dizer que deve dobrar à esquerda na intersecção entre as ruas First e Broadway; mas, em si mesmo, um mapa comum não pode lhe dizer o que deve fazer neste momento, a não ser que você já saiba por experiência e observação que se encontra na esquina entre First e Broadway. Um mapa rodoviário normal não traz um X vermelho, dizendo: *"Você está aqui."* Os mapas regulares dependem do conhecimento de um usuário sobre onde se encontra e aonde pretende chegar.

Teorias são como mapas normais nesse aspecto. Mesmo que uma teoria afirme inequivocamente que o princípio P se aplica ao contexto C, ainda precisamos decidir se nossa situação presente é suficientemente semelhante ao contexto C para que o princípio P se aplique a ela. Por mais inequívoco que o princípio P possa ser, ainda necessitamos ter discernimento e experiência para ver se o princípio P é aplicável a esta situação e se o tempo para aplicar esse princípio P já chegou[3].

Cada destino pede um mapa diferente

Nossos propósitos vão mudando com o tempo. Buscamos respostas para questões novas que requerem a abertura de novos mapas. Um mapa da cidade serve a um propósito; um mapa do sistema solar tem um propósito bem diferente. De maneira semelhante, uma teoria que mapeia os deveres de um funcionário público pode ser bem diferente de outra destinada a cartografar os deveres dos pais.

Observe: se tivermos mais de um propósito, podemos precisar de mais de um mapa, *mesmo que* a realidade final representada seja uma só[4].

---

3. Eu devo os pensamentos que se seguem a uma conversação travada com Fred Miller. O fato de um modelo de plástico do Partenon ser acurado ou não independe do fato de que o modelo é feito de plástico, porque os observadores, de uma forma ou de outra, entendem que o modelo não está sugerindo que o Partenon seja feito de plástico. Mas se o modelo representasse o Partenon como um prédio *circular*, isso o tornaria falso, porque o formato do modelo é uma *descrição* do original, enquanto o material plástico de que é feito não o é.

4. Minha teoria de que as teorias se assemelham a mapas é apenas uma teoria: uma forma de sistematizar e de expressar a maneira como eu encaro a atividade de teorizar. A atividade de teorizar é a realidade; minha "teoria dos mapas" é uma tentativa de descrever essa realidade. Se minha "teoria dos mapas" for correta, terá também as limitações que todos os mapas tendem a apresentar.

Quando mapas se superpõem, eles podem divergir entre si. O que se faz então?

Suponhamos que eu disponho de dois mapas e eles divergem um do outro. Eu infiro de um que devo pegar a *freeway;* o outro me diz que essa estrada está fechada. Se eu descartar um dos dois, faço com que a divergência desapareça, mas isso não resolve o problema. A divergência é instrutiva e me diz que tenho de prestar atenção. Não posso confiar cegamente em mapa algum. Assim, quando os mapas se demonstram imperfeitos, há coisas piores do que possuir mais de um. Se eu perceber que estão divergindo, verifico se um de meus mapas está desatualizado ou então consulto um residente local. Se eu vejo resquícios de verdade em teorias incompatíveis, devo descartar uma delas, em favor da consistência?[5] Não, não posso fazer isso, no caso de teorias serem mapas.

Teorias são compromissos

Sempre que teorizamos, procuramos fazer com que aquilo que sabemos se torne simples o bastante para ser compreendido, declarado e aplicado. Se tentarmos descrever verbalmente cada nuance da complexidade da justiça, produzimos alguma coisa tão inamovível que acaba parecendo não ser mais absolutamente uma teoria. Se, ao contrário, tentarmos simplificar, alvejando a essência da justiça, encontraremos inacurácia e falta de integralidade. A tarefa é semelhante à de tentar representar um terreno tridimensional em duas dimensões. Os cartógrafos sabem que, para projetar três dimensões em duas acuradamente, po-

---

5. Robert Louden (1992, p. 8) diz que "a existência de tipos conflitantes de teorias éticas é tanto intelectualmente saudável como praticamente inevitável".

dem representar o tamanho ou o formato, porém não ambos. As projeções do tipo Mercator descrevem as linhas de longitude como sendo paralelas [ao meridiano de Greenwich], representando o formato dos continentes de uma forma mais ou menos acurada, mas ao custo de distorcerem seus tamanhos relativos.

A Groenlândia parece tão grande quanto a África, mas de fato tem somente um quatorze avos de seu tamanho. As projeções no modelo Peters também tratam as linhas de longitude como linhas paralelas, mas resolvem problemas do tipo "Groenlândia" diminuindo os espaços verticais nas latitudes polares. Os tamanhos relativos se tornam razoavelmente acurados, mas os formatos são distorcidos. O formato "Homolósina" de Goode é melhor na representação de continentes individuais, mas ao preço de representar o mundo como um globo cuja superfície foi descascada como uma laranja.

Em resumo, desenhar mapas, como criar teorias, é uma atividade desordenada. Os cartógrafos escolhem a maneira pela qual vão representar o mundo, mas não existe nenhuma maneira perfeita de representar uma verdade tridimensional em duas dimensões. Os teóricos morais escolhem como representar a justiça, mas não há maneira perfeita de representar em palavras tudo o que acreditamos a respeito dela. Os mapas não são perfeitos. Tampouco as teorias o são.

Todavia, este não é um ponto de vista cético! Há sempre uma verdade objetiva que o mapa pode representar (ou falhar nessa tentativa) de uma forma útil. Não importa se os partidários das projeções de Mercator ou de Peters jamais venham a resolver qual representação serve melhor aos propósitos de um usuário em particular, o fato é que sempre haverá uma verdade tridimensional por trás dessa questão.

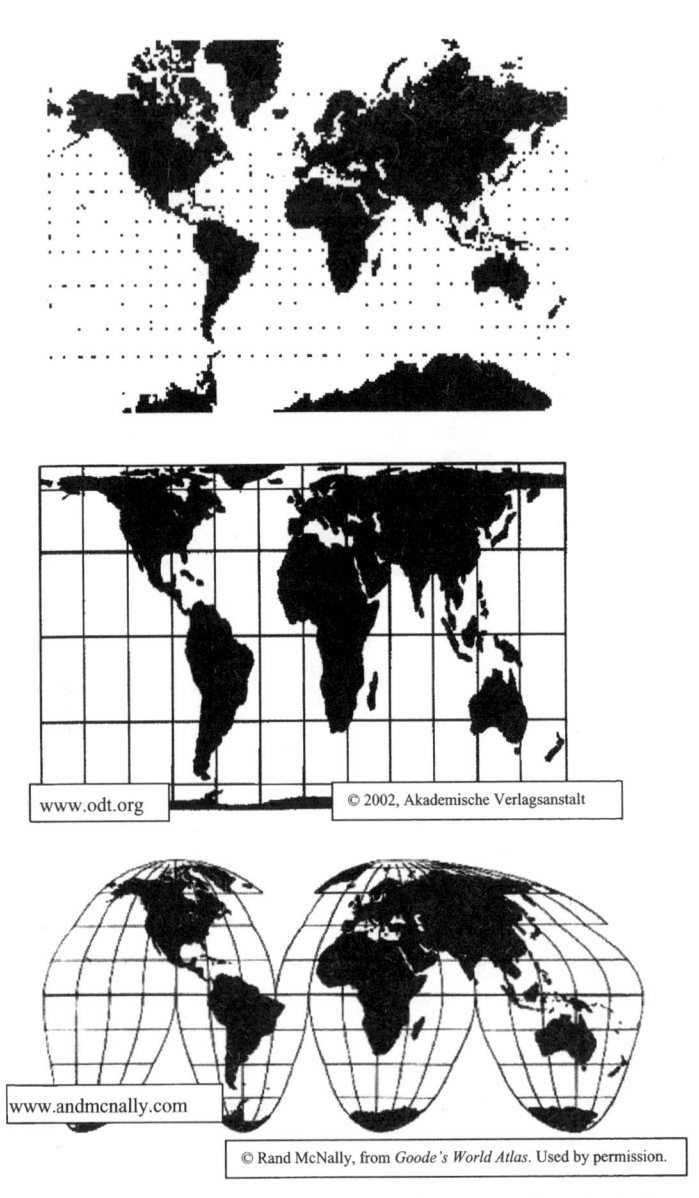

FIGURA 5.1 – De cima para baixo, Projeção de Mercator, Projeção de Peters e Projeção Homolósina de Goode. Fonte: *The Peters Projection World Map* [Mapa-múndi em Projeção de Peters] foi produzido com o apoio do Programa de Desenvolvimento das Nações Unidas. Para obter mapas e material didático a eles relacionado contate ODT, Inc., Post Office Box 134, Amherst, Maine 01004 Estados Unidos (Telefone: 800-736-1293. Fax: 413-549-3503. e-mail: odtstore@odt.org).

A formulação verbal do código

Quando percorro a pé as montanhas de Tucson, posso ver a diferença entre um cacto alfineteiro [*pincushion*] e um cacto ouriço-cacheiro [*hedgehog*]. Eu *vejo* a diferença, mesmo quando duvido que possa *formular em palavras* essa diferença. Se eu tentar descrever a diferença com precisão, minha descrição será incompleta ou então estará sujeita a contraexemplos. Do mesmo modo, nossa habilidade de perceber as normas de justiça excede e precede nossa capacidade de formular verbalmente as normas que estão sendo descritas. Com efeito, se a capacidade de perceber X pressupusesse habilidades verbais que só desenvolvemos na universidade, então X não poderia funcionar em sociedade consoante as normas de justiça.

Qualquer código que possamos formular verbalmente nada mais é que um resumo grosseiro do conhecimento que se obteve através da experiência, isto é, o conhecimento de onde estivemos anteriormente. Nosso conhecimento formulado será útil para nosso avanço posterior, uma vez que o futuro sempre será um pouco parecido com o passado. Todavia, o futuro também pode revelar-se algo totalmente inédito. Não há garantias de que qualquer código possa prever todas as contingências, o que equivale a dizer que não existe (por enquanto) qualquer fórmula capaz de prescrever escolhas isentas de erros para todas as situações.

Podemos elencar quatro ou mais elementos da justiça, sem jamais termos certeza de que elencamos tudo quanto as pessoas poderão vir a ter direito. Similarmente, podemos elencar padrões metaéticos perante os quais tais elementos sejam responsáveis, sem jamais dispormos de uma certeza absoluta de que elencamos tudo quanto poderia ser considerado como razão para endossar uma concepção de justiça de preferência a outra[6]. Nenhum dos teóricos que co-

---

6. Uma das características do pensamento jurídico é que ele frequentemente apela para o conceito do "homem razoável", ou "homem médio" toma-

nheço jamais espera que sua teoria lhe diga que nota atribuir a um aluno, como votar quando a comissão responsável pelos contratos se reúne ou quando deve cancelar uma aula. O discernimento e a percepção que nos permitem ver antecipadamente o que devemos fazer não são precipitados químicos de uma teoria em nenhuma forma direta, muito embora a teorização possa contribuir para o seu desenvolvimento.

Saber qual é o princípio que deve ser aplicado requer capacidade de julgamento. O julgamento pode ser codificado até certo ponto, todavia exercer julgamento não é a mesma coisa que seguir um código. Considere uma questão mais simples: um código pode dizer aos investidores quando devem comprar ou vender suas ações? Os analistas de mercado estudam as histórias de flutuação de preços e descobrem nelas padrões. Padrões sugerem fórmulas. Ocasionalmente, alguém tenta vender uma fórmula dessas, oferecendo provas de que sua fórmula teria previsto cada movimento importante dos preços durante os últimos cinquenta anos. Os investidores adquirem a fórmula e esta prontamente não consegue predizer o próximo movimento de preços importante. Meu argumento: muitos fenômenos são codificáveis – exibindo um padrão que, após o fato, pode ser expresso como uma fórmula –, mas isso não significa que essa fórmula vá nos ajudar a tomar a próxima decisão.

---

do como padrão de racionalidade. Decidir se Beto foi negligente ou não quando, ao dar ré em sua caminhonete, passou por cima da bicicleta de um vizinho, vai depender de que tipo de precauções uma pessoa razoável tomaria antes de realizar uma manobra de marcha ré para sair da garagem e se a tomada dessas precauções teria permitido a Beto evitar o esmagamento da dita bicicleta. O que é bom a respeito desses "padrões do homem razoável" é que eles não criam falsas esperanças com relação ao grau de abrangência e de unidade que a enumeração das razões que constituem uma teoria possa demonstrar. Caso Beto tenha dado uma ré tão forte em sua caminhonete que atravessou a cerca do vizinho antes de passar por cima da bicicleta, provavelmente é Beto quem está errado. Todavia, aqui a importância da cerca deriva menos de uma lista de princípios do que da compreensão dos detalhes do caso.

Desse modo, quando os alunos dos cursos de economia ou administração que se matriculam em nossa disciplina de ética nos pedem "o código" que deverão seguir a fim de garantir que todas as suas futuras decisões comerciais sejam moralmente irrepreensíveis, podemos ter pouco a dizer, mesmo que pensemos que tal código, em princípio, se encontra ao nosso redor, esperando ser descoberto. Os alunos de economia e administração tendem a entender os mercados de ações bem o suficiente para saber que só podem esperar por benefícios limitados de um código que determine quais papéis deveriam ser comprados ou vendidos em determinado momento. A responsabilidade pelo exercício do discernimento recai sobre eles, em última análise, e não depende de nenhum código. Alguns deles não estudaram suficientemente a filosofia moral para saber que o processo é bastante semelhante e que, portanto, só podem esperar resultados limitados da adoção de um código de conduta moral. Mas podemos dizer-lhes a verdade: a função dos filósofos é a de articular princípios, não regras e muito menos códigos. A compreensão da moral depende menos do conhecimento das respostas para as questões com que vamos ser testados e mais do simples fato de que devemos ter consciência de que o teste foi iniciado[7].

---

7. Pense nas experiências realizadas em psicologia da moral, em que as pessoas deixam de prestar ajuda, falham na defesa da verdade ou sucumbem a pressões e torturam seus companheiros de teste. Agora imagine o cara usando um guarda-pó branco de laboratório prevenindo os sujeitos do teste que o ponto da experiência é o de testar sua integridade moral. Minha conjectura: esse aviso iria sistematicamente afetar o comportamento dos sujeitos? Por que? Não porque o camarada de guarda-pó estaria fornecendo *respostas*. Ele não daria resposta alguma. Tudo o que o técnico de laboratório iria fazer era avisar os sujeitos de que seu teste estava para começar. Mas que a vida significa que seu caráter será testado, todavia, é alguma coisa que qualquer pessoa de discernimento já sabe que irá acontecer, quando se levanta a cada manhã.

Eu posso estar errado

A tabela periódica é uma estrutura teórica, mas é literalmente um mapa, em vez de ser uma análise. Também é, assim como minha teoria, completamente metafórica, ao definir as famílias de elementos – metais alcalinos, gases nobres – mais ou menos de acordo com a forma como se comportam. (Meus quatro elementos são, de fato, famílias: há pelo menos dois tipos de merecimento, três maneiras de retribuir favores e dois níveis de igualdade, além de uma complexa hierarquia de necessidades.) E, do mesmo modo que minha teoria da justiça, a tabela periódica se encontra em aberto, permitindo a descoberta ou mesmo a invenção de novos elementos. A tabela é um meio simples, elegante e eficiente de organizar as informações de que dispomos. Pode até ser a melhor maneira que existe, mas não é *necessariamente* assim. Ainda que seja a melhor maneira existente de organizar as informações de que dispomos, não será necessariamente sempre assim, à medida que novas informações vierem a ser descobertas.

Eu não tentei formular as condições necessárias e suficientes para se considerar que X seja justo. Não há muito a ganhar com a tentativa de formular tais condições e existem outros tipos de análise. (Os economistas não tendem a procurar condições necessárias e suficientes, mas sim relacionamentos funcionais como, por exemplo, a forma pela qual Y varia em função de X. Um aumento no meio circulante não é necessário, nem suficiente para que suba a taxa de inflação, mas a questão não é essa. A questão é que, permanecendo todos os demais fatores iguais, qualquer modificação no meio circulante irá afetar os preços.)

Nenhum filósofo é amplamente considerado como tendo alcançado pleno sucesso no desenvolvimento de uma teoria viável da justiça ou jamais recebeu o devido crédito por isso. Eu não tenho a menor ilusão de que a minha própria teoria será a primeira a obter esse resultado. Não estou considerando nada do que exponho como algo que se imponha por si só. A sua maneira de entender a justiça será diferente da minha. Você terá respostas diferentes, talvez até mesmo suas perguntas sejam diferentes. Mas isso não constitui um problema. Eu ofereço meus resultados como reflexões, não como deduções. São as lacunas de uma teoria que acendem a imaginação (ou, pelo menos, que inspiram respostas) e, desse modo, eu não tentei esconder as minhas lacunas. Sócrates nos ensinou que sabedoria não é conhecer uma infinidade de coisas, mas sim a capacidade de perceber que existem, ao nosso redor, muito mais coisas a aprender. Alguns aspectos desse terreno permanecem ocultos para mim. O melhor que eu posso fazer é deixá-los em paz, até que tenha aprendido um pouco mais.

Discussão

As teorias da justiça são como mapas rodoviários? Eis um ponto de vista: avaliamos a exatidão de um mapa rodoviário verificando o terreno, enquanto na filosofia moral não há nenhum terreno ao nosso redor – isto é, não há fatos – a ser verificado. Um outro ponto de vista: Os fatos *estão* aí, ao nosso redor, que dizem respeito ao tipo de vida que levamos quando nós (ou nossas instituições) preferimos agir de acordo com esta e não com aquela concepção da justiça. É claro que, antes que um mapa rodoviário nos possa indicar a direção certa, precisamos decidir aonde queremos ir. Escolhemos um mapa que corresponda ao nosso destino e não um destino que se encaixe no mapa. Desta forma, as teorias da justiça são semelhantes *demais* a mapas rodoviários? Estamos querendo encontrar um mapa da mina, que nos oriente a cavar em um lugar determinado? Queremos que nossas razões favoritas (promoção da igualdade, promoção da reciprocidade, etc.) sejam mais do que meras razões. Queremos que nosso destino (aquele ponto que resolvemos chamar de *justiça*) seja *coercivo*. Assim, temos de esperar até conseguir o "mapa da mina" ou podemos nos contentar com um simples mapa rodoviário?

SEGUNDA PARTE
Como ser merecedor

6. Merecimento

Eu estacionei. O policial estacionou logo atrás de mim. Caminhou até a janela do carro, olhou para dentro e pediu minha carteira e os documentos do veículo.
– É novo na cidade?
– Sim – falei. – Cheguei há uns cinco minutos.
– Sabe o que fez de errado?
– Lamento. Não havia nenhuma placa mandando parar, nem qualquer semáforo com luz vermelha. Os carros da travessa pararam e, assim, eu segui em frente.
O policial sacudiu a cabeça:
– Nesta cidade, senhor, nós distribuímos de acordo com o merecimento. Portanto, quando os motoristas se encontram em uma intersecção, eles param para comparar destinos e determinar qual deles é mais digno de ter a preferencial. Se você for assistir à competição de atletismo de nossa escola de ensino médio, amanhã à noite, verá que é a mesma coisa. Em vez de distribuirmos medalhas de ouro para quem correu mais depressa, nós as atribuímos a quem fez o maior esforço. Seja como for, foi por isso que os outros carros buzinaram, porque você não parou para comparar destinos.
O policial fez uma pausa, olhando-me em silêncio.
– Lamento muito, policial – disse eu, finalmente. – Eu sei que você deve estar brincando, mas eu acho que não consegui entender a piada.
– A justiça não é uma piada, senhor. Eu pretendia deixar que você fosse embora com apenas uma advertência. Até você ter dito isso.

As pessoas deveriam receber o que merecem. E o que merecemos pode depender de nosso esforço, desempenho ou excelência em competição, mesmo quando a excelência é parcialmente uma função dos dotes naturais com que nascemos.

Ou, pelo menos, é nisso que a maior parte das pessoas acredita. Alguns filósofos ocasionalmente falam de modo diverso. Pelo menos, desde que Karl Marx se queixou de que a sociedade capitalista extraía os valores de mais-valia dos operários e, desse modo, fracassava em atribuir aos operários aquilo que eles mereciam receber, os filósofos liberais clássicos vêm-se preocupando com a possibilidade de que tratar a justiça como uma função daquilo que as pessoas merecem receber equivale a permitir que a própria justiça interfira com a liberdade.

Rawls, de forma semelhante, rejeitou os padrões impostos por princípios de merecimento, declarando que:

> um dos pontos fixos em nosso julgamento ponderado é que ninguém merece seu lugar na distribuição dos recursos naturais, assim como ninguém merece o ponto de partida com que iniciou sua carreira na sociedade. A asserção de que um homem merece o caráter superior que lhe permite fazer o esforço necessário para cultivar suas habilidades é igualmente problemática, pois seu caráter depende em grande parte de circunstâncias familiares e sociais afortunadas, pelas quais ele não pode reivindicar nenhum crédito. A noção de merecimento não me parece aplicar-se a tais casos.[1]

---

1. Rawls 1971, p. 104. Rakowski (1991, p. 112) vê essa passagem como uma "asserção incontrovertida, aceita até mesmo por libertários, como Nozick". Scheffler (1992, p. 307), de forma semelhante, chama a passagem de "incontroversa". Hayek (1960, p. 94) afirma: "Uma boa mente ou uma bela voz, um lindo rosto ou uma mão hábil, do mesmo modo que um espírito sempre pronto ou uma personalidade atraente são, em grande medida, tão independentes dos esforços de uma pessoa quanto as oportunidades e as experiências que ela teve." Hayek insiste que não é nem desejável, nem prático, pedir à estrutura básica que distribua de acordo com o merecimento. Gauthier (1986, p. 220) diz que "podemos concordar com Rawls no sentido de que ninguém merece suas capacidades naturais. Ser simplesmente a pessoa que se é não é uma questão de merecimento", embora Gauthier também duvide que este fato tenha implicações normativas.

O ponto de vista de Rawls é, de certa forma, coercivo. Inevitavelmente, os nossos esforços são secundados por dons naturais, vantagens posicionais e pura sorte; portanto, quanto podemos realmente merecer? E se até mesmo nosso caráter resulta de um inter-relacionamento desses mesmos fatores, como podemos nós (tanto os capitalistas como os operários do proletariado) merecer de fato qualquer coisa, seja ela qual for?

Isso quer dizer que Rawls não deixa nenhum espaço para o merecimento? A intenção de Rawls pode ter sido de escopo mais restrito: simplesmente eliminar um rival para seu princípio das diferenças (Capítulo 31) como um teste para a justiça das estruturas básicas. Qualquer que fosse a pretensão de Rawls, todavia, a sua crítica ao merecimento não possui uma precisão assim tão cirúrgica. Sabemos que Rawls pretendia que *seus dois princípios* se aplicassem somente às estruturas básicas da sociedade, mas sua crítica ao merecimento não se encontra similarmente restringida e não pode ser submetida a restrições simplesmente *estipulando* ou *pretendendo* que ela deva sujeitar-se a tais restrições. Quando Rawls afirma: "a noção de merecimento não me parece aplicar-se" a casos cujos resultados são influenciados por vantagens naturais ou pelo caráter, ele está se referindo à esfera moral mais ampla e não meramente a suas estruturas básicas. Em particular, ele quer dizer que a esfera moral mais ampla não contém nada (exceto seu próprio primeiro princípio) que impeça seu princípio das diferenças de ser o *único* teste de justiça de sua estrutura básica. Se a crítica de Rawls ao merecimento é justificada, então o ceticismo que ele está justificando é de natureza global[2].

---

2. Rawls declara algumas vezes que não está argumentando contra o merecimento *per se*, mas somente contra o merecimento como uma noção pré-institucional. (Ver Capítulo 11). Agradeço a Matt Bedke pelo pensamento de que, tendo em vista o Capítulo 4 deste livro, podemos considerar o argumento de Rawls como uma generalização, que não podemos aceitar da forma como está posta, sem uma ampla reelaboração.

Samuel Scheffler diz que "nenhuma das versões contemporâneas mais proeminentes do liberalismo filosófico atribui um papel significativo ao merecimento como princípio fundamental"[3]. Se for assim, argumento eu, então as versões contemporâneas mais proeminentes do liberalismo filosófico estão erradas. Em particular, existe um aspecto daquilo que nós mesmos fazemos a fim de nos tornarmos merecedores de alguma coisa, o qual, mesmo que não tenha sido discutido na literatura, exerce uma função central na vida moral cotidiana e por boas razões.

---

3. Sheffler 1992, p. 301.

7. O que eu fiz para merecer isso?

TESE: Os céticos insistem que, para ser merecedor, trabalhar arduamente não é suficiente; devemos também merecer crédito por termos sido destinados a trabalhar arduamente. Apesar de esta teoria cética não ser incoerente, não existe a menor razão para crer nela.

A teoria do "Big Bang"

Quase todos diriam que as pessoas devem receber o que merecem. Mas se indagamos *o que* as outras pessoas merecem ou sobre que base o merecimento deve ser calculado, então as pessoas começam a discordar. Alguns dirão que merecemos certas coisas pelo simples fato de sermos seres humanos ou por estarmos passando necessidades. Muitos dirão que merecemos recompensa por nossos esforços ou pelo valor real que nossos esforços criaram. Não é necessário e talvez nem sequer seja factível produzir um catálogo completo de todas as bases possíveis para o merecimento. Basta dizer que as bases padrão sobre as quais comumente se afirma que determinadas pessoas são merecedoras incluem caráter, esforço e realizações[1].

---

1. Feinberg (1970, p. 58) cunhou o termo "base de merecimento" a fim de se referir às razões sobre as quais se afirma possuir merecimento. A ideia é

Mas o que estamos fazendo quando julgamos que alguém é merecedor, isto é, quando reconhecemos o caráter, o esforço ou as realizações de alguém? Aqui vai uma sugestão: julgar que Beto é merecedor é o mesmo que considerar que Beto é digno de ser recompensado. É julgar que Beto possui determinadas características que tornam necessário o resultado de que Beto merece uma justa recompensa[2]. Intuitivamente, ainda que de forma menos óbvia, reconhecer que existem coisas que Beto pode fazer para tornar-se merecedor em função delas é o mesmo que reconhecer que Beto é uma *pessoa:* um indivíduo capaz de escolher e de ser responsável por suas escolhas[3]. Algo semelhante a isto está implícito nas ponderações normais sobre o que uma pessoa merece.

A teoria dos céticos, em sua forma mais abrangente, descreve o merecimento de tal forma que, para merecer X, nós deveremos não só apresentar os insumos que a opinião comum considera como justificativas para uma pretensão de merecimento, mas também deveríamos ser merecedores de tudo quanto existe no mundo, incluindo sua história, para que isso nos deixasse em posição de fornecer tais insumos. Nessa linha de raciocínio, as possibilidades de que fôssemos merecedores de qualquer coisa terminaram no momento em que ocorreu o *Big Bang* [a Grande Explosão].

Todos nós, temos sorte; mas alguns só têm sorte

Recorde a afirmação de Rawls de que "o caráter de um homem depende, em grande parte, de circunstâncias familiares e sociais afortunadas, pelas quais ele não pode reivin-

---

a de que alegações de merecimento bem formadas são relacionamentos tríplices formulados como "P merece X em virtude da característica F".

2. Ver Sher 1987, p. 195. Ver também Narveson 1995, pp. 50-1.
3. Ver Morris 1991.

dicar nenhum crédito"[4]. Rawls salientou repetidas vezes, portanto considerou que isto fosse bastante importante, que "mesmo a disposição para realizar esforços, tentar e assim demonstrar ter mérito, no sentido comum da palavra, depende de circunstâncias familiares e sociais favoráveis"[5]. Seja como for, muitos autores endossam tal ponto de vista, embora muitos tenham sido inspirados nesse sentido pelo próprio Rawls[6].

É desnecessário dizer que, em parte, todos nós temos alguma coisa que recebemos em função de pura sorte, e certamente a sorte não é base para criação de merecimento. Cada resultado é influenciado por fatores moralmente arbitrários. ("Arbitrário" possui conotação negativa, porém, sem aprofundar mais o debate, cabe-nos apenas dizer que a sorte é moralmente inerte ou neutra. Eis por que uso esse termo aqui.) Todavia, supor que *alguns* dos insumos causais de um resultado sejam arbitrários implica que todos eles o devam ser?

É evidente que não. Todos nós temos sorte até um certo ponto, mas quanto mais aplicamos em termos de esforço ou de excelência, tanto menos peso colocamos sobre o elemento inevitável da sorte. De qualquer modo, existe grande diferença entre ter sorte e meramente ter sorte. O simples fato de possuir boa sorte não afasta a possibilidade de ser merecedor, mas dizer que *meramente* tivemos sorte é o mesmo que dizer que não acarretamos qualquer insumo (esforço ou excelência) que justifique as pretensões de merecimento.

Para recusar uma pretensão de merecimento em um caso determinado, teremos de demonstrar que aqueles in-

---

4. Rawls 1971, p. 104.
5. Rawls 1971, p. 74.
6. Por exemplo, Brock 1999. Ver sua seção em "Como poderemos merecer alguma coisa, uma vez que não merecemos a base inicial de nossas qualidades?" Aqueles que rejeitam esta premissa (isto é, que para criar merecimento, deve-se igualmente merecer o insumo inicial) incluem Narveson 1995, p. 67; Sher 1987, p. 24 e Zaitchik 1977, p. 373.

sumos que *podem* embasar as afirmações de merecimento estão faltando nesse caso particular. Em uma concepção de merecimento não-vazia, haverá insumos que uma determinada pessoa possa suprir e, portanto, que possa fracassar em suprir. Em geral, descobrir que X está excluído de uma categoria só é interessante quando existe uma possibilidade real de que X seja *incluído dentro* dessa mesma categoria.

Indo um pouco além, há um número infinitamente maior de insumos que não embasam pretensões de merecimento (a sorte, o *Big Bang*). Bem, e daí? Os céticos afirmam que toda cadeia causal tem ligações moralmente arbitrárias, mas ninguém duvida disso. A ideia realmente cética é a de que nenhuma cadeia causal possua ligações *não-arbitrárias*. Um cético diz: "mesmo o caráter, o talento e outras características internas que nos constituem como pessoa são arbitrárias, no sentido de que elas próprias são os produtos de cadeias de eventos que contêm ligações arbitrárias. Toda cadeia causal remonta a alguma coisa arbitrária, a saber o *Big Bang*. Desse modo, nada é merecido por ninguém."

Algumas cadeias causais podem ser acompanhadas através de traços característicos das pessoas; seria estranhamente crédulo da parte de um cético presumir sem questionar que isso não tivesse a mínima importância. Se um assim-chamado cético disser: "o caráter é arbitrário", então alguém que seja propriamente cético replicaria: "comparado a quê?" Nós sabemos distinguir entre resultados que devem algo ao caráter de uma pessoa e aqueles resultados que nada lhe devem. Os fatores de merecimento, se é que existe algum, são relacionamentos encontrados entre os resultados e as características internas das pessoas. Não precisamos presumir (e, normalmente, não o fazemos) coisa alguma a respeito do que causou essas características.

Quando a história deixa de ter importância

Não é estranho que normalmente não façamos nenhuma pressuposição sobre a história causal de um fator de merecimento? E se estivéssemos falando a respeito das características de objetos? Joel Feinberg observa: "os objetos de arte merecem admiração; os problemas merecem consideração cuidadosa; os projetos de legislação merecem ou não ser aprovados"[7]. John Kleinig nos diz que o desfiladeiro Grand Canyon merece a reputação de que goza[8]. Estas observações são oferecidas como pequenas digressões, anotadas e então postas à parte, mas apontam para algo crucial. Nós *nunca* dizemos que o Grand Canyon merece sua reputação somente se esta, por sua vez, "merecer" os dotes naturais sobre os quais a reputação está baseada. Nós *nunca* questionamos julgamentos artísticos, dizendo: "Mesmo os melhores quadros só possuem as características que admiramos neles, porque estas foram causadas. Nenhum quadro jamais fez coisa alguma para merecer ser causado de modo a demonstrar essas características." Intuitivamente, é óbvio que isso não tem a menor importância.

Os céticos pressupõem que isso realmente seja importante em se tratando de pessoas, mas essa pressuposição não tem fundamento. Até onde sei, ela nunca chegou a ser defendida. Do mesmo modo que ocorre com objetos, quando as características internas de uma pessoa apoiam qualificações para merecimento, esse apoio vem da apreciação do que são essas características e não de qualquer evidência de que elas não sejam causadas.

Alguns dirão que afirmações de merecimento a respeito de quadros não significam a mesma coisa que afirmações de merecimento a respeito de pessoas. Não, de fato não é assim. O significado é o mesmo: o que muda é o que está em jogo. Não precisamos rejeitar alegações sobre isto

---

7. Feinberg 1970, p. 55.
8. Kleinig 1971.

ou aquilo que um quadro "mereça" a fim de dar lugar ao nosso princípio favorito de justiça distributiva; precisamos apenas rejeitar alegações que envolvam aquilo que *as pessoas* mereçam. Esta diferença com relação às coisas que estão em jogo é o motivo por que as teorias do *Big Bang* são apresentadas somente contra alegações de merecimento feitas em favor de pessoas. Todavia, deixando de lado as apostas em jogo, as teorias do *Big Bang* carecem de motivação tanto no que se refere a seres humanos quanto no que se refere a pinturas.

Já nascer destinado a trabalhar arduamente

Este é, portanto, o ponto em que o assunto se acha presentemente. O pensamento ordinário a respeito do merecimento seria uma receita para o ceticismo, se não fosse verdade que a prática comum pressupõe que as pessoas merecem crédito por fazer X somente quando as pessoas, por sua vez, merecerem crédito por terem a capacidade e a oportunidade de fazer X. Entretanto, uma vez que a prática comum não presume esse tipo de coisas, ela não enfrenta esse problema. Assim, sobram-nos duas opções. Primeiro, podemos dizer que ninguém merece nada e que é isso que diremos *caso* pressupormos que merecemos crédito por trabalhar arduamente apenas se, em um segundo nível, merecermos crédito por termos sido "destinados" a trabalhar esforçadamente. A segunda opção é a de dizer que merecemos crédito por trabalhar arduamente, não porque tenhamos merecido ter sido destinados a nos esforçar no trabalho, mas simplesmente porque, afinal de contas, nós nos esforçamos e trabalhamos muito. E a prática comum é a aceitação tácita desta última opção.

Nenhuma dessas opções se impõe sobre nós. Não somos forçados a crer em merecimento; nem tampouco somos forçados a nos tornarmos céticos. Somos nós que decidimos. Podemos indagar se devemos tratar as pessoas com maior respeito quando damos a elas crédito por aquilo que fazem ou quando lhes negamos esse crédito. Ou podemos perguntar de que tipo de vida desfrutamos quando vivemos em função de uma opção ao invés de adotarmos a outra. Estas são questões diferentes e não são absolutamente as únicas que poderiam ser levantadas com relação a este assunto. Talvez todas as respostas apontem na mesma direção. Também pode ser que não. Um ceticismo total não demonstra atrativos para a maioria das pessoas, mas não se pode negar que o ceticismo é uma opção, e que algumas pessoas decidem ser céticas[9].

Refutar os céticos e indagar: "Como podemos merecer absolutamente qualquer coisa?" são tarefas diferentes. Podemos responder a questão, mas não refutando os céticos. Para aqueles que desejam uma resposta – que *querem ter* uma alternativa para o ceticismo –, meu objetivo é o de abrir espaço, dentro de uma teoria da justiça filosoficamente respeitável, para a ideia de que existem coisas, de fato, que podemos fazer, tornando-nos assim merecedores por as termos feito.

Será que eu mereço isto?

Quando consideramos a quantidade imensa de pura sorte de que precisamos para chegar ao ponto em que nos

---

9. Walzer (1983, p. 260) afirma que: "os defensores da igualdade frequentemente se sentem compelidos a negar a realidade do merecimento". Em uma nota de rodapé, Walzer diz estar pensando em Rawls. Walzer interpreta o argumento de Rawls como supondo que "a capacidade de fazer um esforço ou de suportar a dor é, do mesmo modo que todas as outras capacidades, somente o dote arbitrário da natureza ou da educação. Mas este é um argumento estranho, pois, embora seu propósito seja o de igualar nossos direitos como pessoas, é difícil perceber que este nos trata absolutamente como *pessoas*. Como vamos conceber estes homens e mulheres depois que encararmos suas capacidades e realizações como acessórios acidentais, como se fossem simplesmente chapéus ou casacos que eles por acaso estivessem usando? Como, de fato, eles devem conceber a si mesmos?

encontramos agora, é natural que imaginemos: "Será que eu mereço isto?" Mas o que significa realmente esta questão?

Se traduzirmos esta indagação para: "O que foi que eu fiz, no momento da Grande Explosão, para merecer isto?", a resposta só pode ser: "Nada. E daí?" Se transformarmos esta questão em: "O que foi que eu fiz, antes de nascer, para merecer isto?", a resposta só poderá ser, novamente: "Nada. E daí?" Todavia, se modificarmos a pergunta para, simplesmente: "O que foi que *eu fiz* para merecer isto, então esta questão terá uma resposta real. Outra coisa eminentemente sensata também seria indagar: "O que *eu posso* fazer para merecer isto?" Esta questão também terá uma resposta. A resposta poderá ser, se for o caso, que não há nada que *eu possa* fazer, mas isso não foi predeterminado. Uma teoria que nos permita indagar e responder a esta pergunta é uma teoria que permite ao conceito de merecimento ser o que ele precisa ser, no que tange aos negócios humanos: uma mensagem de esperança que é, ao mesmo tempo, o maior desafio moral da vida. Tal teoria reconhece a existência de *pessoas:* seres capazes de fazer escolhas e de se tornarem responsáveis pelas escolhas que fizeram.

Resumindo, uma teoria do merecimento genuína nos diz onde procurar ao investigarmos o que cada pessoa em particular realizou. Uma teoria do merecimento genuína não vai dizer o que dizem as teorias do *Big Bang*, ou seja, que não precisamos investigar as histórias reais de pessoas em particular, uma vez que sabemos, aprioristicamente, que ninguém merece nada.

Problemas

1. Nós trabalhamos com a ideia de que o caráter é um acidente da natureza ou da educação que recebemos desde o berço e pelo qual, portanto, não merecemos crédito algum. De certo modo, isto até deve ser verdadeiro, mas onde termina essa verdade? Eu poderia ter desenvolvido

um caráter completamente diferente, ou existe um ponto além do qual a pessoa com tal caráter deixaria de ser eu? Eu tenho sorte de ter nascido humano quando poderia ter sido uma gaivota? (Existe alguma gaivota por aí que pudesse ter sido eu?) Estaríamos errados em dizer que sorte é algo que acontece comigo, enquanto minha natureza básica (o fato de que eu tenho o meu caráter e não o seu) não *aconteceu* comigo –, mas *é* equivalente a mim mesmo?

2. Discutimos se dispomos ou não de livre-arbítrio, mas ninguém contesta a possibilidade de sentirmos dor ou não. Por quê?[10] Por que uma coisa é mais difícil de provar que a outra? Por que sentimos necessidade de comprovar isso no primeiro caso mais do que no segundo? É geralmente assim que nos convencemos de que alguma coisa é verdadeira – *comprovando-a*? É assim que eu aprendo que amanhã haverá uma alvorada, ou que alguns de meus amigos acreditam que todos os eventos têm uma causa? (Se conseguíssemos resolver o mistério de como surgiu a consciência naquilo que tinha sido, até então, um mundo meramente material, segundo espero, não haveria mais nenhum resíduo de mistério no que diz respeito ao livre-arbítrio.)

---

10. Se o livre-arbítrio fosse um comutador que liga/desliga, o qual, por acaso, tivesse sido ligado para seres como nós, então o desejo de dispor de livre-arbítrio seria totalmente sem sentido, tal como desejar que nosso corpo fosse composto de átomos. Uma liberdade que valha a pena *querer possuir* seria de um tipo que pudesse *estar em jogo*, isto é, que pudesse ser ganha ou perdida, dependendo das circunstâncias. Até certo ponto, segundo penso, nosso livre-arbítrio é de fato assim e não simplesmente um comutador que possa ser ligado e desligado. Eu já conheço o suficiente da psicologia contemporânea para aceitar que a unidade de consciência e o livre-arbítrio que ela acarreta são (1) realizações, não dons gratuitos; e (2) são realizações graduais. Além disso, (3) até que ponto nossa mente é consciente e livre depende, em certa medida, do grau de liberdade que nossas instituições (particularmente a escola) nos apresentam.

8. Como merecer uma oportunidade

TESE: Há mais de uma forma de ser merecedor e, em particular, mais de uma forma de merecer uma oportunidade. Algumas vezes, merecemos X com base naquilo que fazemos depois de receber X e não naquilo que fizemos anteriormente.

De que maneira eu mereço isto?

Suponhamos que nós, de fato, *sabemos* o que uma pessoa tem de fazer para se tornar merecedora. Precisamos também saber *quando* uma pessoa deve fazer tal coisa? James Rachels diz: "O que as pessoas merecem depende sempre daquilo que elas fizeram no passado."[1] David Miller diz: "Os julgamentos de merecimento são justificados com base nos fatos passados e presentes que se aplicam a indivíduos, jamais em estados de coisas que possam vir a ser criados no futuro."[2] Joel Feinberg diz: "Se uma pessoa merece algum tipo de tratamento, deve, necessariamente, merecê-lo em virtude de algumas características que possui ou como consequência de suas atividades *anteriores*."[3]

---
1. Rachels 1997, p. 176.
2. David Miller 1976, p. 93.
3. Feinberg 1970, p. 48. Grifo nosso.

Se não formos cuidadosos, podemos interpretar essas declarações de forma a descurar de um tipo de relacionamento que é um importante fator de mérito, talvez até o mais importante. Faz parte da convenção pensar que aquilo que merecemos depende daquilo que fazemos, e que não merecemos crédito por aquilo que fazemos enquanto não o tivermos feito. Pode haver um aspecto ulterior à convenção acadêmica, todavia; a saber que, quando pela primeira vez recebemos (por exemplo) nossas vantagens naturais e posicionais, se *já não tivermos feito* alguma coisa para merecê-las, então é tarde demais. Nascemos com nossas vantagens por pura sorte e aquilo que nos chegou por pura sorte jamais pode ser considerado como resultado de nosso merecimento.

É esse aspecto ulterior que rejeito. Eu disse anteriormente que o fato de puramente ter tido sorte desqualifica o merecimento. Eu não disse e não acredito que o fato de puramente ter tido sorte em um tempo t_1 desqualifique o fato de ser merecedor em um tempo t_2. Em particular, se nós não merecemos nossos dons naturais *por ocasião de nosso nascimento*, não há razão para que esse fato tenha a menor importância. O que tem importância, se é que algo a tem, é o que fazemos depois do fato[4]. Permitam-me apresentar uma proposta que pode, a princípio, parecer contraintuitiva:

> Algumas vezes merecemos X com base no que fazemos após recebermos X.

Ao receber uma oferta de emprego surpreendentemente boa, um novo empregado promete a si mesmo trabalhar o mais arduamente possível a fim de demonstrar que

---

4. Apenas de passagem, há bases de merecimento que não requerem uma ação, tais como quando dizemos que o Grand Canyon "merece" a reputação que tem. Ele merece essa reputação em função do que é, não de alguma coisa que tenha feito. Agradeço a Neera Badhwar por haver notado esta implicação. O fato de meramente ter tido sorte apenas *algumas vezes* desqualifica o merecimento.

a mereceu. Ninguém jamais pensa que essa promessa feita a si mesmo seja paradoxal. Ninguém leva o empregado para um lugar privado e lhe diz: "Vá com calma. Não há nada que você possa fazer para merecer isso. É somente seu passado que é relevante." Mas, a não ser que essas promessas que fazemos em nossa vida diária tenham sido mal calculadas, certamente podemos vir a merecer X com base naquilo que fizermos depois de receber X.

Mas como pode ser assim? Não é um fato da vida que, quando indagamos se uma pessoa merece X, olhamos para trás e não para a frente? Se admitirmos, somente para argumentar, que olhamos para trás, ainda precisaremos indagar: para trás de quê? Talvez olhemos para trás de onde nos encontramos e erroneamente presumimos estar olhando para o passado do *recipiendário*, a partir de onde ele se encontrava, no momento em que recebeu X. Se contemplarmos o passado, um ano após contratarmos Joana, imaginando se ela mereceu ou não a chance que lhe demos, o que é que nos indagamos? Perguntamos o que ela *fez* com essa oportunidade. Quando fazemos isso, *estamos* olhando para trás, mesmo que estejamos, na realidade, olhando para o que aconteceu depois que ela recebeu X. A partir dessa perspectiva, vemos como as pessoas podem ser merecedoras das oportunidades que receberam[5]. Nós as merecemos, porque não as desperdiçamos – porque demos *às oportunidades*, por assim dizer, o que elas "mereciam"[6].

---

5. Estou falando, ao mesmo tempo, de merecer uma chance, ser merecedor de uma chance e ser digno dela. Algumas vezes, é mais natural descrever uma pessoa como merecedora de X e não como tendo merecido X, especialmente quando a questão se refere a uma oportunidade. Mas este ponto é apenas uma questão de palavras. Se um estudante dissesse: "Ninguém merece nada, todavia há muitas coisas das quais as pessoas são merecedoras", pensaríamos que esse estudante estava dizendo uma piada difícil de entender.

6. Esta condição é suficiente? Não, não é. Se alguma coisa estiver errada com a oportunidade, como quando temos chance de usar um bem roubado, então o fato de não desperdiçarmos a oportunidade não demonstra suficientemente que a merecemos. Poderíamos dizer o mesmo de teorias-padrão sobre merecimento de recompensas. Quando sabemos que a recompensa é

Portanto, mesmo que necessariamente olhemos para trás quando avaliamos as alegações de merecimento, persiste o argumento de que algumas vezes o uso – mesmo quando o uso ocorre após o fato – tem influência sobre decidir se uma pessoa foi digna das oportunidades que recebeu. Imagine outro caso. Dois estudantes recebem bolsas de estudo. Um se esforça ao máximo e tira notas excelentes. A outra passa o primeiro ano indo de uma festinha a outra até ser pega colando, o que determina sua expulsão da universidade. Estas duas condutas diferentes não nos dizem *nada* sobre qual dos dois era mais merecedor de ter recebido uma bolsa de estudos?

Podemos conservar a convenção (de que o fato de merecermos X depende inteiramente daquilo que aconteceu antes de recebermos X) dizendo que as diferentes condutas dos estudantes são relevantes somente porque isto revela o que ambos já eram antes de receberem as bolsas de estudo? Não, não podemos. Quando recordamos o ano infeliz da estudante expulsa, a nossa razão para dizer que ela não mereceu o prêmio recebido não tem nada a ver com especulações sobre o que ela fez no ensino médio. Ambos os estudantes podem ter-se qualificado para o recebimento de bolsas de estudo como *recompensa* por seu procedimento anterior. Ou igualmente, nenhum dois dois pode ter-se realmente qualificado. Suponhamos que ambos foram escolhidos por um erro nos registros escolares e que, antes disso, estavam ambos destinados a uma vida de fracassos. A diferença foi o desempenho posterior, não qualquer qualificação anterior. Aquilo que suporta nossa convicção de que um era mais digno da bolsa de estudos do que a outra, em função da *oportunidade* recebida, é que o primeiro estudante deu à oportunidade o que lhe era devido; enquanto a outra fracassou nesse sentido. Vamos repetir, portanto:

---

um bem ilícito, qualificar-se para recebê-la não é suficiente para demonstrar que a merecemos. Da mesma forma, podemos pensar em estabelecer o direito a um bem previamente sem dono acrescentando a ele nosso trabalho, porém sem pensar que a mistura de trabalho e bem possa nos dar direito ao que, de outro modo, seria propriedade alheia.

Algumas vezes merecemos X com base no que fazemos *após* recebermos X.

Duas maneiras de equilibrar os pratos da balança

É desnecessário dizer que os céticos saúdam esta conclusão com ceticismo. Por quê? Parte da resposta é que, em nossa condição de filósofos, aprendemos a focalizar o merecimento como uma noção *compensatória*. A ideia é a seguinte: os fatores de merecimento que fornecemos antes de receber X põem uma balança moral em desequilíbrio e, quando recebemos X, o equilíbrio dessa balança é restabelecido. Para aqueles que veem o merecimento como uma noção necessariamente compensatória, merecemos X somente se X representa uma restauração do equilíbrio moral. Merecemos X somente se o merecermos na condição de recompensa –, ou seja, somente se o fato de recebermos X encerra uma conta.

No uso corrente, entretanto, o merecimento é, algumas vezes, uma noção *promissória*. Algumas vezes, o fato de recebermos X desequilibra a balança moral e, quando subsequentemente nos demonstramos dignos de X, é isto que restaura o equilíbrio. X não precisa ser uma compensação por já termos fornecido os necessários fatores de merecimento. Algumas vezes, ocorre justamente o oposto. Há ocasiões em que é o fornecimento de fatores de merecimento que encerra a conta.

Em qualquer dos casos, duas coisas acontecem; e é a segunda que coloca a conta em dia. Em casos compensatórios, insumos que determinam merecimento são apresentados primeiro e então uma recompensa encerra a conta. Em casos promissórios, primeiro é dada uma oportunidade e, depois, a apresentação de fatores de merecimento coloca a conta em dia. Nos casos promissórios, uma nova funcionária que promete: "Vou fazer jus a esta oportunidade. Vou mostrar-lhe que a mereci" não está dizendo que os eventos futuros, que retroativamente se tornarão a causa de ter recebido X, encerrarão a conta *agora*. O que ela está afirmando é simplesmente que os acontecimentos futuros *darão por encerrada* a conta. Ela não está alegando que recebeu algo pelo qual já havia pago anteriormente, mas sim que está recebendo alguma coisa pela qual ela *haverá de pagar* no futuro[7].

Se é assim, por que James Rachels afirma que: "O que as pessoas merecem sempre dependerá do que elas fizeram no passado"?[8] Rachels diz ainda que: "A explicação do porquê das ações do passado serem a única base de merecimento está ligada ao fato de que, se as pessoas nunca fossem tidas como responsáveis por suas próprias condutas – se um estrito determinismo fosse verdadeiro –, ninguém jamais mereceria coisa alguma."[9] Crucialmente, quando ele diz que "as ações do passado são a única base do merecimento", Rachels está enfatizando "as ações" e não "o passado". O que Rachels encara como alternativa inaceitável não é uma teoria como a minha, porém o ponto de vista de que as pessoas mereçam ser recompensadas por terem recebido dons naturais. Ele está pensando em "atividades passa-

---

7. Feldman (1995, p. 70-1) argumenta que um soldado que se apresenta como voluntário para uma missão suicida pode merecer uma medalha de antemão. Talvez até mereça; ver, porém, o Capítulo 9. De qualquer modo, o caso de Feldman ainda serve como exemplo de merecer uma recompensa e não apenas uma oportunidade. (Feldman não defende que as pessoas mereçam oportunidades.)

Jeremy Waldron e Fred Miller veem elementos voltados para o futuro na discussão de Aristóteles da meritocracia tomada como base na distribuição de cargos públicos. Aristóteles (*Política*, Livro III, p. 1282b, linha 30 ss.) afirma: "Quando um certo número de flautistas é igual em sua arte, não há razão para aqueles que nasceram em berço melhor recebam as melhores flautas, porque isso não vai fazer com que toquem melhor do que antes; ao contrário, o instrumento superior deve ser reservado para aquele que for superior como artista." Ver Fred D. Miller, 2001. De maneira intrigante, Waldron sugere que uma escola poderia escolher entre candidatos a professores comparando quão meritória a *escola* se tornaria, caso contratasse um ao invés de outro. Ver Waldron 1995, p. 573.

8. Rachels 1997, p. 176.
9. Rachels 1997, p. 180.

das" *versus* "inações" e não está considerando se as ações posteriores ao recebimento de X de ser relevantes ou não. Foi por isso que Rachels pôde ver a si mesmo explicando por que "as ações do passado são a única base de merecimento," quando ele diz que: "se as pessoas nunca fossem tidas como responsáveis por suas próprias condutas, [...] ninguém jamais mereceria coisa alguma". Observe que este argumento de forma alguma inter-relaciona as bases do merecimento com os eventos anteriores ao recebimento de X. O argumento apenas conecta mérito e ação, mas não particularmente o mérito e as ações *passadas*[10].

Rachels também diz: "As pessoas não merecem coisas devido à sua disposição para trabalhar, mas somente em função de realmente terem trabalhado."[11] Há razões para dizer isto e Rachels pode estar certo quando fala em recompensas. Pode ser lógico concluir que *recompensas* correspondam a desempenhos passados. Entretanto, recompensas não são o único tipo de coisa que pode ser merecida. Algumas vezes temos razão em afirmar que "ela merece uma chance". Podemos dizer que uma jovem candidata a emprego merece uma chance, não devido aos trabalhos que já tenha realizado, mas porque ela é claramente uma pessoa talentosa e bem-intencionada, que quer o emprego e que irá lançar-se à tarefa com toda a sua energia, caso receba uma oportunidade.

Um candidato mais antigo dentro da empresa pode ser merecedor de um jeito diferente: isto é, digno de recompensa em função de seu desempenho passado. Todavia, a ideia de que um candidato inexperiente possa receber uma oportunidade, pelas razões mencionadas, é alguma coisa

---

10. Uma importante ressalva: embora Rachels e David Miller (1976) digam que aquilo que merecemos depende daquilo que fizemos no passado e nunca no futuro, seria anacrônico interpretar que eles rejeitam minha proposta de que podemos merecer X em virtude daquilo que fazemos após receber X. Nessa época, ainda não ocorrera a ninguém estar a favor ou contra minha proposta.

11. Rachels 1997, p. 185.

que a maioria das pessoas pode achar edificante. E podemos nos dar por felizes que pensem assim também, uma vez que esse modo de pensar as leva a dar oportunidades a pessoas que são dignas delas no sentido promissório, isto é, pessoas que, ao receberem uma chance, dão *à oportunidade* o seu devido valor[12].

Se dissermos de uma candidata a emprego que ela merece uma chance e então, longe de dedicar-se plenamente à tarefa, ela a tratar com desprezo, isso demonstraria que estávamos errados. O aspecto promissório do merecimento não se terá concretizado. Ela teve uma chance para equilibrar a balança e fracassou. Se ela tratar o emprego com desprezo, então ela nem supre o desempenho e nem sequer faz um esforço de boa-fé para realizar o que a equipe de seleção esperava dela.

Se, em vez disso, o candidato falhar, mas sem que a culpa seja sua, então não podemos tomar isso em consideração contra ele. Se o seu fracasso for simplesmente o resultado de uma imprevisível maré de má sorte, a equipe de seleção nem sequer pode culpar a si própria por haver escolhido o candidato errado. Seus membros podem dizer que, em retrospecto, embora o novo empregado não tivesse feito jus à oportunidade recebida, isso se deveu ao fato de que ele realmente não teve a oportunidade que a equipe de seleção pretendia lhe dar. Por analogia, suponhamos que pretendíamos dar ao sal uma chance de se dissolver em água, mas o que de fato ocorreu foi dar ao sal uma possibilidade de se dissolver em azeite. Se o sal não conseguir se dissolver, ainda podemos insistir que o sal se teria dissolvido conforme esperado, caso tivesse havido a oportunidade de ser misturado com água.

---

12. Nem todas as declarações verdadeiras sobre aquilo que merecemos possuem a condição de *justificativas* de merecimento. Justificativas, em seu sentido relevante, implicam deveres correlativos, tais como o dever de dar aos demandantes aquilo que eles, efetivamente, merecem receber. Se alguém afirmar que Joana fez jus à oportunidade que recebeu, pode estar expressando uma verdade, porém sem pretender estar estabelecendo uma pretensão de direito em favor de Joana ou contra qualquer outra pessoa.

Não obstante a possibilidade de má sorte, subsiste o fato de que escolhemos os candidatos a emprego por alguma razão. Tipicamente, não se trata de recompensar alguém por sua conduta anterior, mas de selecionar alguma pessoa que tenha condições de realizar a tarefa destinada a ela. É por isso que, no momento em que atingimos t_2, a questão não é o que ela fez antes de receber a oportunidade, mas aquilo que ela fez com a oportunidade depois de tê-la recebido. A questão em t_2 não precisa ter nada a ver e tipicamente não demonstra qualquer relação com o que já foi decidido em t_1.

Uma observação sobre os exemplos. Os exemplos reais são complexos, porque levantam questões além daquelas suscitadas inicialmente pelo teórico que os apresentou. Neste caso, as comissões encarregadas de selecionar candidatos a empregos no mundo real devem equilibrar diversos critérios, nem todos os quais relacionados com merecimento. Alguns pontos podem ser mais bem ilustrados se falarmos em comitês responsáveis por efetivações de cátedra ou promoções dentro da organização, em que as decisões dependem mais puramente de questões de merecimento, mas cujos candidatos já têm uma história longa o suficiente para merecer ou não tais promoções, de tal modo que se torna difícil separar razões pregressas de futuras a fim de julgar se um candidato é merecedor. Com frequência, os candidatos encaram seus próprios casos com base simplesmente em seus méritos passados, mas as comissões que julgam suas efetivações como catedráticos veem a coisa de forma diferente. Os membros dessas comissões precisam decidir se um candidato não vai se tornar um futuro peso morto –, isto é, se todos os seus esforços passados não foram inspirados principalmente pela perspectiva de obter a cátedra como *recompensa* por serviços prestados. Eles querem ser capazes de rever sua decisão daqui a vários anos e dizer que o candidato mereceu tornar-se catedrático em razão de uma *oportunidade* que lhe foi concedida e que soube aproveitar.

Sobre as punições

Será que eu defendo então uma teoria promissória da punição? ("Ele pode ser inocente agora, mas se o pusermos na cadeia, ele se tornará lá o tipo de pessoa que merece estar na prisão.") É claro que não. Podemos encarar recompensa e punição como os dois lados da mesma moeda, mas não existe nenhum paralelo entre oportunidade e punição. O papel transformador das expectativas (o fato de que tendemos a corresponder ou não corresponder a elas, tal como se demonstrar o caso) pode justificar a confiança envolvida em conceder uma oportunidade, mas nunca poderá justificar uma punição[13]. Se Jean Valjean é encarcerado injustamente e diz a si mesmo: "Tudo bem, já que me tratam como um criminoso, vou passar a agir como tal", isto não justifica a punição injusta. Na realidade, o fato de que a punição induz um comportamento passível de castigo condena ainda mais a aplicação de tal punição. Em contraste, se Valjean mais tarde se comove com a bondade de um bispo e diz: "Tudo bem, já que me tratam como um ser humano decente, doravante agirei como tal", isso *de fato* justifica a bondade do bispo[14].

A discussão filosófica do merecimento pressupôs frequentemente um modelo bipartite, ou seja, duas coisas podem ser merecidas: recompensa e castigo. Mas o pensamen-

---

13. George Rainbolt sugere que meu modelo promissório pode apresentar um âmbito ainda maior de poder explanatório do que lhe creditei inicialmente. Em particular, se dispomos de bons motivos para acreditar que um prisioneiro condenado por um crime violento não se arrependeu e, de fato, pretende repetir seu crime no momento em que receber liberdade condicional, esta é razão suficiente para não lhe conceder a condicional. É uma razão, não somente no sentido de que a sociedade tem o direito de proteger a si própria de um criminoso comprovadamente violento e contumaz, mas também no sentido de que tal prisioneiro não é merecedor de liberdade condicional. Desse modo, o modelo promissório pode autorizar alguns aspectos da punição, depois que tudo for tomado em consideração.

14. Jean Valjean é um personagem do romance de Victor Hugo, *Les Misérables* [Os miseráveis].

to normal da sociedade como um todo segue um modelo tripartite: podemos merecer prêmios ou punições, sem a menor dúvida, mas também podemos merecer uma chance. Podemos reduzir o merecimento de uma oportunidade (ou até mesmo de punição) a uma espécie de merecimento de recompensa. Mas isso não faria o menor sentido, seria apenas uma parcimônia conceitual e espúria que não produziria nenhuma percepção adicional de seu significado. Um modelo tripartite funciona melhor quando nos ajuda a apreciar a natureza e a sabedoria das práticas morais ordinárias.

Refinamento do modelo promissório

A fim de esclarecer um pouco mais a natureza do modelo promissório, devemos considerá-lo como sendo composto por dois elementos. O primeiro explica o que podemos dizer a respeito de Joana a partir da perspectiva de t_2. O segundo explica o que podemos dizer a respeito dela a partir da perspectiva de t_1.

> Elemento (a): Uma pessoa que recebe a oportunidade X em t_1 pode demonstrar-se merecedora em t_2, devido ao que ela fez após receber essa oportunidade.
> Elemento (b): Uma pessoa que recebe a oportunidade X em t_1 pode demonstrar-se merecedora já em t_1, devido ao que ela fará após receber essa oportunidade.

O que nos diz o elemento (a)? O elemento (a) nos diz que isso pode ser verdadeiro em t_2, porque a questão já foi solucionada, isto é, Joana já forneceu insumos que fizeram jus a X. Não precisamos supor que Joana já os tenha apresentado em t_1. Quando declaramos Joana merecedora em t_2, de acordo com o elemento (a), nós não estamos negando que ela possa ter sido meramente bafejada pela boa sorte em t_1. Só estamos afirmando que, quando Joana teve a chance de provar o seu valor, ela se mostrou digna.

O elemento (a) se refere ao que Joana pode fazer a fim de se mostrar merecedora em t_2, mesmo que ela meramente tenha tido sorte em t_1. Em contraste, o elemento (b) se refere à maneira como Joana pode merecer X em t_1, não como recompensa por seu desempenho anterior, mas como uma oportunidade de desempenho futuro. Em outras palavras, o elemento (b) se refere à maneira como uma equipe de contratação poderá selecionar Joana não arbitrariamente, de preferência a algum outro candidato. Joana é digna da escolha se ela for o tipo de pessoa que fará jus à oportunidade. Ela pode ser digna da escolha em função também de seu desempenho anterior, mas a equipe não tem a menor intenção de *recompensar* suas atuações passadas. O que os membros da equipe estão tentando decidir é se podem considerar o desempenho anterior de Joana como *evidência* de que ela fará jus à oportunidade X –, isto é, como uma evidência de que ela irá ajustar sua conta, caso tenha a oportunidade de fazê-lo.

Há várias maneiras de formular o elemento (b). Nenhuma delas é perfeita. Quando pensamos em contextos semelhantes a decisões contratuais, é natural dizer que uma equipe de seleção não está procurando somente alguém que, teoricamente, possa exercer a função, mas alguém que *vá* realizar a tarefa, caso receba uma oportunidade para isso; entretanto, o significado implícito é o de que ela executará o trabalho se o confiarmos a ela, se ela assumir, se não ocorrer nenhuma catástrofe inesperada e assim por diante. Nossa invocação do elemento (b) em t_1 é, com efeito, uma predição de que, no momento em que chegarmos a t_2, estaremos em posição de invocar o elemento (a). Estamos predizendo que, quando t_2 chegar, Joana terá apresentado os insumos relevantes que justificaram seu merecimento. Todavia, não estamos meramente apostando na qualidade de desempenhos futuros. Ao contrário, estamos apostando que Joana tem características internas capazes de criar merecimento e que se traduzirão em seu desempenho futuro, desde que não ocorra algum infortúnio inesperado. Estamos dizendo que ela é o tipo de pessoa que executará o trabalho, caso venha a receber a oportunidade[15].

O elemento (a) diz que, embora o merecimento requeira um equilíbrio entre o que Joana dá e o que Joana recebe, o primeiro movimento não precisa ser efetivado por Joana. O elemento (b) afirma que Joana pode merecer a oportunidade X (no sentido de ser digna de escolha) antes que ela cumpra sua parte. O elemento (a), ao contrário, claramente não diz que Joana possa merecer X antes de fazer a sua parte. O elemento (a) salienta que, *mesmo que* Joana só venha a merecer X *depois* de fazer a sua parte, *ainda assim* não se segue que ela tenha de cumprir o seu lado do acordo antes de receber X.

O elemento (a), portanto, constitui a diferença essencial entre o modelo promissório e a ideia de que merecemos X somente se o recebermos como recompensa por nosso desempenho prévio. Na medida em que nosso propósito seja o de contestar essa ideia, não necessitamos do elemento (b). Necessitamos de alguma versão do elemento (b) somente quando buscamos justificar a prática corrente – em particular, nossa tendência a falar no merecimento de candidatos a uma chance em virtude do que podem ou poderão fazer caso lhes dermos essa oportunidade[16].

---

15. Quando pensamos que uma máquina irá funcionar bem se lhe dermos uma chance, não dizemos que a máquina "mereça" uma chance. Podemos, no máximo, dizer: "Vale a pena tentar," mas não queremos dizer a mesma coisa quando falamos do caráter de uma pessoa e quando mencionamos as características de uma máquina. Devo esta observação a Michael Smith.

16. David Miller, pelo que eu sei, chegou mais perto de endossar o elemento (b) do que qualquer outro filósofo jamais conseguiu chegar. Miller diz que há obstáculos insuperáveis para a interpretação de *empregos* como recompensas por condutas anteriores (1999a, p. 159). Quando dizemos que alguém merece um prêmio, o que embasa o nosso julgamento é o seu desempenho passado ou presente, mas quando estamos tomando decisões contratuais, o candidato mais bem qualificado, aquele que "merece" ser contratado, é justamente aquele que desempenhará melhor a função para a qual está sendo selecionado, desde que todos os demais fatores permaneçam iguais (p. 162). E, "no caso de contratações, o desempenho anterior pesa somente como uma fonte de evidência sobre as qualificações presentes de determinada pessoa". (p. 170).

Um problema com referência às previsões

Declarei anteriormente que existem muitas maneiras de formular o elemento (b) e também que nenhuma delas é perfeita. Ao analisarmos o elemento (b), podemos interpretar a dignidade de escolha como uma questão ou do que é *verdadeiro* a respeito do candidato ou do que a equipe de seleção *justificadamente acredita* a respeito do candidato[17]. Há prós e contras com referência a cada uma destas interpretações. Podemos ter algumas vezes boas razões para distinguir a *evidência* de que Joana trabalharrá bem, do *fato* (se e quando isso se tornar um fato) de que Joana realmente trabalhará bem. O que torna Joana digna de escolha no sentido metafísico, não epistemológico, é o fato de que ela realmente é o tipo de pessoa que (salvo por catástrofes imprevistas) vai fornecer os fatores de merecimento necessários e, desse modo, *tornar-se* merecedora em t_2, no sentido explicitado pelo elemento (a).

Se uma equipe de seleção conclui que Joana é digna de escolha em t_1, resta saber se a equipe julgou corretamente (isto é, se realmente escolheu a pessoa certa, em oposição a se havia justificativa para acreditarem ter escolhido a pessoa certa). Isto transforma a questão em um enigma? Em caso afirmativo, é um enigma quanto ao merecimento, mais do que um enigma quanto à determinação da validade de previsões em geral. Suponhamos que, em t_1, nós digamos que Joana estará casada em t_2. Joana efetivamente se casa. Nesse caso, os eventos em t_2, efetivamente, confirmaram o valor de verdade de uma projeção afirmada em t_1. Alguém acha que isso constitua um enigma? O evento futuro não

---

17. Recorde a afirmação, também de David Miller (1976), de que "julgamentos sobre o mérito são justificados com base nos fatos passados e presentes pertinentes aos indivíduos". Eu posso concordar que a *justificativa* epistemológica do merecimento alegue estar sopesando o passado, porque é no passado que se encontram as informações a considerar, mas ainda afirmo que os *fatores que tornarão verdadeira* alguma pretensão de merecimento podem estar no futuro. (E diríamos a mesma coisa com relação às previsões em geral.)

causa retroativamente a verdade da previsão; simplesmente confirma que a previsão foi verdadeira. Os eventos em t_2 podem determinar o valor de verdade de uma afirmativa tal como: "Ela vai se casar, se tiver chance."

Tais eventos também podem confirmar o valor de verdade de uma assertiva como: "Ela fará jus a X, caso lhe dermos uma chance." Chega um tempo em que podemos dizer: "Você afirmou que ela se casaria: confirmou-se que você tinha razão", ou em que uma equipe de contratações pode declarar que: "Nós dissemos que ela faria jus à oportunidade: confirmou-se que tínhamos razão." Em ambos os casos, é o comportamento de Joana que confirma o que antes era apenas uma possibilidade. Dizer que "ela merece X", querendo dizer que ela fará jus a X, caso receba uma chance para isso, não é mais estranho do que dizer: "sal é solúvel em água", significando que ele se dissolverá em água, se houver essa oportunidade.

Na medida em que a ideia de que Joana merece uma oportunidade em t_1 depende do fato de Joana dispor de propriedades disposicionais relevantes em t_1, e na medida em que um teste dessa ideia se encontra no futuro, o elemento (b) implica que a vida, algumas vezes, envolve a tomada de decisões sob um clima de incerteza. As equipes de contratação julgam qual é o candidato mais digno, sem garantia de que estejam julgando corretamente.

Quando uma equipe julga em t_1 que Joana merece uma chance, está de fato fazendo uma aposta. O que estão fazendo é julgar-lhe o caráter. Podem até mesmo transformar o caráter dela, na medida em que a confiança que depositarem em Joana possa inspirá-la a se tornar o tipo de pessoa que eles julgam que ela seja. Em t_1, todavia, ainda resta confirmar se Joana é ou se tornará esse tipo de pessoa. Joana determinará a resposta mais tarde, num sentido epistemológico e, talvez, também em um sentido metafísico, na medida em que é Joana quem terá de *decidir*, e não meramente revelar, se é realmente tão digna de confiança e tão trabalhadora quanto acharam que ela seria e assim por diante. A comissão seletora simplesmente terá de esperar para ver. Uma vez que a vida realmente é difícil nesse sentido, podemos nos dar por felizes por possuir uma teoria que descreve corretamente a dificuldade – que não tenta fazer a vida parecer mais simples do que realmente o é[18].

As pessoas que nunca têm chance

O que o modelo promissório tem a dizer a respeito dos candidatos que não obtiveram sucesso, ou, de um modo mais geral, a respeito dessas pessoas que nunca recebem oportunidades? E se houver mais candidatos merecedores do que posições a serem preenchidas? O elemento (a) não diz nada quanto às questões que envolvem pessoas que nunca têm uma chance, mas o elemento (b) pode dizer sobre os candidatos malsucedidos aproximadamente o mesmo que diz a respeito daqueles que obtiveram sucesso, a saber, que eles podem merecer X na medida em que também teriam feito jus a X, caso tivessem recebido uma oportunidade para isso. *Minha teoria não diz que as pessoas que não tiveram oportunidades sejam desprovidas de merecimento.*

De acordo com minha teoria, existe uma certa confusão ou, pelos menos, uma certa incompletude quando se avalia uma sociedade indagando se as pessoas recebem o que merecem. Se o merecimento importa, então frequentemente seria melhor colocar a seguinte questão: as pessoas *fazem alguma coisa para merecer* o que conseguem? As oportunidades são dadas àqueles que farão alguma coisa para serem dignos delas?

Meu propósito aqui é o de dar espaço, dentro de uma teoria crível sobre a justiça, para a ideia de que existem coisas que podemos fazer a fim de nos tornarmos merecedores. Especificamente, podemos merecer uma oportunidade.

---

18. Agradeço a Guido Pincione e a Martin Farrell por suas percepções a respeito deste ponto.

Além disso, o merecimento ou não de uma oportunidade pode depender daquilo que fizermos com ela quando a recebermos. Em primeiro lugar, há coisas que podemos fazer após o fato a fim de equilibrar os pratos da balança, tornando adequado, em retrospecto, que tenhamos recebido uma chance de demonstrar nosso valor em t_1. Em segundo lugar, podemos ser dignos de escolha mesmo em t_1, na medida em que uma equipe de seleção (ou na medida em que isto for verdadeiro) possa ver que faremos jus à oportunidade que nos conferir. Esta última condição não constitui o cerne de minha teoria do merecimento, mas é uma forma de expandir seu conteúdo e dar sentido a uma parte central de nossa vida diária.

9. Merecer e ganhar

TESE: Os termos "merecer" e "ganhar" são quase sinônimos no uso corrente, mas há uma diferença importante entre eles quando falamos em "merecer oportunidades".

Como ganhar

Comumente demonstramos nosso respeito por aquilo que alguém realizou dizendo: "Você o mereceu" ou "Você ganhou tal e tal coisa". As palavras "merecer" e "ganhar" são quase sinônimas no uso corrente. Entretanto, há uma diferença entre elas e será útil darmos à diferença um pouco mais de ênfase do que ela costuma receber no uso corrente.

Um cheque de pagamento não é ganho enquanto o trabalho não tiver sido concluído. Ao ser contratado, eu farei o que for preciso para ganhar meu pagamento, mas o futuro não determina que eu tenha ganho o meu pagamento *agora*. Eu não terei ganho nada até que o trabalho esteja feito. Deste modo, embora digamos que as pessoas merecem uma oportunidade antes mesmo que tenham apresentado os insumos requeridos, não dizemos que essas pessoas ganharam um cheque de pagamento antes de terem fornecido os insumos necessários. Talvez seja por isso que aquilo que Joana merece tenha mais a ver com o seu caráter, enquanto aquilo que Joana ganhou tem tudo a ver com o trabalho realizado por ela. O caráter de Joana pode se manifestar antes que ela apresente os insumos requeridos. Mas seu trabalho não pode ser manifesto de forma semelhante antes que ela apresente os resultados dele, uma vez que seu trabalho *é* o insumo necessário quando a questão se refere àquilo que ela ganhou. Joana pode ser merecedora em t_1, em virtude daquilo que ela irá fazer, caso receba uma oportunidade para fazer tal ou tal coisa. Todavia, para receber um pagamento em t_1, ela precisa ter realizado o trabalho em t_1. Desse modo, o fato de que ela *terá ganho* o cheque de pagamento em t_2 não é relevante para o que Joana ganhou em t_1, ainda que –, de acordo com o elemento (b) – seja relevante para o fato de ela merecer uma chance em t_1. Portanto, em t_1, o modelo promissório não funciona com relação ao ganho. Aqui não existe um análogo do elemento (b).

Um tanto para minha surpresa, todavia, existe um análogo para o elemento (a). Nós aceitamos o fato de que eu não ganhe o pagamento até que tenha realizado o trabalho. Isso significa que eu só posso receber meu cheque se eu fizer o trabalho *primeiro,* antes que o cheque seja emitido?

Não! Na vida diária, nós não duvidamos que um empregado novo, porém merecedor de nossa confiança, a quem pagamos um adiantamento, possa ganhar o dinheiro após o fato. O dinheiro pode ser pago em t_1 e então, o que não era ainda verdadeiro em t_1 se torna verdadeiro em t_2, a saber, que a balança está agora equilibrada e que o dinheiro entregue em t_1 foi agora ganho. Em t_2 se torna verdadeiro que Joana fez o que foi paga para fazer.

Portanto, não há como salvar a convenção acadêmica de que o merecimento seja uma noção puramente compensatória. Esta noção não capta o conceito de merecimento. E tampouco funciona com relação ao conceito do ganho[1].

---

1. Todavia, poderíamos defender uma versão da tese de Feldman (1995) desta maneira. Um soldado que receba uma medalha por antecipação nem a merece, nem a ganhou. (Medalhas são prêmios, não são oportunidades. Se forem merecidas, devem ser merecidas na condição de prêmios, em outras pa-

O ganho como redenção

Uma oportunidade que não foi ganha é, de fato, uma oportunidade não-ganha, mas embora não a tenha ganho, uma pessoa ainda pode fazer jus a ela. É frequentemente essa possibilidade que temos em mente quando dizemos que uma pessoa merece uma chance. Ignorar essa possibilidade é o mesmo que ignorar a possibilidade de redenção implicada em trabalhar para fazer jus a uma oportunidade recebida.

Em um filme merecidamente popular a respeito da Segunda Guerra Mundial, *Saving Private Ryan* [O resgate do soldado Ryan], o capitão Miller é ferido mortalmente enquanto busca resgatar o soldado Ryan. Enquanto Miller agoniza, ele diz a Ryan: "Agora, ganhe!" Nesse momento, nenhum dos personagens possui a menor ilusão de que Ryan tenha "ganho" seu resgate. Ele não ganhou, como sabem os dois. Nem Ryan é digno de escolha no sentido do elemento (b), como os dois também sabem. (De acordo com a história, a razão por que o Alto Comando ordenou o resgate de Ryan não tem nada a ver com o valor do próprio soldado. Os três irmãos de Ryan acabaram de morrer em combate. O objetivo de resgatar Ryan é evitar ter de enviar um quarto telegrama à mãe de Ryan dizendo que sua família inteira acabou de ser extinta.) Seja como for, e isto ambos os personagens também sabem, esse não é o final da história, porque agora depende de Ryan determinar se o sacrifício de Miller foi ou não em vão[2]. Não é tarde demais

---

lavras, devem ser merecidas através de procedimentos especificados pelo modelo compensatório.) Mesmo assim, pode fazer sentido homenagear o soldado agora por aquilo que o soldado está a ponto de executar. Então, depois que o soldado tiver realizado o seu sacrifício heróico, fará sentido dizer que o soldado ganhou sua medalha.

2. O Discurso de Gettysburg, de Abraham Lincoln, um dos discursos mais comoventes já proferidos, ganha seu poder retórico precisamente deste ponto, falando como fala da obra inacabada daqueles que morreram em combate e nos convocando a todos para garantir que sua última e completa medida de devoção não tenha sido e nem será em vão.

para Ryan tentar redimir o sacrifício levando sua vida em frente de modo a tornar-se tão digno quanto qualquer pessoa pode ser[3].

Se há alguma coisa que Ryan possa fazer para ganhar seu resgate, será em t_2 e não em t_1, de maneira análoga ao elemento (a) do modelo promissório. Quando Miller diz: "Agora, ganhe!" ele percebe totalmente que Ryan ainda não cumpriu sua parte. O resgate de Ryan jamais poderá ser merecido da forma como uma recompensa ou um prêmio é merecido. Para realmente ser ganho (merecido), o resgate terá de ser ganho do mesmo modo que um adiantamento sobre o salário é ganho: isto é, após o fato. Adequadamente, o filme termina com uma cena transcorrida décadas depois. Um Ryan já envelhecido visita o túmulo de Miller. Cheio de angústia, Ryan implora a sua esposa: "Diga-me se eu fui um homem bom!" A implicação é que: se Ryan foi um homem de bem, então ele fez tudo quanto estava a seu alcance para ganhar o resgate que lhe deu uma chance de se tornar um homem bom.

Como ser dignos de nossas oportunidades

Observe que a história de Ryan é neutra com relação à importância de bases de merecimento alternativas. A esposa do Ryan envelhecido pode lhe dizer que a base relevante é o esforço e que, desse modo, Ryan se tornou merecedor, em virtude de ter feito o quanto podia. O próprio Ryan pode ver suas realizações como a base relevante e concluir

---

3. Eis outra maneira de interpretar o que o capitão Miller quer dizer quando fala: "Agora, ganhe!" Miller está dizendo a Ryan que ele tem uma dívida para com os homens que morreram e que, para pagá-la, terá de ser tão digno quanto possível do sacrifício deles. Interpretada desta forma, a questão de Miller envolve modelos tanto compensatórios como promissórios. Prosseguir com sua vida de modo a tornar-se o mais digno que lhe for possível é o mais próximo que Ryan pode chegar para dar aos soldados que tombaram o que eles merecem em reconhecimento de seu sacrifício. Devo este pensamento a uma troca de e-mails com Bas van der Vossen.

que, apesar de seus esforços, ele não fez nem de longe o bastante para ser digno de todas as vidas que foram sacrificadas a fim de salvar a sua. O problema aqui é de caráter geral. Se grandes sacrifícios foram feitos a fim de nos colocar em uma posição na qual pudéssemos florescer, temos realmente de imaginar se existe alguma coisa que possamos fazer a fim de sermos dignos desses sacrifícios. A resposta fácil é a de que, se fizemos tudo quanto pudemos, fizemos tudo o que qualquer pessoa poderia exigir de nós. Todavia, se refletirmos um pouco, não podemos deixar de pensar que essa resposta algumas vezes é fácil demais e que não existe garantia de que "fazer tudo o que foi possível" tenha sido ou vá ser suficiente.

A boa sorte não nos pode roubar a chance de agir segundo aquelas maneiras que tornam as pessoas merecedoras, embora a má sorte o possa, sendo esta uma das razões por que a má sorte é ruim. Por exemplo, se o soldado Ryan fosse morto por uma bala perdida poucos minutos depois de ter sido resgatado, então não haveria qualquer sentido em discutir se Ryan fez ou não jus à oportunidade de viver como um homem de bem, uma vez que (neste exemplo) ele nem chegou a ter essa oportunidade. A má sorte roubou-lhe a que lhe teria sido dada.

Em mais de um sentido, a situação de Ryan é idêntica à de um ganhador de loteria. Se Miller entregasse a Ryan um volante de loteria com os números premiados e lhe dissesse, com seu último suspiro: "Agora, ganhe!", como Ryan poderia ganhar? Ninguém poderia dizer que Ryan o ganhou em t_1^4, mas esse não é o final da história, porque mesmo quando temos uma maré de pura sorte, não se trata unica-

---

4. Se este caso fosse mais semelhante ao tipo de caso coberto pelo elemento (b), é concebível que o capitão Miller dissesse que Ryan merecia receber o volante premiado. Por exemplo, suponhamos que Miller precisasse escolher alguém dentre uma lista de candidatos e visse que Ryan moveria montanhas para provar a si mesmo que era digno. Nesse caso, considerar que Ryan era digno de sua escolha com base nessa percepção poderia ser a opção mais bem justificada que Miller tinha a seu alcance.

mente de pura sorte. Também é um desafio e, como acontece com a maioria dos desafios, existe uma maneira correta de responder a ele. Algum dia, haverá um fato referente a se Ryan respondeu bem ou não.

A situação do soldado Ryan também é um pouco semelhante à de uma pessoa que nasceu com vantagens naturais e posicionais. Não nascemos tendo feito qualquer coisa para merecer vantagens como recompensas. Assim, um modelo compensatório padrão não possui recursos que possam justificar alegações de merecimento no instante do nascimento. Quando nascemos, meramente temos sorte. De forma semelhante, quando nascemos não há qualquer base para nos considerar dignos de escolha, isso se houvesse sequer a possibilidade de uma escolha. Desse modo, o elemento (b) do modelo promissório é de forma semelhante incapaz de apoiar alegações de merecimento por ocasião de nosso nascimento. Todavia, com relação a nossas vantagens, existe alguma coisa que podemos fazer mais tarde, segundo o modelo do elemento (a). Podemos fazer jus às vantagens que recebemos.

Resumo

A importância do elemento (a) do modelo promissório é que aquilo que, em determinada ocasião, foi moralmente arbitrário, nem sempre será assim. As coisas mais valiosas que recebemos na vida são nossas oportunidades e a nossa principal ação para justificar seu recebimento consiste em fazer jus a elas após o fato. A importância do elemento (b) é que esta teoria tem lugar para a ideia derivada do senso comum de que as pessoas podem merecer uma oportunidade. Elas podem merecer uma chance, não por causa daquilo que fizeram anteriormente, mas em função daquilo que podem e que vão fazer, se lhes dermos essa oportunidade.

É crucial que os pratos da balança sejam equilibrados. Não é crucial que os componentes desse equilíbrio sejam apresentados em uma ordem particular. Se X é conferido primeiro e a base de merecimento fornecida mais tarde, também isso constitui um equilíbrio da escala moral.

Discussão

Thomas Nagel diz: "Seria difícil contestar a afirmação de Rawls de que ninguém merece sua maior capacidade natural, nem que tenha mérito em um ponto de partida mais favorável na sociedade, exceto talvez se apelarmos para alguma teoria do tipo da transmigração das almas."[5] Mas será que isso é tão óbvio quanto pensa Nagel? Ou deveríamos pensar que, uma vez que as pessoas têm a capacidade de fazer jus às oportunidades que recebem, aquilo que inicialmente não era merecido não precisa permanecer imerecido?

---

5. Nagel 1997, p. 309.

10. Justificação do merecimento

TESE: Uma justificação para dar crédito às pessoas por usarem bem suas oportunidades é que agir assim permite às pessoas aproveitar bem suas oportunidades e, deste modo, as ajuda a viver harmoniosamente umas com as outras.

Por que adotar um conceito de preferência a outro?

Os dois modelos, o compensatório e o promissório, são realmente verdadeiros modelos do merecimento? Será que isso importa? Aqui, a questão principal não é se usamos a mesma palavra para nos referirmos àqueles que fizeram o melhor que se achava a seu alcance antes de receber recompensas ou àqueles que fizeram o melhor que se achava a seu alcance após receberem oportunidades. De fato, é o que fazemos, mas a questão maior é: estamos *justificados* em pensar que as alegações de merecimento têm o mesmo peso em ambos os casos?

Já expliquei como, na vida diária, adotamos o conceito de merecer uma oportunidade em virtude do que fizemos ou vamos fazer com ela. Todavia, eu não gostaria de apelar para o senso comum a fim de justificar nossa compreensão induzida pelo senso comum. Para justificar, temos de procurar em outra parte. Este capítulo indica (embora apenas indique) o lugar em que podemos procurar tal justificativa.

O que, em parte, dificulta até mesmo iniciar esse tipo de discussão é que, ao tentarmos justificar, corremos o risco de banalizar. Arriscamo-nos a fundamentar determinada coisa sobre considerações menos importantes que a própria coisa. Isto poderia representar um problema quando estamos tentando justificar uma concepção da justiça. Ao avaliarmos conceitos alternativos de justiça, em geral não podemos resolver a competição apelando para um outro ideal de justiça altivo, porém contestado. Todavia, se apelarmos para algo mais – alguma coisa diferente de (nossa concepção da) justiça –, somos forçados a apelar para aquilo que nos parece ser de menor importância. Mas tudo bem. Não estamos confusamente buscando os fundamentos daquilo que é, em si mesmo, fundamental. Estamos simplesmente indagando o que pode ser dito em favor de tal conceito.

Os menos privilegiados

Aquilo que eles querem conseguir; aquilo que querem ser.

Margaret Holmgren afirma que a justiça "exige que sejam assegurados a cada indivíduo os benefícios mais fundamentais da vida, compatíveis com os benefícios semelhantes que são conferidos a todos" e, em seguida, acrescenta: "A oportunidade de progredirmos através de nossos próprios esforços constitui um interesse fundamental."[1] Richard Miller aduz: "A maioria das pessoas (incluindo a maioria dos que se acham em piores condições) quer usar os recursos de que já dispõem de maneira ativa, a fim de prosperar por conta própria, e isso reflete uma avaliação adequada das aptidões humanas."[2]

Segundo um determinado ponto de vista, a suposição rawlsiana de que as desigualdades devem ser arranjadas de

---
1. Holmgren 1986, p. 274.
2. Richard W. Miller 2002, p. 286.

modo a beneficiar ao máximo os menos privilegiados descarta a ideia de que as pessoas merecem mais – e, portanto, deveriam receber mais –, se, quando e porque seus talentos e esforços contribuem mais para a sociedade. Holmgren, entretanto, observa que as pessoas que adotam a posição original de Rawls sabem (porque, pelo menos hipoteticamente, estão cônscias das características perfeitamente gerais da psicologia humana) que as pessoas não querem simplesmente ganhar nada de graça; querem ter sucesso na vida e desejam que esse sucesso seja merecido. De acordo com isso, mesmo os empresários mais totalmente contrários a correr riscos e que se focalizam somente na classe econômica menos privilegiada, estariam, não obstante, ansiosos para garantir que tais pessoas recebessem oportunidades para progredir por seus próprios esforços."Em vez de um enfoque exclusivo sobre a parcela de renda ou de riqueza que eles receberiam, eles prefeririam escolher um princípio de distribuição que garantisse a cada um deles conquistar essa oportunidade."[3]

A assertiva de Holmgren parece incompatível com o princípio da diferença de Rawls *se* interpretarmos esse princípio como Nozick o interpreta, a saber, como uma prescrição para redistribuição em nível menos elevado. Nesse caso, a ideia de que Joana merece seu salário ameaça anular o nosso mandato de retirar-lhe o salário ou parte dele em favor dos menos privilegiados. Todavia, a ideia de Nozick não constitui o único jeito de interpretar o princípio da diferença. Suponhamos que interpretemos esse princípio não como um mandato para redistribuição, antes, porém, como uma forma de avaliar as estruturas básicas. Ou seja, avaliamos as estruturas básicas perguntando se funcionam para o benefício daqueles menos privilegiados. De acordo com a última interpretação, nós podemos escolher entre regras como "tentar dar às pessoas o que elas merecem" e "tentar dar tudo aos que receberam menos vantagens", in-

---

3. Holmgren 1986, p. 275.

dagando qual dessas atitudes será melhor para os menos privilegiados na prática empírica real.

Esta última é indubitavelmente a interpretação canônica do princípio da diferença. Infelizmente, é natural que resvalemos para a maneira de pensar dos negociadores que estão escolhendo um plano de redistribuição. O próprio Rawls resvala neste sentido, quando afirma:"Existe uma tendência dentro do consenso geral a supor que a renda e as riquezas e, de um modo geral, todas as coisas boas da vida, devam ser distribuídas de acordo com o merecimento. [...] Mas a justiça, no sentido igualitário, rejeita esta concepção. Tal princípio não seria escolhido de acordo com a posição original."[4] Podemos concordar que tal princípio não seria escolhido, mas a razão é que os princípios distributivos *per se* não se encontram na agenda de discussões. Não são nem sequer o *tipo* de coisa que os negociadores escolheriam discutir. Os que conduzem as negociações escolhem metaprincípios para *avaliar* princípios como o da distribuição de acordo com o merecimento.

Lido dessa forma canônica, o princípio da diferença, longe de competir com os princípios do merecimento, pode *corroborar* a ideia de que as pessoas merecem ter uma chance. O princípio da diferença apoia princípios de merecimento, caso Holmgren esteja correta em dizer que os menos privilegiados querem e precisam de oportunidades para prosperar por seus próprios méritos. De forma semelhante, o princípio da diferença suporta princípios de merecimento se for historicamente verdadeiro que os menos privilegiados tendem a florescer dentro e apenas dentro de sistemas em que o esforço do trabalho honesto seja respeitado e recompensado.

Tal sistema pode ser o melhor que operários não-especializados possam esperar: melhor para eles como pessoas que trabalham em troca de salário, como consumidores do que outros operários produzem, como pais que acreditam que seus filhos merecem uma chance e, talvez, também

---

4. Rawls 1971, p. 310.

como pessoas que podem um dia necessitar do tipo de rede de segurança (previdência pública ou privada) que somente uma economia saudável pode suportar. Tanto os rawlsianos como os não-rawlsianos podem perceber o peso dessas considerações.

A posição original é uma "máquina de experiências"?

O conceito de "Máquina de Experiências" de Robert Nozick nos permite ligar nossos cérebros a um computador programado para nos fazer pensar que estamos vivendo o melhor tipo de vida possível. A vida que pensamos estar vivendo é um sonho induzido por computador, mas não sabemos disso. Qualquer experiência faria parte da sensação que estamos vivenciando. Nozick indaga: "Você se ligaria na máquina? *O que mais nos importa, senão a percepção interior que temos de nossa vida?*" [5]

Nozick não conecta essa questão à sua crítica de Rawls, contudo podemos, no mínimo, imaginar se os que receberam menos vantagens de berço querem realizar coisas e não simplesmente receber coisas com as quais podem seguir em frente a fim de passar por experiências agradáveis. Em outros termos, podemos indagar dos menos privilegiados: quantos de seus filhos chegam a registrar patentes de invenções? Quantos obtêm um doutorado? Quantos ganham a vida como músicos profissionais? O princípio da diferença de Rawls apresenta estas questões ou se preocupa somente em dar meios aos desprivilegiados para que passem por experiências agradáveis? (Ver Capítulo 31.)

Como dar importância às consequências

De forma semelhante, tanto os utilitaristas como os não-utilitaristas podem dar importância às consequências.

---
5. Nozick 1974, p. 43 (o grifo é do original).

Feinberg afirma: "A concessão de prêmios promove diretamente o cultivo das habilidades que constituem as bases da competição."[6]

Rawls diz que: "Quando todos os demais fatores são iguais, uma concepção de justiça é preferível a outra quando suas consequências mais amplas são as mais desejáveis."[7] Embora esses pensadores não sejam utilitaristas, isso não os impede de apresentar proposições factuais sobre as consequências de respeitar as afirmações de merecimento (no caso de Feinberg) ou de observar que as boas consequências são melhores do que as más (no caso de Rawls).

Tanto Feinberg como Rawls podem corretamente insistir que a utilidade não gera merecimento, ao mesmo tempo que também reconhecem que (a) as coisas que de fato geram merecimento (esforço, excelência) podem naturalmente melhorar a situação das pessoas que as possuem e que (b) melhorar a situação das pessoas é moralmente significativo. Rachels acrescenta: "Em um sistema que respeita merecimentos, alguém que trata bem os demais pode muito bem esperar ser bem tratado em troca, enquanto alguém que trata mal os outros não o pode. Se este aspecto da vida moral fosse eliminado, a moralidade não teria nenhuma recompensa e a imoralidade não teria más consequências; deste modo, não haveria a menor razão para que alguém se preocupasse com elas."[8]

Em resumo, nossas noções ordinárias de merecimento servem a um propósito. Uma forma (ainda que seja apenas uma) de uma sociedade beneficiar pessoas é distribuir os frutos da cooperação proporcionalmente às contribuições para o esforço cooperativo. De fato, é assim que as sociedades induzem seus membros a contribuir. O merecimento, tal como normalmente compreendido, faz parte daquilo que mantém a sociedade coesa como uma iniciativa produ-

---

6. Feinberg 1970, p. 80.
7. Rawls 1971, p. 6.
8. Rachels 1997, p. 190.

tiva. O respeito ao merecimento como normalmente entendido pelo consenso comum (respeitando os insumos fornecidos pelas pessoas) torna melhor a existência das pessoas em geral. Naturalmente, seria empregar mal o termo dizer que Beto merece um aumento de salário com a única justificativa de que lhe dar um aumento teria utilidade. Podemos dizer que Beto merece um aumento porque trabalha muito bem, faz mais que sua obrigação e não fica se queixando por isso. Ninguém diz que dar um aumento a Beto teria utilidade. Mas se perguntarmos por que deveríamos *reconhecer* que Beto é um ótimo funcionário, uma grande parte daquilo que torna os esforços de Beto dignos de reconhecimento é que tais esforços são de um tipo que serve para melhorar a situação de todos nós. Se perguntarmos por que Beto é merecedor, a resposta deverá ser: porque Beto preenche os requisitos geradores de merecimento. Se indagarmos por que nos *importamos* com o fato de Beto fornecer insumos tais que o tornam uma pessoa merecedora, uma resposta seria: é o fornecimento de tais insumos que torna Beto o tipo de pessoa que desejamos que nossos vizinhos, nossos filhos e nós mesmos sejamos e que, além disso, melhora a situação de todos nós.

O objetivo aqui não precisa ser a maximização da utilidade tanto quanto a demonstração de respeito pelos costumes, instituições e virtudes de caráter que tornam melhor a vida das pessoas. (De qualquer maneira, o merecimento decorre de um esforço *construtivo*, em vez de um esforço *per se*. Os sinais do esforço não precisam ser traduzidos por sucesso, mas precisam ser de um tipo tal que tenda a produzir resultados dignos.) Se pretendemos fazer justiça a cada pessoa em particular, então quando sua individualidade se manifesta através de esforços construtivos, o melhor que temos a fazer é estarmos preparados para honrar tais esforços e respeitar as esperanças e os sonhos que os alimentam.

Merecimento e necessidade

Quando dizemos: "ela merece uma chance", em que isso difere de dizer que: "ela *precisa* de uma chance"? "Merece" sugere que ela possui algum mérito realizado ou potencial, em virtude do qual ela deveria receber uma oportunidade, enquanto "precisa" não sugere nem mérito real, nem mérito em potencial. Todavia, quando dizemos: "*tudo que* ela precisa é de uma chance", chegamos bem perto de afirmar que ela *merece* uma chance. Chegamos perto de dizer que ela é o tipo de pessoa que dará à oportunidade, caso a receba, aquilo que lhe é devido.

Não obstante, seja qual for o espaço que deixarmos para o merecimento, subsiste o fato de que as necessidades das pessoas são importantes, pelo menos até certo nível[9]. Eu chegaria até mesmo a dizer que o merecimento é parcialmente importante porque as necessidades são importantes. O fato de que Beto precisa de X não é razão para dizer que Beto merece X, pela mesma razão de que a utilidade de X não é razão para dizer que Beto merece X. Mas se isso for verdadeiro, então a necessidade não constitui base para merecimento. Mas existem outras maneiras pelas quais a necessidade se torna importante.

Suponhamos, por uma questão de simplicidade, que a única forma de se merecer X é trabalhar arduamente até conseguir X. Nesse caso, por hipótese, a necessidade não apresenta a menor relevância para determinar se Beto merece X. De acordo com a hipótese, a única coisa que importa é que Beto deu duro para conseguir X. Contudo, ainda que por hipótese a necessidade não tenha nada a ver com nossa razão para pensar que Beto merece X, a necessidade continua sendo uma razão para que nos *preocupemos* com o merecimento. Uma razão para dar às pessoas aquilo que elas merecem é que isso as torna dispostas e capazes de agir de acordo com maneiras que as ajudam (e, portanto,

---

9. Eu não estou concordando aqui com Brock (1999, p. 166), entre outros.

também auxiliam as pessoas que as rodeiam) a conseguir as coisas de que precisam. As considerações sobre bem-estar social não constituem bases para merecimento, mesmo assim podem fornecer razões para que se leve a sério determinado efeito gerador de merecimento (por exemplo, respeitar as pessoas que trabalham muito).

Uma justificativa kantiana

Quando consideramos se uma pessoa fez ou não jus a uma oportunidade recebida, costumamos não recordar eventos ocorridos antes do recebimento de tal oportunidade. Eu indiquei como poderíamos argumentar neste sentido, com base em uma fundamentação consequencialista. Poderia ser uma boa ideia apresentar uma justificativa em termos kantianos, também. Embora eu não pretenda insistir nesse ponto, há alguma coisa necessária e louvavelmente não-histórica em simplesmente respeitar o que as pessoas trazem para a mesa. Nós respeitamos seu trabalho, ponto. Nós admiramos seu caráter, ponto. Nós não argumentamos (nem tampouco estipulamos como dogma, o que seria ainda pior) que as pessoas são produtos da natureza/educação e, desse modo, inaptas para a atribuição de crédito moral. Algumas vezes, simplesmente damos crédito às pessoas por aquilo que realizaram e por aquilo que são. E, algumas vezes, simplesmente dar crédito consiste, essencialmente, em tratá-las como pessoas, não como meras confluências de forças históricas.

Parte da estranheza que existe em duvidar se Joana merece o caráter que tem é que o caráter de Joana não é alguma coisa que simplesmente lhe tenha ocorrido. Seu caráter *é* ela. Ou, se pudéssemos imaginar ser possível tratar Joana e seu caráter como coisas separadas, então teria de ser ao caráter de Joana que deveríamos creditar o mérito de ser um bom caráter; desse modo, a questão do motivo por que Joana *per se* deveria receber o crédito seria discutível.

Mas, na realidade, é claro que são as pessoas e não o caráter delas que trabalham diligentemente. Portanto, se dissermos que um "caráter exemplar" é moralmente arbitrário, então são as pessoas e não meramente seu caráter que estamos nos recusando a levar a sério.

Martin Luther King disse, em determinada ocasião: "Eu tenho um sonho de que meus quatro filhos viverão um dia em uma nação na qual eles não serão julgados pela cor de sua pele, mas pelo conteúdo de seu caráter."[10] Esse foi um sonho pelo qual valia a pena viver e morrer. King jamais sonhou que seus filhos pudessem viver em uma nação na qual o caráter deles viesse a ser considerado como acidente, pelo qual nunca poderiam reclamar qualquer crédito. O que King nos pede é que julguemos seus filhos pelo conteúdo de seu caráter e não por suas causas. E esse era o pedido correto a fazer, porque é assim que tomamos o caráter [ou seja, as pessoas] em consideração e o levamos a sério.

Se o caráter dos filhos de King não for levado a sério, eles não receberão nem as recompensas, nem as oportunidades que merecem. Especialmente à luz do princípio da diferença de Rawls, isto deve ter importância, pois os menos privilegiados são justamente os que menos podem se dar ao luxo de aceitar o cinismo autossufocante que acompanha a crença de que ninguém merece nada. Nem tampouco eles podem aceitar a "permissão para reprimir" que possuem os *mais* privilegiados por acreditar que ninguém merece nada.

Essas observações indicam que a possibilidade de merecer uma oportunidade não deriva apenas do bom senso comum. No final das contas, o resultado é, em parte, uma questão prática, até certo ponto suscetível de ser testada empiricamente. Qual é a maneira de falar – a respeito do que as pessoas podem fazer para se tornarem merecedoras – que dá maior poder a essas pessoas de utilizar as oportunidades que venham a ter?

---

10. Em seu famoso discurso *"I have a dream"*.

11. O merecimento como um artefato institucional

TESE: O merecimento apresenta aspectos institucionais e pré-institucionais.

Justiça – institucional e natural

Para Feinberg, "o merecimento é uma noção moral e natural (isto é, uma noção que não se acha logicamente ligada a instituições, práticas ou regras)"[1]. Rawls nega que o merecimento seja natural nesse sentido, mas reconhece a legitimidade das afirmações de merecimento como artefatos institucionais. Deste modo, os corredores mais rápidos merecem medalhas, de acordo com regras criadas com a finalidade explícita de conceder medalhas aos corredores mais rápidos. Aqueles que "tiverem realizado aquilo que o sistema anuncia que recompensará [por essa realização], adquiriram o direito de terem satisfeitas suas expectativas. Nesse sentido, os mais afortunados têm direito a sua melhor situação; suas alegações são expectativas legítimas estabelecidas por instituições sociais e a comunidade é obrigada a satisfazê-las. Mas esse sentido de merecimento é o sentido da titularidade*. Pressupõe a existência de um es-

---
1. Feinberg 1970, p. 56.
* Ver N. do E. a pp. 105. (N. do E.)

quema cooperativo permanente [...]"[2]. A ideia é a de que, em determinado ponto, estaremos em posição de definir e depois reconhecer pretensões de merecimento, porém tais pretensões (1) não terão lugar fora do contexto de regras institucionais particulares e, portanto, (2) não podem ter influência sobre que regras devemos adotar desde o princípio[3].

Outros sentidos do merecimento, entretanto, estão menos intimamente ligados às estruturas institucionais. Um atleta medalhista que treinou durante anos para desenvolver suas forças e habilidade merece admiração de uma forma que outro atleta premiado puramente em função de seus dotes genéticos não a merece, mesmo que ambos mereçam igualmente suas medalhas à luz das regras institucionais. De forma semelhante, os atletas se mostram dignos da confiança que suas famílias e treinadores depositaram neles quando fazem todo o possível para vencer e, com isso, se tornam exemplos para a sociedade, mesmo quando as regras institucionais não dizem nada sobre a importância de tais esforços.

Se de fato acreditássemos que as regras institucionais existentes são tudo o que importa no que diz respeito ao merecimento, necessitaríamos explicar por que tão facilmente criticamos as regras de instituições em particular ou

---

2. Rawls 1999a, p. 89. Na edição de 1971, a sentença final era: "Mas esse sentido de merecimento pressupõe a existência de um esquema cooperativo permanente" (1971, p. 103). Assim, a assimilação explícita do merecimento à titularidade só ocorreu mais tarde. Entretanto, o parágrafo seguinte da edição de 1999 adota uma modificação ulterior que vai na direção oposta, como se o autor não tivesse consciência da mudança realizada no parágrafo anterior. Rawls afirma, nesse parágrafo seguinte, que nós não merecemos nossos dotes sociais e nem sequer o nosso caráter, "pois tal caráter depende, em boa parte, de circunstâncias familiares e sociais afortunadas desde o princípio da vida, pelas quais não podemos reclamar nenhum crédito. A noção do merecimento não se aplica aqui. Naturalmente, porém, aqueles que são mais afortunados têm direito a seus bens naturais, do mesmo modo que todos os demais" (1999a, p. 89). A última sentença é um novo acréscimo, em que o merecimento, que não se aplica, é claramente separado do direito legal, que é aplicável.

3. Rawls 1971, p. 103.

mesmo resultados que estão de acordo com as regras existentes. O fundista canadense Ben Johnson alcançou o melhor tempo na corrida de cem metros das Olimpíadas de 1988. Ele não fez nada para demonstrar que merecia seus dotes genéticos, seu caráter competitivo ou a excelência de seus treinadores. Tudo o que fez foi correr um pouco mais rápido que seus competidores, o que, por si só, determinou que ele merecia receber a medalha de ouro.

Todavia, o exame de sangue de Johnson revelou que ele havia tomado esteroides. Isso tinha importância, por acaso? Sim, tinha. O fato de que ele havia tomado esteroides suscitou dúvidas sobre seu merecimento, enquanto o simples fato de que Johnson tinha um *histórico* (possuía genes favoráveis e cresceu em um bom ambiente) não ocasionou nenhuma objeção. O fato de ter nascido como uma consequência do *Big Bang* não impedia que Johnson recebesse uma medalha, mas existe uma questão real sobre se o fato de tomar esteroides desqualifica os insumos por meio dos quais os fundistas merecem receber suas medalhas. Podemos indagar se os esteroides estão de fato proibidos. Essa é uma questão institucional. Também podemos indagar se os esteroides *deveriam* ser proibidos. Essa questão é pré-institucional; sua resposta (1) não determina a adoção de regras institucionais particulares e (2) tem, de fato, influência sobre que tipo de regras devam ser adotadas pela instituição desde o princípio.

O aspecto pré-institucional

Conforme foi observado, Rawls diz que aqueles que fazem aquilo que o sistema anuncia que irá recompensar têm direito à satisfação de suas expectativas. Rawls insiste em que a posição dessas expectativas é um artefato institucional. Ele está certo em um sentido, mas errado em outro. Por um lado, é um artefato institucional que o vencedor tenha direito a uma medalha de ouro, em vez de uma medalha de platina. Por outro lado, é um fato moral pré-institucional que, *se* o sistema promete uma medalha de ouro ao vencedor, então o sistema deve dar uma medalha de ouro a tal vencedor.

Observe: o sistema não precisa *anunciar* uma obrigação a fim de ser compelido a cumprir suas promessas. Ele tem essa obrigação, seja ela anunciada ou não. Portanto, ainda que muitos dos fatores que entram na determinação do direito a uma recompensa possam ser artefatos institucionais, este em particular não o é.

Obviamente, algumas pretensões a merecimento acarretam um peso moral como artefatos institucionais. (Somente faz sentido que um vencedor pretenda merecer uma medalha de platina se é isso o que o sistema levou o vencedor a esperar.) Entretanto, algumas pretensões não têm peso como artefatos institucionais meramente porque *acontece* ser assim. Elas *devem* ter um valor como artefatos institucionais porque já têm o seu próprio peso pré-institucionalmente. É indiferente se o sistema promete ao vencedor uma medalha de ouro ou de platina. Mas não é indiferente se o sistema encoraja a excelência, de preferência à corrupção ou à incompetência. Nós consideramos que os fundistas vencedores são merecedores quando vemos sua excelência como um resultado de anos de dedicação feroz. Se, ao invés disso, nós acreditássemos que a chave da vitória consiste em tomar mais drogas que os demais, não consideraríamos que os vencedores merecessem seus prêmios. Essa diferença não é um artefato institucional. Nós vemos os casos de forma diferente, mesmo quando uma droga que favoreça o desempenho seja autorizada pelas regras.

Parte da razão para nos importarmos com isso é que o objetivo da corrida é mostrar até que ponto um ser humano pode ser excelente. Se explicamos o sucesso em termos de esteroides e não em termos de características de pessoas que embasam suas afirmações de merecimento em um sentido pré-institucional, a instituição não está funcionando. Se a competição motiva os espectadores mais impressionáveis a começar também a tomar esteroides, em vez de treinar para desenvolver seus talentos esportivos, a instituição não está funcionando. Se uma forma de competir põe em risco a vida dos competidores e estabelece um exemplo perigoso para as crianças que idolatram os atletas, ao mesmo tempo que uma versão que bane os esteroides é mais saudável para todos, temos razões pré-institucionais para pensar que foi correto estabelecer, publicar e manter a proibição e que meu compatriota Ben Johnson não mereceu ganhar sua medalha[4].

Problemas

1. Com que frequência nos sentimos inseguros sobre qual modelo (compensatório ou promissório) é mais importante? Por exemplo, como saber se devemos considerar um prêmio como recompensa ou como um desafio que teremos de enfrentar? Suponhamos que Joana ganhe uma bolsa de estudos e decida tratá-la como um desafio, alguma coisa pela qual terá de lutar a fim de sentir-se digna dela. Poderia Joana estar errada a respeito disso? O que poderia fazer com que estivesse errada? Se o órgão que concede as bolsas explicitamente estipulasse que o prêmio recebido por Joana era um reconhecimento por seu desempenho anterior, isso resolveria a questão? E se Joana, mesmo assim, resolvesse encarar seu prêmio de forma diferente? Joana deverá ser considerada errada, em tal caso?
2. David Miller fornece o seguinte exemplo: suponhamos que eu "convença o clube local de arco e flecha a me deixar participar de seu torneio anual. Por pura sorte, eu consigo acertar três flechas exatamente no círculo central do

---

4. Essa conclusão não pressupõe o modelo promissório. A possibilidade de um merecimento pré-institucional é evidente mesmo no modelo compensatório.

alvo, uma coisa que eu não conseguiria repetir, nem que tentasse um milhão de vezes. *Apenas com base nisso*, eu não poderia merecer o troféu que irão me entregar"[5]. Miller está certo? De acordo com as regras institucionais, tudo que importa é o ponto em que se cravam as flechas, desse modo, o exemplo fornecido por Miller comprova que o pensamento corrente das pessoas a respeito do merecimento apresenta um componente pré-institucional?

---

5. David Miller 1999a, p. 134. Grifo nosso.

12. Os limites do merecimento

TESE: As concepções do merecimento correspondem às pessoas como agentes *ativos*. As concepções de titularidade correspondem às pessoas como agentes *separados*.

De quem é o merecimento

Wilt Chamberlain [jogador de basquetebol] fez jus ao potencial que recebeu por pura sorte na extração da loteria dos dotes naturais?[1] Uma resposta possível é a de que, se ele fez jus ou não ao seu potencial, isso é assunto dele e de mais ninguém. Wilt não está *em dívida* com ninguém por possuir seus dons naturais. Ele não foi pedir emprestado seu talento em nenhum fundo comum. Nenhuma conta corrente está desequilibrada meramente em virtude do fato de Wilt possuir características que o fazem ser Wilt. Todavia, mesmo que não seja da conta de ninguém se Wilt faz jus ou não ao seu potencial, subsiste o fato de que, de uma forma ou outra, Wilt fará ou deixará de fazer jus a tal potencial.

Parte de nossas razões para crer que é Wilt e não você ou eu que merece crédito pela excelência do desempenho de Wilt é que, como expressou David Miller, "o desempe-

---

[1] Agradeço a Paul Dotson e a Peter Dietsch por nossas discussões a respeito do que se acha envolvido na posição social de uma pessoa.

nho é inteiramente dele"[2]. Note bem: a questão não é se o desempenho pertence realmente a Wilt ou é resultado do *Big Bang*; o que se discute aqui é se o desempenho pertence a Wilt ou a qualquer outra pessoa. Saber se devemos creditar a Wilt seu desempenho jamais equivale a saber se o próprio Wilt foi ou não a causa de ter o caráter e o talento que tem. Em vez disso, a questão é saber se o caráter, talento ou outros fatores de merecimento são, afinal de contas, propriedade de Wilt e não de alguma outra pessoa[3].

Se e quando nós aplaudimos os esforços de Wilt, estamos implicando que o crédito é devido a Wilt e não, por exemplo, a mim. Por quê? Não porque Wilt tenha merecido o esforço (seja lá o que isso possa significar), mas porque o esforço foi realizado por Wilt e, portanto, é dele e não meu. Quando indagamos se o esforço é realmente de Wilt, a resposta, algumas vezes, é um simples "sim". Em outras ocasiões, buscamos dar crédito aos treinadores, aos professores ou aos pais de Wilt, por seus próprios desempenhos que contribuíram para o desempenho de Wilt de maneiras tangíveis[4].

---

2. David Miller 1999a, p. 144.

3. Charles Beitz diz: "Ainda que a distribuição de talentos naturais seja arbitrária no sentido de que ninguém pode merecer ter nascido com a capacidade de, digamos, tocar piano como Rubinstein, não decorre obviamente que a posse do referido talento precise de alguma justificativa. Pelo contrário, simplesmente dispor de um talento parece fornecer uma autorização *prima facie* para utilizá-lo de maneiras tais que sejam possíveis e desejáveis para o possuidor. Nenhuma pessoa precisa justificar a posse de seus talentos, apesar do fato de que não se pode dizer que ela os tenha merecido, porque eles já lhe pertencem desde que nasceu: o direito *prima facie* de usar e controlar os próprios talentos é fixado pelo fato natural" (1979, p. 138).

4. Neste sentido, quando examinamos a fundo o que pode ser considerado como razões para merecimento, descobrimos que elas pressupõem um conceito rudimentar de titularidade ou, pelo menos, de posse. Precisamos dispor de um consenso para determinar quando um talento é meu e não de Wilt Chamberlain.

Pode haver duas possibilidades. Por exemplo, quando Locke fala de como uma coisa sem proprietário se torna propriedade ao acrescentarmos a ela nosso trabalho, a ideia parece ser a de que, se uma coisa não pertence a ninguém,

Perceba que dar crédito não é um jogo de soma zero. Não temos uma opinião menos favorável de Wilt quando ele agradece a seus pais. Na verdade, teríamos uma opinião desfavorável de Wilt se ele falhasse em atribuir crédito quando o crédito era devido. O crédito devido aos pais de Wilt somente diminuiria o crédito devido a Wilt se a implicação fosse que o desempenho que pensávamos ser de Wilt não fosse realmente seu, mas deles. (Imagine Wilt, por exemplo, em seu discurso de aceitação de um prêmio acadêmico, agradecendo a seus pais e treinadores por terem escrito todos os artigos atribuídos a ele.)

Como avaliar o merecimento sem fazer comparações

O merecimento não é necessariamente uma noção comparativa. Em particular, os modelos de merecimento aqui desenvolvidos deixam espaço *não* para honrar aqueles dotados de vantagens em comparação com os destituídos delas, mas para honrar as pessoas que fazem o quanto podem a fim de serem merecedoras das vantagens que receberam. Estes elementos de uma teoria mais ampla da justiça indagam se uma pessoa apresentou os necessários elementos criadores de merecimento, e não se essa pessoa fez mais do que qualquer outra. Existem casos como os seguintes:

a. Wilt Chamberlain tem X e você tem Y;
b. Wilt fez alguma coisa para merecer X e você fez algo para merecer Y;

---

então ligá-la a nós através de um esforço criador de merecimento resulta em um relacionamento que os demais não podem ignorar, salvo ignorando tudo o mais que mereçamos. Isso não seria o suficiente para conferir um título de propriedade sobre alguma coisa que já seja possuída por alguém mais, mas nos coloca em uma posição na qual alguém que tomasse posse de uma coisa previamente não possuída por ninguém sem o nosso consentimento estaria nos prejudicando. Desse modo, segundo o ponto de vista lockiano, quando examinamos a fundo o direito de propriedades, descobrimos que ele pressupõe um conceito rudimentar de merecimento.

c. X vale mais do que Y, todavia (no que diz respeito ao merecimento),
d. Não há nada de errado com X valer mais do que Y, apesar de Wilt não merecer "ter mais do que você", *segundo essa descrição dos fatos.*

Em outras palavras, não se trata de saber se Wilt fez alguma coisa para merecer *mais do que você*, mas se Wilt fez alguma coisa para merecer *aquilo que ele tem*. Pode ser que nunca tenha havido uma ocasião em que um juiz imparcial, sopesando seu desempenho com relação ao de Wilt, tivesse razões para concluir que o prêmio de Wilt deveria ser maior do que o seu. O que aconteceu foi que Wilt fez jus às oportunidades dele e você fez jus às suas. Deveremos enfocar o relacionamento, ou imaginar que exista algum entre você e Wilt, ou deveremos focalizar um par de relações, uma entre o que Wilt fez e o que Wilt tem e uma segunda entre o que você fez e o que você tem? Talvez nenhum desses enfoques capte toda a verdade a respeito da justiça, mas o segundo (ou seja, o que é lançado sobre o par de relações) é um enfoque sobre o merecimento, enquanto o primeiro enfoca algo bem diferente, algo mais comparativo, tal como igualdade[5].

Um distribuidor central, pretendendo distribuir de acordo com o merecimento, precisaria julgar os merecimentos relativos e então distribuir de acordo com eles. Mas se não existe um distribuidor central, a situação é diferente. Se Wilt trabalhasse arduamente para ganhar seu salário de X, enquanto você trabalhasse esforçadamente para receber seu salário de Y, é de certo modo adequado que Wilt receba X e você receba Y. Cada um de vocês forneceu fatores de merecimento que conectaram ambos a seus respectivos salá-

---

5. Olsaretti (2004, pp. 166-68) argumenta que as teorias do merecimento não podem justificar facilmente a desigualdade. Ela tem razão, não porque as teorias sobre o merecimento *falhem* em sua tentativa de justificar a desigualdade, mas porque nem sequer fazem tal tentativa. Elas não presumem que a desigualdade precise ser justificada.

rios. Poderia ser difícil para um distribuidor central justificar seu julgamento de que Wilt mereça muito mais do que você, mas, por hipótese, nunca houve um julgamento desse tipo.

Quanto deve ser pago a Wilt?

É desnecessário dizer que Wilt não merece crédito algum pelo sistema econômico que atribui um determinado salário ao desempenho de Wilt. Por outro lado, Wilt não tem a menor necessidade de receber crédito pelo que determina o sistema. Ele só alega merecer crédito por seu desempenho. É Wilt e não você que merece crédito pelo desempenho de Wilt; por conseguinte, é Wilt e não você que tem uma expectativa de direito ao salário que o sistema (ou antes, o empregador de Wilt) atribui ao desempenho de Wilt.

Você pode discordar que a profissão seguida por Wilt deva ser recompensada com uma quantia bem maior que aquela que pagam a você, não porque você acredite que as pessoas que estão nas profissões mais valorizadas não sejam merecedoras, mas porque você pensa que há um preconceito envolvido em tanta desigualdade. Você pode pensar que nenhum grau de merecimento possa ser suficiente para modificar a sua opinião sobre esse preconceito. E você talvez esteja certo. Isto teria de ser debatido dentro do contexto de uma teoria de igualdade, o que nos faz recordar que precisamos manter as nossas conclusões referentes ao merecimento em sua devida perspectiva. Aquilo que eu chamo de "merecer uma oportunidade" não constitui a integralidade do merecimento. E o merecimento tampouco constitui a integralidade da justiça. Nem a justiça constitui a integralidade da moralidade. Essa parte de uma teoria mais ampla nos diz que devemos tratar as oportunidades como desafios e respeitar aqueles que enfrentaram seus próprios desafios da maneira adequada, mas essa parte *não responde todas as questões*. Não nos diz quanto deveria ser pago a Wilt Chamberlain ou que oportunidades Wilt deveria ter tido. Responde somente *uma* pergunta: o que Wilt ou qualquer outro abençoado com uma boa sorte podem fazer para se tornarem merecedores dela? E a resposta para tal pergunta é: Quando recordamos a carreira de Wilt, imaginando se ele merecia as vantagens que teve, não estamos restritos a considerar o que ele fez antes de receber essas vantagens. O que importa, se é que alguma coisa de fato importa, é o que ele fez com as oportunidades que recebeu.

Merecimento *versus* titularidade

Nossas razões para respeitar o merecimento como normalmente entendido também são razões para respeitar os limites do merecimento, tais como são normalmente compreendidos. Em particular, existem limites para o que uma sociedade pode fazer e limites para o que uma sociedade pode esperar que os cidadãos façam, a fim de garantir que as pessoas obtenham aquilo que merecem. Deste modo, mesmo algo tão fundamental quanto o princípio de que as pessoas devam receber o que merecem tem seus limites.

Um sistema justo trabalha para minimizar a distância entre as titularidades* das pessoas e aquilo que elas merecem, mas não a um custo de comprometer a capacidade das pessoas para formar expectativas estáveis com relação a seus títulos e, deste modo, prosseguir com suas vidas de maneira pacífica e produtiva. Este ponto tem duas direções, todavia, porque o merecimento, por sua vez, corrige os caprichos de titularidades corretos, e isso também é uma coisa boa. Por exemplo, a proprietária de uma firma pode saber

---

* *Entitlements*. Este termo significa aqueles direitos a que uma pessoa faz jus em virtude de determinado "título", entendido este como um ato, fato ou documento que lhe garanta juridicamente o mencionado direito. (N. do E.)

que sua funcionária está intitulada a (tem o direito legal de) receber um certo salário e, ao mesmo tempo, reconhecer que tal funcionária é excepcionalmente produtiva e que merece um aumento (tanto no sentido promissório como no compensatório). Se ela se preocupa o suficiente com o merecimento, faz uma reestruturação de suas posses (sua folha de pagamento) de acordo com isso, beneficiando não somente a funcionária, como provavelmente sua empresa e seus clientes também.

Os princípios da titularidade reconhecem a nossa situação como agentes *separados*. Os princípios do merecimento reconhecem nossa situação como agentes *ativos*. Uma sociedade não pode funcionar sem um sistema "regulado pela lei", que garanta os proventos e as economias das pessoas e, desse modo, permita a essas pessoas planejar suas vidas[6]. Nem pode uma norma jurídica funcionar adequadamente na ausência de uma ética que respeite profundamente o que as pessoas podem fazer a fim de se tornarem merecedoras[7]. Parte de nossa tarefa como

---

6. Waldron 1989.

7. O que determina se um determinado salário é uma resposta adequada ao suprimento de insumos que determinam o merecimento? Abstratamente, uma teoria do merecimento não o pode dizer. Os salários são artefatos do sistema de titularidade e os sistemas de titularidade não correspondem diretamente àquilo que os operários merecem. Eles também respondem a noções de reciprocidade, igualdade e necessidade, e a todos os tipos de fatores (oferta e procura) não diretamente relacionados com questões de justiça. Deste modo, o nível de pagamento vigente para um determinado tipo de trabalho não será determinado por aquilo que um operário em particular mereça, embora saber se o operário merece ser pago segundo o nível de pagamento vigente vai depender do fato de o operário fazer alguma coisa (fornecer os fatores de merecimento esperados) a fim de merecê-lo.

Algumas noções de merecimento são defensáveis em virtude de nos encorajarem a respeitar os sistemas de titularidade que produzam vantagens mútuas (ver o Capítulo 24 e a Quinta Parte em geral deste livro). Algumas noções de titularidade são defensáveis em virtude de nos permitirem fazer alguma coisa para merecer as oportunidades que encontrarmos ao longo do caminho. Qual destas noções é a mais fundamental? Fora de contexto, não há nenhuma resposta verdadeira a essa questão. Dentro do contexto de tentar justificar uma noção determinada de merecimento, devemos tratar alguma coisa mais como sendo fundamental, ainda que simplesmente por seu valor argu-

agentes morais é fazer jus às oportunidades embutidas em nossos títulos jurídicos. É ao enfrentarmos este desafio que nós fazemos com que os sistemas de titularidade funcionem.

---

mentativo. E o mesmo ocorre com relação à titularidade. Aquilo que nós pretendemos justificar define o contexto e determina o que pode e o que não pode ser tratado como fundamental.

TERCEIRA PARTE
Como retribuir

13. Reciprocidade

A promotora ficou espantadíssima. Quase num sussurro, ela protestou: "Seis meses, com suspensão de pena...!? Mas o réu é incontestavelmente culpado! Deveria receber cinco anos de trabalhos forçados!..."
O juiz falou de novo aos membros do tribunal, que demonstravam estar surpresos. "Esta é uma corte de justiça e, acima de tudo, eu jurei defender os princípios da justiça. Ao promulgar a sentença, fui orientado por esse juramento solene. Depois das devidas deliberações, eu concluo que o princípio prioritário neste caso é o princípio da reciprocidade. O crime de que o réu foi declarado culpado é extremamente grave, mas a consideração preponderante na determinação da sentença foi que, bem, eu devo um favor ao réu. A justiça me obriga a determinar a sentença que prolatei. O julgamento está encerrado."

Do mesmo modo que acontece com o merecimento, a reciprocidade inspira ceticismo. Por um lado, parece óbvio que, quando retribuímos um favor a alguém que nos demonstrou bondade, fazemos alguma coisa que (todos os demais fatores sendo iguais) é, no mínimo, boa, talvez até mesmo moralmente necessária. Todavia, Allen Buchanan recentemente começou um artigo declarando: "Há uma corrente de pensamento na história da ética que eventualmente vem à tona no trabalho de influentes pensadores e que ameaça destruir a estrutura conceitual básica dentro da qual tanto nosso sistema legal como a moralidade comumente adotada formulam o problema da justiça. Esta ideia pode ser denominada "justiça como reciprocidade"[1]. Para Buchanan, a justiça como reciprocidade implica que os deveres da justiça só são válidos entre aqueles que possam prestar-se favores mutuamente[2]. Se Buchanan estiver correto, então aquilo que ele denomina "justiça como reciprocidade" será, no máximo, uma parte da justiça – uma determinada parte que silencia sobre os deveres mútuos entre pessoas que não dispõem de favores para oferecer umas às outras.

Todavia, a ideia mais modesta que se encontra na raiz da reciprocidade – aquela de que a retribuição de favores é, no mínimo, uma coisa boa –, permanece sedutora. Que poderemos dizer em favor dessa ideia básica? O Capítulo 14 define a reciprocidade, particularmente em contraste com os princípios do merecimento. O Capítulo 15 explora variações sobre o tema da reciprocidade que não ameaçam destruir a moralidade defendida pelo bom senso, mas que, muito pelo contrário, são partes indispensáveis dela. O Capítulo 16 considera se as obrigações para com a sociedade podem ser embasadas na reciprocidade. O Capítulo 17 indaga quando tais obrigações podem ser impostas por lei, ao mesmo tempo em que explora mais geralmente a questão dos limites morais da reciprocidade.

---

1. Buchanan 1990, 227. O alvo principal de Buchanan aqui é David Gauthier.
2. Buchanan 1990, 228.

14. O que é a reciprocidade?

TESE: Os princípios da reciprocidade podem desempenhar um importante papel em uma teoria pluralista da justiça.

Reciprocidade, merecimento e respeito próprio

Lawrence Becker, em um livro tão maravilhoso quanto negligenciado, descreve a reciprocidade como sendo uma disposição "para retribuir o bem em proporção ao bem que recebemos e para reparar o mal que nós mesmos praticamos. Além disso, a reciprocidade é uma virtude fundamental. Seus requisitos têm autoridade presuntiva sobre muitas considerações conflitantes"[1]. A disposição é ubíqua: "Presentes e favores permeiam nossas vidas. De modo semelhante, estamos rodeados de males e de injúrias. Em toda parte, em toda sociedade humana de que temos notícia, existe uma norma de reciprocidade a respeito desse tipo de coisas."[2]

Os detalhes variam perceptivelmente de um lugar para outro, de uma época para outra, e cada sociedade demons-

---

1. Becker 1986, p. 3. O livro de Becker é tão rico que se torna difícil dizer alguma coisa sobre o tópico que não tenha sido até certo ponto antecipada em suas páginas.
2. Becker 1986, p. 73.

tra uma profusão de formas diferentes. Há rituais em que se devem dar presentes, entendimentos tácitos entre pessoas que se amam, padrões da vida familiar, expectativas entre amigos, deveres da honestidade, obrigações da cidadania, contratos de todo tipo – todos entendidos como de valor recíproco. Existem etiquetas intrincadas que regulamentam tudo isso e todos esses rituais se acham interligados (tanto na teoria como na prática) com fatores como prudência, interesse próprio, altruísmo, necessidades humanas básicas, bem-estar social, noções de merecimento e de dever, justiça e tratamento igualitário.[3]

A reciprocidade diz respeito a como devemos responder quando alguém nos presta um favor. Para Becker, a reciprocidade entendida dessa maneira é "fundamental ao próprio conceito de justiça"[4]. Formulada como um princípio, a ideia poderia ser:

> Sempre que puder, retribua o bem na proporção do bem que recebeu.

Existem ocasiões em que podemos definir com precisão aquilo que pode ser classificado como retribuição proporcional[5]. Se alguém lhe emprestou vinte reais, sua obrigação é devolver o empréstimo e estar disposto a prestar-lhe um favor similar em circunstâncias similares. Todavia, se você hipotecar sua casa pela segunda vez para socorrer uma pessoa que se encontra à beira da falência, você não estará simplesmente retribuindo o favor menor do empréstimo de uma nota de vinte reais. Desse modo, existem limites ver-

---

3. Becker 1986, p. 73.
4. Becker 1980b, p. 417.
5. Para complicar as coisas, pode haver mais de uma proporcionalidade saliente. Nós queremos retribuir exatamente o benefício que recebemos, ou o peso relativo ao esforço realizado por nosso benfeitor quando nos prestou um favor? Há ocasiões em que não podemos realizar o primeiro, sem agir de maneira desproporcional com relação ao segundo. Agradeço a Chris Brown por esta observação.

dadeiros, ainda que vagos; alguns gestos não são suficientes, enquanto outros são demasiados.

Em determinadas ocasiões, nós não indagamos simplesmente se um gesto tem uma grandeza apropriada, mas também se é do tipo apropriado. Se o seu amigo Jones o levar de carro até o aeroporto e você tentar retribuir o favor estendendo-lhe uma nota de vinte reais, pode não haver nada de errado com a grandeza do gesto. Vinte reais podem ser exatamente o valor certo em termos de grandeza; nenhuma outra quantia seria mais adequada. O problema é que um pagamento em dinheiro é justamente o *tipo errado* de resposta a favores prestados por amigos. A retribuição correta de um favor implica responder ao espírito do favor prestado, assim como à sua grandeza.

Observe que a disposição para fazer alguma coisa em retribuição não significa ficar obcecado pela necessidade de pagar uma dívida. A arte da reciprocidade é constituída, em parte, pela habilidade de aceitar favores com elegância. Algumas vezes, respondemos somente com um "obrigado", sem que, com apenas isso, estejamos tentando implicar que encerramos a conta. Outra parte da arte da reciprocidade se refere à ocasião certa, uma vez que o desejo de fazer algo em troca não significa querer fazer algo imediatamente. Entre amigos, não reciprocamos com base em cada transação, mas a longo prazo, tendo em vista o padrão de todo o relacionamento. (Por melhor ou pior que seja, este fato é central a nossos relacionamentos mais íntimos. Somos criaturas de hábitos. Em relacionamentos íntimos, a não ser que façamos um balanço mútuo de tempos em tempos, nossos hábitos tendem a se transformar em meios de explorar ou de sermos explorados por nosso parceiro ou parceira, o que, em última análise e em ambos os casos, acabará por alienar o dito parceiro.)

Um princípio de reciprocidade é descrito de forma proeminente na discussão ilustrativa de James Rachels em torno daquilo que as pessoas merecem. Rachels nos solicita a pensar a respeito do caso seguinte:

Uma carona para o trabalho. Você, Smith e Jones trabalham juntos no mesmo lugar. Certa manhã, seu carro não quer pegar e você precisa de uma carona; assim, telefona para Smith e lhe pede que venha apanhá-lo em casa. Mas Smith se recusa. Não quer se dar ao incômodo e, desse modo, inventa uma desculpa qualquer. Então, você telefona para Jones e este lhe dá a carona necessária. Algumas semanas mais tarde, antes de sair para o trabalho, você recebe um telefonema de Smith. Agora é ele que está tendo problemas com o carro e lhe pede uma carona. Você deveria ajudá-lo?[6]

Deveria ou não? Duas conclusões logo se apresentam. Primeiro, como conclui Rachels, Smith não merece ser ajudado, pelo que sabemos. Em segundo lugar, você não deve uma carona a Smith em função do princípio da reciprocidade. Rachels não chega à segunda conclusão, mas presumivelmente a endossaria.

Podemos ir um pouco mais além. Suponhamos que modifiquemos o caso proposto por Rachels de tal modo que, algumas semanas mais tarde, seja Jones, em lugar de Smith, que lhe peça ajuda. Esta situação é diferente, pelo menos de duas maneiras. Em primeiro lugar, pode-se argumentar que Jones merece seu auxílio porque, se sua experiência com relação a ele serve como indicação, Jones é o tipo de pessoa disposta a ajudar os outros. Vale notar que esta razão para ajudá-lo é uma razão para que qualquer outro lhe preste ajuda. Em segundo lugar, uma vez que Jones ajudou *você*, você em particular tem uma razão adicional para ajudá-lo, a saber, a sua ida até a casa de Jones a fim de lhe dar a carona solicitada retribuiria o favor que ele já lhe prestou[7]. Esta segunda razão não responde ao tipo de indivíduo que Jones é, mas à história de que você e Jones compartilham. Você, em particular, está em dívida para com ele.

O próprio Rachels prossegue modificando o caso de maneira diferente:

---
6. Rachels 1997, p. 189.
7. Rachels 1997, p. 189.

Solicitações simultâneas. Smith lhe telefona e pede que lhe dê uma carona. Enquanto isso, Jones está em outra linha, pedindo o mesmo favor. Mas eles moram em direções opostas, de tal modo que é impossível para você ajudar os dois. Qual deles você irá ajudar?[8]

Rachels acha óbvio que você deva ajudar Jones. Por quê? Ora, porque, segundo diz Rachels, Jones é mais merecedor. Podemos concordar que é Jones que você deve ajudar. Mas eu gostaria de adicionar que existe mais uma coisa envolvida aqui. Sim, Jones parece ser o mais merecedor dos dois, porém, além disso, tanto Smith como Jones têm uma história compartilhada com você em particular e é *a você* que ambos estão pedindo ajuda.

Suponhamos que, em vez disso, tanto Smith como Jones telefonam para Bloggs. Bloggs nunca prestou nem pediu um favor a nenhum deles. Deste modo, a única questão em pauta para Bloggs (segundo supomos) é a de que Jones é o mais merecedor dos dois. Se Bloggs ajudar Smith e deixar Jones "em dificuldade", então Smith recebe mais do que merece, enquanto Jones recebe menos. Todavia, da forma como Rachels realmente nos conta a história das *Solicitações simultâneas,* tanto Smith como Jones telefonam para você e nenhum dos dois entra em contato com Bloggs. Se for você e não Bloggs que der preferência a ajudar Smith em vez de Jones, então a questão vai mais longe. Se você ajudar Smith, em vez de Jones, você não somente ignora aquilo que eles merecem, mas igualmente aquilo que você mesmo *deve* a Jones. Sua falha é muito maior do que dar a Jones aquilo que ele merece receber. Você deixou de honrar a sua dívida. Por uma simples questão de respeito próprio, deveria ter sido mais importante para você o fato de que Jones o tratou bem, ao passo que Smith resolveu não ajudá-lo.

Observe de passagem que o autorrespeito e o autointeresse não precisam coincidir. Se eu puder favorecer mi-

---

8. Rachels 1997, p. 190.

nha carreira buscando conquistar a boa vontade de Smith, ao mesmo tempo que tenho pouco a ganhar conservando a boa vontade de Jones, ainda assim estou deixando de respeitar a mim mesmo (como diz o ditado, "estou engolindo meu orgulho") se, apenas em função de minha carreira, eu ignorar a história que Jones e eu compartilhamos.

Tudo isto é compatível com o *princípio do merecimento* de Rachels: "As pessoas merecem ser tratadas da mesma maneira com que (voluntariamente) trataram os outros. Aqueles que trataram bem os demais, merecem ser tratados bem em troca, ao mesmo tempo que aqueles que trataram mal os outros, merecem ser tratados mal, por sua vez."[9] Ainda que se possa argumentar que este princípio é ótimo, até onde ele alcança, vale notar que ele não faz distinção entre você e Bloggs. O princípio não capta a dívida que você tem para com Jones, mas que Bloggs não tem, em virtude do fato de que foi você quem Jones decidiu ajudar no passado.

Poderíamos modificar o princípio de Rachels a fim de tomar em consideração esse tipo de dívidas de reciprocidade, mas isto não é necessário. O princípio de Rachels não é mais do que alega ser: um princípio de merecimento. Essa dívida especial para com Jones que você tem, mas em que Bloggs não incorre, se ajusta melhor à definição de um princípio separado, o princípio da reciprocidade.

Antes de prosseguirmos, vamos dizer uma palavra em favor desse Smith de quem falamos tão mal: no caso inicialmente apresentado de *Uma carona para o trabalho*, a questão não era que você tivesse ajudado Smith antes e Smith depois se recusasse a lhe retribuir o favor. É bastante possível que, caso Smith lhe tivesse telefonado anteriormente e você o tivesse ajudado, ele lhe teria reciprocado o favor alegremente. Pode ter sido errado que Smith se recusasse a ajudá-lo, mas não se tratava de um caso de se recusar a retribuir um favor. (Deixar de realizar o primeiro movi-

---

9. Rachels 1997, p. 190.

mento é deixar de confiar, ou seja, deixar de reconhecer uma oportunidade de celebrar nossos deveres comuns para com a humanidade. Deixar de realizar o segundo movimento é o que conta como deixar de retribuir.) Pelo menos até que Jones lhe telefone cobrando um direito de reciprocidade anterior sobre o seu tempo, a coisa a ser feita poderia simplesmente indagar de Smith por que ele lhe está telefonando para lhe pedir o mesmo favor, pouco tempo depois de se ter recusado a ajudá-lo. Dependendo da resposta dele, pode ser correto dar-lhe o benefício da dúvida.

Como induzir a cooperação

É interessante observar que, quando Rachels argumenta ser importante dar às pessoas aquilo que elas merecem receber, ele explicitamente fala da reciprocidade e argumenta tanto em favor dela como de qualquer outro aspecto que seja coberto por seu princípio do merecimento. Eis aqui o que ele diz:

> Se a reciprocidade não pudesse ser esperada, o princípio moral de tratar os outros corretamente viria a ocupar um lugar bem menos importante na vida das pessoas. Em um sistema que respeita merecimentos, alguém que trata bem aos demais pode perfeitamente esperar que seja tratado bem em troca, ao mesmo tempo que alguém que trata mal os outros não pode esperar o tratamento oposto. Se este aspecto da vida moral fosse eliminado, a moralidade não teria recompensa e a imoralidade não sofreria más consequências, de tal modo que haveria menos razões para que uma pessoa se preocupasse com elas.[10]

O argumento de Rachels em favor da justiça da reciprocidade apela para o impacto diário da reciprocidade sobre a sociedade humana. O argumento é o seguinte: Supo-

---

10. Rachels 1997, p. 190.

nhamos que nós queremos que a sociedade (ou qualquer relacionamento de caráter mais reduzido) se torne e continue sendo uma atividade cooperativa para vantagens mútuas. E suponhamos que esperemos que a justiça ajude, ao invés de atrapalhar, a sociedade na consecução desse ideal. Nesse caso, não se trata de saber se uma concepção *apoia* a cooperação, mas se o fato de se agir segundo essa concepção *induz* a cooperação. Retribuir o bem em proporção ao bem recebido passa neste teste. Quando as pessoas reciprocam, ensinam os outros a seu redor a também cooperar. Ao mesmo tempo, não somente respeitam a justiça, como ajudam a criá-la. Especificamente, criam uma forma de justiça que permite às pessoas viverem juntas em paz e se respeitarem mutuamente[11].

Quando consideramos a função pedagógica da reciprocidade, ajudar Smith e deixar de ajudar Jones são maneiras diferentes de não reforçar o bom comportamento. Você está enviando uma mensagem para cada um deles e, em ambos os casos, está enviando a mensagem errada. Em termos do risco de enviar mensagens erradas, os benefícios e males recíprocos parecem estar em igualdade de condições. Entretanto, há mais um problema no que tange à reciprocidade de malefícios: as pessoas tendem a ser incompetentes quando recebem mensagens negativas. As pessoas

---

11. Frances Kamm (em um *workshop* realizado em honra da memória de James Rachels (Birmingham, 2004) indagou-me o que contaria como sendo reciprocidade no caso de eu dever um favor a Jones, ao mesmo tempo que Smith e outros me estão tratando mal. Eu lhe respondi que o fato de dever um favor a Jones é uma razão para igualmente lhe prestar um favor, mas que isto não é afetado pela maneira como outros possam estar-me tratando. Eu posso querer que Smith e os demais me tratem melhor e posso querer ser capaz de fazer alguma coisa para provocar esta mudança, mas não existe a menor garantia de que meus atos possam modificar coisa alguma. Não existe a menor garantia de que o mundo será justo nesse sentido e nenhuma teoria deve pretender que seja diferente. Racionalmente, só posso intentar *garantir* que eu *mereça* um melhor tratamento. Mas com referência a Jones, existe alguma coisa que eu posso fazer *qua reciprocator*: eu posso lhe prestar um favor igual ao que lhe devo.

quase nunca acham que foram elas que iniciaram o conflito. Uma mensagem enviada como retaliação é encarada por quem a recebe como o primeiro tiro sendo disparado em sua direção, que, consequentemente, pede sua própria retaliação, o que leva a um ciclo de violência. Como Becker, eu aceito que as disposições de retribuir o bem com o bem e o mal com o mal sejam disposições bastante diferentes. Embora nada seja garantido em casos particulares, pagar o bem com o bem é, em geral, algo que podemos celebrar, ao passo que pagar o mal com o mal é uma prática perigosa e complicada que simplesmente nenhuma sociedade pode considerar como motivo de celebração. Minha teoria não assume um posicionamento quanto à retribuição do mal com o mal. Parte daquilo que eu disser pode ajudar algumas pessoas a justificar aspectos da retribuição do mal com o mal, mas não estou assumindo uma posição nem contra, nem a favor de tal retribuição[12].

Pluralismo

Eu defini o princípio da reciprocidade dizendo, de uma forma geral: quando você tiver a possibilidade, retribua o bem em proporção ao bem que recebeu. Eu não tentei formular o princípio de tal modo a torná-lo imune a contraexemplos. A primeira tarefa foi a de colocar a ideia sobre a mesa para discussão. É fácil imaginar casos em que a reciprocidade definida dessa maneira seria injusta. Se tanto Jones como Smith se candidatarem a um emprego no departamento em que trabalho, não tenho o direito de votar em Jones como uma forma de lhe retribuir o favor que me pres-

---

12. O Capítulo 8 explica por que eu não tento expandir meu modelo promissório de merecimento para a condição mais abrangente de uma teoria da punição. Desconheço quaisquer razões de peso semelhante para rejeitar teorias de punição embasadas na reciprocidade, mas meus argumentos em favor da reciprocidade, tanto quanto os posso entender, não estabelecem uma base para tal tipo de teoria.

tou. Mas o fato de que Jones, diferentemente de Smith, trata as pessoas de forma correta, pode pesar em favor de qual dos dois seja o melhor candidato, mas o fato de que eu devo um favor a Jones não deve ter o mesmo peso. É fácil entender que se deseje retribuir um favor. Mas seria injusto retribuir favores com favores que não dependem de mim para serem prestados.

Assim, vemos que existe mais alguma coisa, no reino da justiça, para limitar o âmbito da reciprocidade. Obviamente, a justiça e a reciprocidade têm algo a ver uma com a outra. Mas é igualmente óbvio que nem todas as questões de justiça são questões de reciprocidade[13]. Buchanan nos diz: "A justiça como reciprocidade pode, no máximo, nos dar um relato daquilo que aquelas pessoas que têm condições de contribuir para um determinado esquema de cooperação devem umas às outras."[14] Evidentemente, Buchanan não negaria que existe algum mérito na ideia básica de retribuir valor com valor. O que é errado é pensar que nossa *única* obrigação seja a de retribuir valor com valor.

Um tema similar se encontra implícito na cena do *Tribunal*, com a qual se iniciou a Terceira Parte. Nessa cena, o juiz está errado em ver a reciprocidade como sequer relevante, quanto mais como prioritária em relação a outros princípios. Por quê? Porque os princípios que devem reger um tribunal de justiça não são os princípios da reciprocidade. A reciprocidade pode reinar aproximadamente dentro do contexto de um histórico de relacionamento pessoal. Em uma corte de justiça, todavia, o histórico pessoal de um juiz não deve apresentar relevância. De forma semelhante, quando o meu departamento está pretendendo contratar alguém, eu sou obrigado *a não usar* o meu voto como um instrumento para a retribuição de favores. Existem favores que não cabem a mim prestar. Algumas vezes, o meu dever é exercer uma função que esteja substancial-

---

13. Buchanan 1990, p. 244.
14. Buchanan 1990, p. 238.

mente a serviço de propósitos diferentes de meus propósitos particulares.

As teorias monísticas da justiça são teorias que tentam reduzir todos os aspectos da justiça a um único princípio. As teorias pluralistas descrevem a justiça como consistindo de diversos elementos que não são redutíveis a um só. Uma teoria monística da justiça como reciprocidade teria bastante dificuldade em explicar por que o domínio da reciprocidade é limitado: uma vez que, por exemplo, pode ser verdadeiro que o juiz no caso de "Tribunal" realmente tenha de retribuir o favor que deve mas que, não obstante, o lugar de reciprocar tal favor não é o tribunal a que preside. Uma teoria monística da justiça como reciprocidade teria dificuldade em explicar obrigações para com aqueles que não nos ajudaram anteriormente – e, portanto, teria dificuldade em explicar obrigações para com aqueles que *não podem* nos ajudar. O problema, contudo, é a abordagem do monismo e não a reciprocidade em si.

Buchanan tem razão em dizer que nossas obrigações morais vão além do nosso tratamento daqueles que se podem relacionar conosco em termos recíprocos. O fato de que torturar crianças seja injusto não depende em absoluto (e muito menos apenas) do fato de as crianças terem contribuído ou não (ou que jamais venham a ter condições de contribuir) para atividades cooperativas. Todavia, a conclusão de Buchanan não deve ser a de que a reciprocidade não tem lugar dentro de uma teoria da justiça, mas sim que a reciprocidade não é o único princípio a ter lugar dentro dela. A justiça não é exaurida pelo princípio da reciprocidade, mas a reciprocidade ainda é um fio essencial do tecido que constitui uma boa comunidade.

15. Variedades da reciprocidade

TESE: Do mesmo modo que acontece com relação ao merecimento e com relação à justiça de um modo geral, a reciprocidade é um conglomerado de conceitos.

A forma canônica da reciprocidade

A reciprocidade, em sua forma canônica, se aplica a relacionamentos entre adultos autônomos e não à nossa maneira de tratar aqueles que se mostram indefesos. Indubitavelmente, se a reciprocidade se refere a como ser um *recipiendário* adequado, ela não dirá nada a respeito daquilo que devemos às pessoas que não podem contribuir com sua parte, porque a reciprocidade se refere ao que devemos àquelas pessoas que *já fizeram* a sua parte. Com relação às pessoas que nada fizeram (e que talvez não possam fazer no futuro) para nos deixar em dívida para com elas, a reciprocidade não nos diz o que fazer. Nem sequer nos diz por quê. De uma forma mais geral, diz pouco sobre quando ou como ou por que dar o primeiro passo, porque a reciprocidade se refere basicamente à maneira como se deve responder depois que uma outra pessoa já deu o primeiro passo.

Entramos no domínio da reciprocidade quando indagamos como corresponder às pessoas que nos fizeram um favor. Se a questão não for essa, então a reciprocidade não será a resposta.

Reciprocidade transitiva

Ou, pelo menos, a reciprocidade em sua forma canônica não constitui a resposta. Contudo, existem variações sobre este tema que se dirigem a questões mais amplas sobre as obrigações morais. A reciprocidade em sua forma canônica nos obriga a devolver especificamente os favores que nos foram prestados por nossos benfeitores originais. Eu me refiro a essa forma acima descrita como reciprocidade *simétrica*.

Algumas vezes, a resposta adequada a um favor não é devolvê-lo, mas "passá-lo adiante". Quando um professor nos ajuda, sentimo-nos gratos. Entretanto, por estranho que pareça, é comum que reconheçamos nossas dívidas para com os professores principalmente fazendo benefícios àqueles a quem podemos ajudar como nossos próprios professores nos ajudaram. Chamo isso de reciprocidade *transitiva*. Quando recebemos um lucro inesperado, estamos em dívida. A balança moral está em desequilíbrio. A maneira canônica de restaurar o equilíbrio em certa medida é devolver o favor a nosso benfeitor, do mesmo modo que na reciprocidade simétrica. Entretanto, a forma canônica não é a única maneira de retribuir. Outra forma é passar o favor adiante, como na reciprocidade transitiva. A reciprocidade transitiva se refere menos à *devolução* de um favor e mais à maneira de honrá-lo – ao modo de fazer jus ao próprio favor. A transferência de um favor pode não recompensar um benfeitor original, mas pode ser também uma forma de demonstrar agradecimento. Atletas profissionais fazem grandes doações em dinheiro às universidades em que se formaram [mediante bolsas de estudos]. Ainda que alguns busquem literalmente devolver o favor que lhes foi prestado pela escola, outros buscam honrar sua universidade trabalhando com ela a fim de beneficiar a próxima geração[1].

---

1. Os ex-alunos que fazem doações em dinheiro para fundos de bolsas de estudo não cresceram com a geração de estudantes mais jovens que vão se beneficiar de sua filantropia, mas podem sentir por eles uma certa afinidade,

A intenção é menos retribuir o favor do que passá-lo adiante[2].

Tanto a reciprocidade simétrica como a transitiva são casos em que existe uma tentativa de fazer o bem em proporção ao bem que foi recebido. É claro que não são a mesma coisa, todavia são variações do mesmo tema. Os leitores têm liberdade para reservar a palavra "reciprocidade" apenas para designar a reciprocidade simétrica e usar qualquer outro termo, por exemplo, "esquemociprocidade", a fim de referir-se àquilo que eu denomino reciprocidade transitiva. Mas não importa o nome que utilizemos, desde que entendamos de que maneira se conectam: ambas as formas são maneiras de fazer o bem em proporção ao bem que recebemos.

No caso simétrico, o favor é pago, literalmente. Algumas vezes, todavia, não é possível pagar. Em outras ocasiões, seria inapropriado. Se o benefício inicial foi um presente, qualquer tentativa de retribuir literalmente nos faz correr o risco de desonrar a ação de nosso benfeitor. Assim, se percebermos este fato, podemos em vez disso passar o benefício adiante, explícita ou implicitamente em nome de nosso benfeitor original. Ao retransmitirmos o favor, restauramos a simetria ao nosso redor, entre aquilo que demos e aquilo que nos deram. Se não podemos ou não devemos tentar a restauração da simetria ao redor do benfeitor original (entre aquilo que deu o benfeitor e aquilo que lhe foi dado), então a reciprocidade transitiva pode ser a melhor forma de ação possível para equilibrar os pratos da balança.

Já disse antes que os deveres da reciprocidade são inerentemente vagos. Intuitivamente, os deveres da reciproci-

---

em virtude de imaginarem que esses alunos estão enfrentando obstáculos semelhantes àqueles que tiveram de enfrentar. Agradeço este pensamento a Walter Glannon.

2. Também existe a figura da *retaliação* transitiva – vingar-se de alguém ao punir pessoas inocentes que compartilham da nacionalidade ou da religião do ofensor. A retaliação transitiva é tão evocativa de pesadelos como a reciprocidade transitiva é inspiradora.

dade transitiva possuem todas as características de um "dever imperfeito" kantiano. (Isso significa que eles tendem a ser indefinidos com relação ao que alguém deva fazer, para quem deva fazê-lo e se alguém tem o direito de exigir que seja feito.) Todavia, embora os deveres da reciprocidade transitiva sejam imperfeitos, existem limites à sua indeterminação. Por exemplo, se eu me sinto em dívida para com a universidade em que estudei [mediante uma bolsa de estudos, por exemplo], dar uma grande contribuição para uma universidade rival localizada no mesmo estado pode ser um ato muito meritório, mas não significa em absoluto um agradecimento ao que minha universidade fez por mim[3].

Algumas pessoas se sentem em dívida para com a sociedade em si e procuram dar alguma coisa em troca à sociedade *per se*. Podemos denominar esta situação como um tipo de reciprocidade simétrica, caso denominemos a sociedade como um todo tanto o beneficiário como o benfeitor original. Mas há ocasiões em que o nosso comportamento simplesmente não é capaz de distinguir entre isto e aquilo que denomino de reciprocidade transitiva. Tanto Beto como Hilda podem doar sangue à Cruz Vermelha. Beto quer retribuir à Cruz Vermelha (concebida como o benfeitor original) por ter salvo a vida de seu filho. Hilda quer transmitir um favor da mesma proporção de uma vida salva para um beneficiário anônimo, como uma forma de agradecimento pela doação anônima que salvou sua filha[4]. Hilda não se

---

3. Os atos de reciprocidade somente têm êxito quando conseguem comunicar aos recipiendários (e/ou trazer ao conhecimento do benfeitor original) que o ato é pretendido como o reconhecimento de um favor que foi recebido por nós mesmos? Eu acho que não. Penso que podemos empreender uma missão privada no sentido de pagar uma dívida para com a sociedade e podemos alcançar sucesso perante nossos próprios olhos, sem que jamais precisemos explicar nossos motivos a qualquer pessoa. Mesmo assim, eu penso que costumamos considerar nossos atos de reciprocidade como bem-sucedidos somente se eles tiverem igual sucesso em comunicar que estamos pagando uma dívida ou, pelo menos, reconhecendo que essa dívida existe.

4. Apresento o exemplo em termos de filhos e filhas porque, se tanto Beto como Hilda tivessem recebido transfusões, não seriam aptos a doar sangue sob as regras adotadas presentemente pela Cruz Vermelha.

percebe como *pagando* o benfeitor original (o doador anônimo), mas entende que está oferecendo a tal doador uma espécie de saudação. Eu não acredito que esta questão seja importante. Tanto Beto como Hilda poderiam facilmente não perceber a diferença existente entre seus motivos respectivos.

Entretanto, quando alguém dá a um fundo de bolsas de estudo o nome de seu pai, de sua mãe ou de um antigo professor, não se trata em absoluto de um caso padrão de reciprocidade simétrica, pelo menos como seria entre sócios comerciais. Nem é simplesmente uma forma de se unir a um esforço coletivo para sustentar uma estrutura social (embora possa sê-lo em parte). Tampouco representa um gesto vago de gratidão para com a sociedade. É uma forma de honrar uma pessoa específica[5].

É claro que podemos sentir e, algumas vezes, de fato sentimos um sentimento vago de gratidão, que nos pode motivar à reciprocidade transitiva. Certa vez, quando eu andava de ônibus tarde da noite em Vancouver, no Canadá, uma mulher de origem asiática, que não falava inglês, tentou comunicar ao motorista que estava procurando um determinado albergue para jovens, mas que estava perdida. Não tendo dado sorte com o motorista, ela se achava a ponto de descer do ônibus em uma rua residencial deserta, às dez horas de uma noite no meio do inverno, sem a menor ideia do que poderia fazer a seguir.

---

5. Becker (1986, p. 111) afirma que, se o benefício original "não é absolutamente destinado a uma pessoa específica, mas visa, em vez disso, sustentar uma estrutura social a fim de prover tais benefícios para muitas pessoas, podemos concluir que (na ausência de qualquer prova em contrário) um retorno destinado ao mesmo propósito será adequado". Becker tem razão e está descrevendo uma subcategoria daquilo que eu denomino reciprocidade transitiva. A categoria mais ampla não requer que o favor original não seja destinado a uma pessoa específica. O fato de seu professor ter ajudado você, dez anos atrás, pode ter dado margem à reciprocidade transitiva, mesmo que o favor tenha sido destinado especificamente a você. Ainda neste caso, pode ser inexequível ou inapropriado retribuir literalmente o favor. Deste modo, mesmo neste caso específico, algumas vezes a resposta mais adequada para um favor é transferi-lo a outrem.

Eu não lhe devia nada, ou pelo menos, nada que pudesse ser explicado em termos de reciprocidade simétrica. Todavia, eu vi a expressão de seu rosto no momento em que ela estava a ponto de descer e isso me trouxe à mente recordações dolorosas de como eu mesmo me sentira, quando estivera sozinho e perdido em um país cuja língua eu não entendia. Assim, dei um jeito de explicar-lhe que lhe mostraria o lugar em que desejava realmente chegar. Descemos os dois na parada seguinte, consultamos um mapa e caminhamos até uma parada de ônibus diferente, na qual a fiz subir a outro ônibus, conversando com o motorista para garantir que ele a deixaria em frente ao albergue. O ônibus partiu e a última visão que tive dela foi sua cabeça se curvando repetidas vezes em agradecimento do outro lado da janela, enquanto eu mesmo me sentia grato. Grato por quê? Honestamente, não sei dizer. Grato, suponho eu, por estar vivendo em uma sociedade predominantemente benévola e grato pela oportunidade de agradecer ao mundo por sua benevolência em ser uma pequena parte daquilo que a torna benevolente.

A reciprocidade como valor

A reciprocidade simétrica corresponde a dívidas que temos para com nossos benfeitores. A reciprocidade transitiva é uma variação deste tema, correspondendo a dívidas nas quais reconhecemos ter incorrido não pela retribuição de um favor, mas por sua transferência a terceiros. Ambas as ideias se referem ao endividamento – à maneira como a reciprocidade nos constrange. E se quiséssemos pensar na reciprocidade como um valor ou, especificamente, como um valor que devamos promover?

Suponhamos que não sabemos se nossos filhos vão crescer e se transformar em adultos autônomos, dispostos a ser e capazes de viver como reciprocadores. Suponhamos que pensemos que seria *melhor* se isto acontecesse com eles –, melhor para eles mesmos e não somente para seus futuros vizinhos e parceiros. Nesse caso, podemos considerar a nós mesmos como obrigados não a pagar uma dívida, mas a promover um valor. Especificamente, o que promovemos é a capacidade de retribuir as dívidas incorridas e, assim, cultivamos o tipo de caráter que sente prazer em colocar em uso esse tipo de capacidade[6].

Quando vemos a reciprocidade dessa maneira, consideramos a nós mesmos como devedores à próxima geração de algo mais que a simples retribuição, algo que não tem nada a ver com o que as crianças fizerem por nós, mas tudo a ver com aquilo que elas possam vir a ser, graças à nossa ajuda[7]. À medida que as crianças crescem, vão adquirindo o dever de viver como adultos responsáveis, o que inclui (no mínimo) a reciprocidade. Em virtude dessa obrigação pendente, tentamos colocar as crianças em uma posição honrosa na qual possam vir a cumprir tal obrigação.

A principal crítica de Buchanan à justiça como reciprocidade é a de que qualquer um que pense que o fato de ser membro de uma comunidade moral seja restrito àqueles que podem reciprocar está levando a reciprocidade demasiado a sério. Buchanan tem aqui um argumento válido. Mas podemos acrescentar uma observação complementar: o que Buchanan denomina "justiça como reciprocidade" também fracassa em levar a reciprocidade *suficientemente* a sério. Quando nascemos, somos totalmente incapazes de reciprocar. Deste modo, uma vez que a reciprocidade está no âmago de uma comunidade viável, uma comunidade

---

6. Nós valorizamos a reciprocação *per se*, mas aquilo que *promovemos* é a disposição e a habilidade de reciprocar, porque, em determinado ponto, o livre-arbítrio tem de assumir o controle. Agradeço a Michael Smith por esta observação.

7. No caso das crianças, nós agimos em função daquilo em que elas *podem vir* a se tornar. Com referência a beneficiários adultos (quando se trata de promover a reciprocidade como um valor), intuitivamente estabelecemos um padrão mais elevado; isto é, condicionamos os deveres àquilo que a pessoa se *tornará* ou, mais realisticamente, àquilo que ela *pretende* tornar-se.

moral não considerará a capacidade de retribuir como uma coisa natural. Ela há de *trabalhar* no sentido de permitir que as pessoas vivam como reciprocadores, ao mesmo tempo que os cidadãos morais aceitam um certo grau de responsabilidade individual em criar condições, no seio de sua comunidade, que favoreçam a reciprocidade.

Normalmente encaramos a introdução da reciprocidade na deliberação moral como uma espécie de obrigação – como o dever de retribuir favores. A reciprocidade como valor, todavia, funciona de forma diferente no que se refere a deliberações morais. A reciprocidade como valor é um objetivo, não uma obrigação.

Alienação, reciprocidade e o ideal de uma parceria igualitária

Becker diz que, se a ação A não for percebida como um *bem*, como um *retorno*, no decorrer do tempo, de modo a *afetar interações futuras,* então a ação A não terá o menor significado como um ato de reciprocidade[8]. Há aqui um pouco de exagero, mas Becker tem realmente uma certa razão. O ponto central da argumentação de Becker é o de que, sem essas características, os atos de reciprocidade não podem ter o valor instrumental canônico da reciprocidade, qual seja o nos ajudar a construir relacionamentos permanentes para vantagem mútua. Todavia, é um exagero sugerir que, se a reciprocidade não dispuser *deste* significado, então não tem *nenhum* significado. A reciprocidade tem outros propósitos além desse que é canonicamente definido. A reciprocação nem sempre precisa ser feita tendo em vista facilitar futuras interações. Podemos devolver um favor pela simples razão de que devemos a alguém um favor. Ou podemos mesmo devolver um favor como uma forma de reconhecer e celebrar nossa condição humana comum.

---

8. Becker 1986, p. 107.

As passagens de Marx que acho mais esclarecedoras são aquelas que se referem à alienação[9]. Eu me considero um homem de sorte por viver no tipo de sociedade de que Marx é um dos principais críticos, porém, mesmo assim, ainda acho que suas observações sobre a alienação são acuradas. A sociedade liberal de fato aliena algumas pessoas: elas veem o seu trabalho, a sua personalidade, as suas posses materiais, a sua espécie e até mesmo a sua própria natureza como fatores alheios a elas. Mas a sociedade liberal pode ser menos alienadora do que dizem seus críticos e palpavelmente menos alienadora que quaisquer alternativas realistas, em parte porque permite a certas pessoas associar-se a ela dentro de seus próprios termos. Permite às pessoas criarem comunidades "mais densas". Mas isto não significa que não seja alienadora.

Talvez a alienação seja uma parte permanente da condição humana. Talvez não exista cura para isso ou, pelo menos, nenhuma cura permanente, em grande escala. Não obstante, podemos resolver tal problema dentro de nossa escala pessoal. Nessa escala pessoal, deixar de retribuir encontra-se entre as coisas mais alienantes que podemos fazer. (Reflita por um momento sobre o fato de que recusar-se a *aceitar* favores pode ser igualmente alienador.) Quando deixamos de responder, estamos nos desvinculando não somente dos benefícios mundanos do apoio mútuo, mas também de relacionamentos que nos fazem sentir visíveis e dotados de valor. Certa vez, meu dentista me prestou um serviço odontológico e, por razões que não consigo entender completamente, recusou-se a cobrar pelo trabalho. Teria sido errado responder a essa atitude enviando um cheque ao dentista, mas também teria sido errado que eu não lhe tivesse enviado um cartão de agradecimento ou de algum outro modo expressado minha gratidão. Não se trata de uma simples questão de prudência. Em vez disso, trata-se

---

9. Por exemplo, veja a coletânea de ensaios do jovem Marx organizada por Easton e Guddat (1967, pp. 287-301).

do que pessoas como meu dentista e eu devemos fazer a fim de manter uma imagem vívida de nós mesmos como agentes corretamente estimados dentro de um mundo de agentes corretamente estimados.

Na melhor das hipóteses, desperdiçar uma oportunidade de retribuir é desperdiçar também uma possibilidade de afirmação mútua – afirmar que nosso parceiro tinha razão em ver em nós uma pessoa digna de sua confiança. A retribuição demonstra a nossos parceiros que lhes damos valor como fins em si mesmos. De maneira mais implícita, mas ainda óbvia, honrar aquelas pessoas que nos tratam como fins em nós mesmos demonstra que nós valorizamos *a nós próprios* como fins em nós mesmos.

De forma semelhante, eu não acredito que a reciprocidade e a gratidão devam ser demonstradas somente em resposta a essas pessoas que deram um passo além do que seus respectivos deveres determinavam. Uma vez que a reciprocidade e a gratidão são formas de afirmação mútua, é perfeitamente sensato sentir gratidão a pessoas simplesmente porque elas cumprem suas obrigações com relação a nós. Se eu percebo que os motoristas dirigem da forma correta quando o trânsito está congestionado e lhes faço um aceno de aprovação, estou contribuindo para tornar a estrada um lugar mais seguro e mais cortês. Se eu agradeço aos balconistas por me prestarem bons serviços – não além do que seu dever lhes determina, mas por um simples bom atendimento –, estou contribuindo para tornar a loja um lugar melhor para se trabalhar e fazer compras.

A competência normal é uma realização, não um padrão obtido sem esforço. Demonstrar-se à altura do dever é uma realização; desse modo, não é errado dar crédito às pessoas por agirem desta forma. Mesmo que a reação comum e esperada a um comportamento comum e esperado seja não demonstrar nenhum apreço, não existe nenhum erro em fazer mais do que requer a norma. Os reciprocadores não evitam dar o devido crédito; eles não buscam pagar o mínimo possível por favores de valor máximo, porém, ao contrário, reconhecer alegremente as funções que eles e seus parceiros exercem em suas atividades cooperativas[10].

É aqui que se encontra um elemento de respeito igual e de tratamento igual que faz parte da essência de ser um reciprocador. Além disso, por mais desiguais que as pessoas possam ser dentro de uma determinada dimensão, elas podem imaginar termos de interação que enfatizem as dimensões ao longo das quais elas têm o máximo a oferecer umas às outras. Como reciprocadores, as pessoas *constroem* dimensões ao longo das quais possam se relacionar como iguais. Mas essas construções não devem ser encaradas como uma panaceia para os males da sociedade; entretanto, os reciprocadores são capazes de enfrentar seus próprios problemas de alienação e realmente o fazem, trabalhando com um relacionamento de cada vez.

A reciprocidade é a antítese do "atomismo" que os críticos do liberalismo incorretamente dizem ser característico da sociedade liberal[11]. Os reciprocadores sabem que uma transação realizada adequadamente é uma forma de afirmação mútua e que, portanto, participar de tal tipo de transação é uma forma de afirmarem-se a si mesmos. A alienação é fundamentalmente um problema de caráter pessoal. O seu antídoto é a afirmação ativa de nossa humanidade comum – o tipo de afirmação que praticamos cada vez que praticamos a reciprocidade. A reciprocidade transitiva, em particular, é uma forma de demonstrar regozijo em nossa humanidade comum. Nada disso constitui meramente uma "alternativa inferior".

Duas advertências, entretanto. Em primeiro lugar, já que a reciprocidade reforça a solidariedade dentro de um

---

10. Eu não pretendo negar aqui a percepção de Gauthier de que ser um "maximizador constrangido" pode ser uma forma de assegurar um máximo de ganho pessoal. Em determinadas circunstâncias, operar sob restrições é uma forma de ser o tipo de jogador que as demais pessoas buscam como sócio comercial, ao passo que maximizar "diretamente" é uma forma de ser o tipo de jogador que é evitado pelos demais.

11. Para uma discussão de caráter embrionário sobre o problema do atomismo, ver Taylor 1995, pp. 139 ss.

grupo humano, pode exacerbar a alienação nos relacionamentos entre grupos, mesmo que alguns indivíduos em particular possam melhorar o problema dos atritos entre os grupos construindo relacionamentos pessoais com membros de outros grupos. São os indivíduos e não as classes que agem de forma a retribuir, de tal modo que a reciprocidade derruba as barreiras de classe entre uma pessoa e outra e não de alguma forma mais genérica. Em segundo lugar, as transações comerciais obviamente não precisam corresponder ao ideal de afirmação mútua. Os clientes e funcionários de lojas que não se fitam diretamente nos olhos não estão ajudando uns aos outros a se sentirem menos alienados. Todavia, um cliente que faz questão de perceber quando os atendentes são bons no que fazem, sem dúvida tornará o mundo um lugar menos alienado. Raramente a única coisa que os lojistas desejam de seus clientes é o dinheiro com que pagam suas compras.

16. Dívidas para com a sociedade e partidas dobradas

TESE: As pessoas não incorrem em dívidas simplesmente em virtude de serem pessoas vivendo em sociedade. Se estiverem endividadas, isto ocorre exclusivamente em função de suas histórias individuais.

O problema das partidas dobradas

Um princípio de reciprocidade é invocado algumas vezes a fim de fundamentar obrigações políticas (especialmente, a obrigação de pagar impostos). Nas mãos dos comunitaristas e dos nacionalistas, tais argumentos principiam pelo fato de que, como declara Lawrence Becker: "Ninguém se faz sozinho. Quaisquer bens que existam em nossas vidas são, pelo menos em parte, um produto dos atos de outros."[1] Aonde Becker quer chegar? Podemos pensar que Becker está a ponto de concluir que, a despeito do fato de que devemos à sociedade o que ela fez por nós, não merecemos nenhum crédito por aquilo com que contribuímos em troca. Não, não é assim. O que Becker tem a dizer, ele nos diz na forma de uma parábola:

> Conheço um homem que acredita estar permanentemente em dívida...

---

1. Becker 1980a, p. 9. Ver também Becker 1980b, p. 414.

Ele age como se não tivesse, nunca jamais, direito total a coisa alguma. Como se a boa vontade que lhe demonstram os outros, os bons motivos e a conscienciosidade que eles possam ter com relação a ele nunca lhe pertencessem por direito ou por razão, mas sempre fossem alguma coisa que lhe desperta admiração.

Ele se sente grato a seus pais, mesmo que esteja se responsabilizando por eles em sua velhice. Ele se sente grato a seu empregador e lhe demonstra total lealdade, mesmo que o trabalho que realiza mal seja notado. E ele se sente grato também a seu país (a força de suas emoções chega a ser embaraçadora), mesmo que tenha lutado e sofrido por ele.

Ele tem consciência daquilo que faz para os outros. Ele simplesmente acredita que tudo que ele é e tudo quanto tem são de algum modo devidos a eles. Sem os outros, ele nunca teria chegado a lugar algum. Sem eles, sua vida desabaria como um castelo de cartas.

Essa é, a seu ver, uma dívida que jamais poderá ser paga. Ele não é um átomo, no seu modo de entender – não é o único, exclusivo e autossuficiente provedor das coisas que tornam sua vida confortável...

Ele é um tolo.[2]

Becker nos previne a não presumir que sua posição seja exatamente aquela assumida pelo seu narrador nessas parábolas (que se encontram distribuídas ao longo de seu livro). Deste modo, Becker pode não se sentir assim tão seguro de que o homem da história seja um tolo. Becker pode até concordar que não exista nada de tolo no fato de se sentir grato "por tudo quanto se recebeu". A tolice aqui é não perceber que a dívida é limitada e que não se acha além de seu poder de retribuição. Talvez possa ser tolo encarar a nós mesmos em termos "atomísticos", mas não é nem "atomístico", nem tolo pensar que seja possível que já tenhamos cumprido a nossa parte. Observe: sentir que já cumprimos a nossa parte não é a mesma coisa que se demonstrar ingrato. Podemos ter motivos para nos sentirmos *gratos*, o

---

2. Becker 1986, p. 6.

que nos leva a querer contribuir com mais, mesmo que não tenhamos o menor motivo para nos sentirmos literalmente *endividados*.

É desnecessário dizer que, além dos benefícios que recebemos de atividades específicas, nós nos beneficiamos por viver em uma sociedade produtiva e próspera. Seria este mais um favor que recebemos dela? E se for, o que pode ser feito para retribuí-lo? Será que já retribuímos por termos participado das mesmas atividades através das quais nossos parceiros recebem (ao mesmo tempo que eles, tal como você, ajudam a criar) justamente esses mesmos benefícios básicos? Podemos ter ainda algum dever amorfo a pagar à sociedade, mesmo depois que cada membro da sociedade tenha (justamente como nós) pago totalmente pelos serviços que lhe foram prestados?

O meu ponto de vista não é que as respostas a tais perguntas sejam óbvias. Ao contrário, o que estou dizendo é que, seja qual for a maneira como decidamos responder a essas questões, não precisamos ter um cuidado extremo, na busca pelos fundamentos de nossas obrigações para com a sociedade, em resistir à tentação das partidas dobradas. Não se pode afirmar que uma funcionária que se apresenta no emprego todos os dias e que trabalha o melhor que pode tenha estado apenas *tomando* da sociedade até agora. Precisamos ter em mente que, assim como o trabalho de milhões de pessoas adiciona valor a nossa vida, também o nosso trabalho adiciona valor a milhões de outras vidas em troca. Seria um erro desconsiderar qualquer um dos lados desta equação. É errado que Joana descarte como sem importância tudo aquilo que os demais contribuem para sua vida, mas não é pior que o fato de que nós descartemos aquilo com que ela contribui em troca para o enriquecimento das vidas alheias: são dois exemplos exatamente do mesmo erro.

Algumas vezes falamos como se a única maneira de "restituir" à sociedade o que lhe devemos seja através do pagamento de taxas e impostos, mas qualquer mecânico eficiente faz muito mais pela sociedade quando conserta carros do que quando paga seus impostos. Ou, se isso não lhe parecer óbvio, então considere Thomas Edison. Não existe quantia alguma em dinheiro que Edison pudesse ter pago a título de impostos e taxas que sequer começasse a se comparar com a contribuição de Edison para com a sociedade simplesmente por nos ter dado a lâmpada elétrica. Nós demos uma fortuna a Edison, mas o que pagamos a Edison não foi nada, em comparação com os benefícios que Edison nos trouxe.

Se o talento é seu, você não teria o direito de usufruir de todos os seus benefícios?

Algumas vezes me perguntam por que eu acredito que as pessoas talentosas devam receber *todos* os benefícios decorrentes do exercício de seus talentos, mas é claro que não é isso que eu penso. O que eu acho é que, quando certas pessoas talentosas trazem seus talentos para o mercado, formam-se correntes de benefício mútuo de longo alcance. A expectativa de vida humana quase *dobrou* no decurso de um único século cheio de tragédias, mas que, apesar de tudo, foi tecnologicamente (em certos sentidos, também culturalmente) progressista e, tanto quanto sabemos, poderá continuar a se ampliar durante este século que se inicia. As sociedades livres realizam progressos. Mas não realizam progressos sem disporem de pessoas como Thomas Alva Edison (cujas lâmpadas incandescentes seguramente contribuíram para o aumento da expectativa de vida humana); por outro lado, é uma tendência das sociedades livres produzir pessoas do tipo de Edison.

Normalmente, Joana tem de trazer alguma coisa para o mercado antes de poder tirar qualquer coisa dele. Nem todos gostam do fato de que vivemos em uma economia de mercado, mas seria incoerente notar a existência deste fato e depois dizer que Joana deveria dar alguma coisa em troca do que recebe, como se ela já não tivesse dado. Isso não é o mesmo que dizer que Joana estaria errada ao pensar no legado que recebeu e, em consequência, no que poderia fazer como uma forma de contribuir ainda mais para ele. O erro estaria em pensar que, se Joana prosperou, é sinal que ela ainda não contribuiu a parcela total com que deveria ter contribuído[3].

Se Joana participa de redes de benefício mútuo, então, em função desse mesmo fato, ela está mais ou menos fazendo a sua parte na constituição e sustentação dessas redes. Pode-se admitir que, se Joana receber uma recompensa mediana de uma sociedade semelhante à nossa, ela já está recebendo um acúmulo de valor impressionante (mais do que o próprio Edison poderia ter imaginado, tão recentemente quanto um século atrás). A consequência do fato de que, quando todos estão fazendo um pouco, isso resulta em imensos ganhos para quase todos, torna adequado para Joana sentir-se grata por fazer parte dessa empresa conjunta. Todavia, se todos estão fazendo um pouco, então o dever de Joana não é maior do que apenas fazer um pouco. Obviamente, uma pessoa média *recebe* muito da sociedade, mas isso não determina aquilo que pode ser contado como uma parcela média do que ela deva *fazer* em troca[4].

---

3. De fato, Joana pode gozar de alguns bens – utilidades públicas –, sem trazer nada para o mercado, mas também estes são casos em que, se vamos estudar especificamente o que deve ser contado como a parcela de contribuição de Joana, ela já pode ter feito tudo quanto deveria. Se os vizinhos de Joana decoram o exterior de suas casas e seus jardins na época do Natal, de certo modo isso enriquece Joana. Mas se Joana colocou enfeites semelhantes em sua própria residência, então ela também já contribuiu com sua parcela.

4. Joana pode dever à sociedade mais do que isso, mas suas dívidas extras evidentemente não seriam objeto de reciprocidade. Ou, quem sabe, existe uma diferença entre as perspectivas de primeira e de terceira pessoa sobre aquilo que Joana deve. Isto é, mesmo que cada favor já feito a Joana fosse pago (não necessariamente por ela), ainda faria sentido que Joana se sentisse tão grata que decidisse reagir como se estivesse literalmente endividada. Tal atitude é comum entre os filantropos e não vejo razão para que ela seja questionada.

Conclusão

Esta conclusão é controvertida e de modo algum amplamente aceita, assim eu vou repetir o argumento novamente, mas em outras palavras. Caso a sociedade passasse a gozar de uma melhor situação sem a presença de Joana, então nós teríamos razão para dizer que Joana possui uma dívida e está sendo inadimplente em relação a ela. Joana não estaria "carregando seu próprio fardo". Mas se Joana já contribuiu o suficiente para tornar melhor a sociedade, justamente em virtude do fato de que Joana faz parte dela, então não tem nenhum fundamento afirmar que Joana contraiu uma dívida para com a sociedade que ainda não foi paga. O fato de que *a própria Joana* seja muito mais próspera por ter participado de uma sociedade não é o fator determinante de ela estar em dívida ou não para com a dita sociedade. Se ela está em dívida ou não depende do fato de que, por sua vez, ela tenha contribuído ou não para que a *sociedade* se tornasse mais próspera[5].

Discussão

Vivemos melhor dentro de uma sociedade do que fora dela. Também vivemos melhor com o sol do que sem ele. E daí? O sol está nos prestando um favor, assim como a *sociedade*?

---

5. Deixo em aberto a questão de saber se entidades coletivas podem prestar ou receber favores. Algumas entidades coletivas – as corporações comerciais, por exemplo –, são agentes ou semelhantes a agentes de formas cruciais. Ver Rovane, 1998. As sociedades, entretanto, dificilmente podem ser tidas como entidades, quanto mais entidades capazes de intenção. Podemos até conceber que uma sociedade seja suficientemente semelhante a uma entidade para que possa receber um favor, mas não é suficientemente semelhante a um agente para que possa prestar um favor.

17. Os limites da reciprocidade

TESE: Não há nenhum princípio isolado que não seja senão um dentre os vários elementos da justiça. Os princípios da reciprocidade, todavia, se encontram no âmago de uma sociedade justa.

A reciprocidade e a estrutura básica

Allan Buchanan afirma: "Na mesma medida em que a justiça como reciprocidade é conceitualmente impedida de avaliar se é justa ou injusta a escolha da estrutura básica de cooperação – e, logo, a escolha de critérios de participação na classe dos contribuintes –, nessa medida ela é uma concepção superficial. Com efeito, nesse caso, a justiça como reciprocidade é incapaz até de reconhecer a maior injustiça que uma pessoa pode sofrer, qual seja, a exclusão moralmente arbitrária da classe dos sujeitos a quem a justiça se aplica."[1]

Inicialmente, um argumento preliminar: aquilo que Buchanan chama de superficial não é uma coisa assim tão ruim. Uma estrutura básica não é única entidade que tem uma tarefa a cumprir. Seria uma tolice pensar que nossa sociedade seja justa somente quando sua estrutura básica, to-

---
1. Buchanan 1990, p. 239.

mada unicamente em si mesma, garanta que todos nós recebamos o que merecemos. Uma boa parte daquilo que nos é devido chega até nós diretamente por meio de relacionamentos recíprocos e não por meio de uma estrutura básica. Inevitavelmente, são os cidadãos que administram (e em cuja administração devemos confiar) boa parte da responsabilidade de garantir que eles e seus vizinhos sejam, dentro do que se pode racionalmente esperar, tratados com justiça. Nem todas as questões de justiça são questões estruturalmente básicas[2].

Pondo de lado as preliminares, entretanto, eu concordo com Buchanan em que seria estranho que uma teoria não tivesse nada a dizer a respeito das estruturas básicas que formam o ciclorama contra o qual todas as trocas recíprocas da vida real se representam. Na vida real, as pessoas que levam adiante, a partir das posições que ocupam, essas trocas recíprocas, transformam a sociedade em uma atividade cooperativa para vantagem mútua. Não obstante, seria loucura interpretar este fato como implicativo de que o certo ou errado de abolir a escravidão dependeria (caso a caso?) de que a abolição fosse uma situação de ganho mútuo tanto para os escravos como para os escravocratas.

É claro que ninguém irá dizer isso. De fato, a justiça como reciprocidade não precisa ser uma noção tratada tão caricaturalmente. Em primeiro lugar, a reciprocidade, mesmo a reciprocidade simétrica, não implica coisa alguma nesse sentido. A reciprocidade simétrica diz respeito ao que as pessoas *devem* a seus benfeitores. Ela não diz nada sobre questões de estrutura básica, reconhecendo corretamente que a reciprocidade (especialmente a reciprocidade como uma exigência social) é apenas um subdomínio do reino mais amplo da justiça. A reciprocidade simétrica não pretende em absoluto explicar o que possa estar errado com respeito ao instituto da escravidão.

Em segundo lugar, a reciprocidade como valor é importante para a avaliação das estruturas básicas. Pode res-

---

2. Sobre este tópico, ver especialmente Tomasi 2001, Capítulo 6.

ponder a questões que a reciprocidade simétrica não está preparada para explicar, talvez até mesmo possa responder a indagações sobre o que é que existe de errado no instituto da escravidão. Ao empregar uma concepção da reciprocidade como valor, podemos avaliar as estruturas básicas indagando se elas criam ou não normas de reciprocidade; se colocam as pessoas em posição de lidar umas com as outras na situação de adultos autônomos e de maneiras mutuamente benéficas; se colocam as pessoas em posição de tratar-se mutuamente de tal forma que fiquem satisfeitas por terem umas às outras como vizinhos[3].

Conforme é salientado por Buchanan, a capacidade de contribuir para a sociedade é parcialmente determinada por essa mesma sociedade. Nenhum de nós se faz sozinho. Concordo com isso também. É bem verdade que as tecnologias modernas permitem àqueles que não possuem força bruta (às mulheres em particular) contribuir vastamente mais para a economia e de uma posição mais igualitária – portanto, mais recíproca –, do que teria sido imaginável há apenas algumas gerações. Bem, e daí? Obviamente, não se segue disso que devamos desconsiderar as contribuições das pessoas que não se fizeram por si mesmas. Ao contrário, se a ideia de que não nos fazemos sozinhos tem algum significado prático, a questão não é se devemos dar às mulheres (ou aos homens) um crédito menor por aquilo com que contribuem, mas sim que devemos aplaudir nossa sociedade por ter colocado as mulheres (e os homens) em uma posição em que podem contribuir tanto quanto o fazem agora.

---

3. Eu não pretendo dizer que a reciprocidade como valor possa embasar um relato completo ou fundamental do que existe de errado com referência à escravidão, somente que pode tratá-la como um tópico de uma forma que a reciprocidade simétrica não consegue. As ideias de que as pessoas merecem uma oportunidade (veja Capítulo 8), de que as pessoas têm o direito de exigir igual tratamento (Capítulo 19) e de que todos nós somos pessoas distintas com direitos legais distintos (Sexta Parte) se incluem entre aquelas que deveriam figurar em um relato mais completo dos fatos.

Assim, se Buchanan estiver certo em afirmar que as estruturas sociais realmente têm uma função no sentido de permitir às pessoas contribuírem, isso *estabelece*, em lugar de impedir, a possibilidade de que tenhamos condições de avaliar e, algumas vezes, condenar as estruturas sociais (incluindo a escravidão) em termos de sua capacidade de exercer bem esta função. Uma teoria que incorpore a reciprocidade como *valor* tem, desse modo, muito a dizer sobre as estruturas sociais.

Eis aqui um contraste crucial entre a reciprocidade entendida como restrição ou obrigação e a reciprocidade compreendida como um valor a ser buscado: se aplicarmos a reciprocidade na forma de uma restrição à estrutura social, podemos concluir que uma estrutura social deveria distribuir os benefícios da cooperação na proporção com que as pessoas contribuíram para ela. Ao contrário, o padrão prescrito pela reciprocidade *como valor* não é a distribuição em proporção à contribuição, mas a distribuição destinada a produzir cidadãos dispostos a reciprocar e capazes de reconhecer as ocasiões de reciprocidade – ou seja, de participar dos padrões de reconhecimento mútuo.

Os deficientes

Algumas pessoas têm mais facilidade em retribuir favores do que outras, assim podemos imaginar se aqueles que têm maior dificuldade em retribuí-los se encontram em uma posição diferente no que se refere aos deveres de retribuir favores. Seguramente, há ocasiões em que têm mais facilidade, embora possa ser difícil especificar a natureza exata desa diferença. (Imagine uma pessoa que anda normalmente abrindo uma porta para uma segunda pessoa que anda de cadeira de rodas, a qual deseja retribuir, abrindo a porta seguinte para a primeira pessoa. Quem *deve* o favor pode acreditar que a dificuldade extra não faz absolutamente nenhuma diferença, ao passo que o benfeitor original pode sentir-se mortificado pelo pensamento de que o beneficiário original se dá a tanto trabalho para poder retribuir e poderia, muito provavelmente, preferir que o recipiendário simplesmente lhe agradecesse e deixasse a questão morrer ali.) Seja como for, o tópico referente àquilo que devemos uns aos outros não é exaurido pela discussão da reciprocidade e este fato se torna especialmente relevante quando discutimos nossas obrigações para com os deficientes.

O ceticismo a respeito da reciprocidade deriva, em parte, de preocupações sobre a possibilidade de que uma sociedade embasada em um *éthos* de reciprocidade seria prejudicial aos deficientes, isto é, como um critério de posicionamento moral, excluiria os deficientes. Muito pelo contrário: na prática, um *éthos* de reciprocidade tende a *ajudar* as pessoas "com necessidades especiais" em sua participação dentro da comunidade. Isto é verdade, por duas razões.

Em primeiro lugar, muitas deficiências são apenas contingencialmente incapacitantes. Quando as normas de reciprocidade funcionam como os motores do progresso social e tecnológico, elas permitem às pessoas viverem como reciprocadores autônomos, em situações que, de outro modo, teriam sido incapacitadoras em função de suas deficiências. Por exemplo, eu mesmo tenho um grau de miopia terrivelmente alto. Todavia, uma vez que eu posso comprar óculos em qualquer centro comercial, ninguém pensa sequer em me classificar como incapacitado em função disso. (Enquanto escrevo, "pessoas com necessidades especiais" passou a ser o rótulo presentemente usado, mas inapropriado, porque se refere a problemas que são apenas contingencialmente dependentes de necessidades especiais.) Em resumo, quando tudo vai bem, a reciprocidade tende empiricamente a criar condições em que pessoas como eu não precisam ser ajudadas pelas demais.

Em segundo lugar, um *éthos* de reciprocidade tende a criar condições em que, quando nossos vizinhos deficientes se acham realmente incapacitados, o restante de nós possui meios de ajudá-los. Por essas duas razões, as pessoas deficientes têm um interesse prático na transformação da sociedade em uma atividade recíproca, *mesmo que* o conceito de reciprocidade seja irrelevante para a tarefa teórica de lhes atribuir obrigações especiais para com a sociedade.

A reciprocidade não nos pede que, por exemplo, transportemos nossos vizinhos, mas não é essa a função da reciprocidade. Se ajudar as pessoas portadoras de deficiências é uma questão de justiça, então se trata de um elemento diferente de uma teoria pluralista que determine tais deveres. Mas esta observação não detrai nada do princípio da reciprocidade no seu próprio âmbito, mesmo da perspectiva dos portadores de deficiências[4]. Resumindo: se a reciprocidade não é o elemento da justiça que determina obrigações especiais para com os deficientes, poderá, mesmo assim, sustentar uma economia e uma cultura em que pessoas levemente ou moderadamente deficientes possam levar uma vida mais ou menos normal e em que pessoas portadoras de deficiências moderadas a graves possam receber cuidados especiais quando necessitarem deles.

Favores aceitos *versus* favores meramente recebidos

Quando eu realmente adquiro um dever de retribuir um favor? Quando eu *aceito* o favor? Ou eu adquiro esse dever simplesmente em função de *receber* o favor, quer ou não eu o aceite voluntariamente como tal? Robert Nozick imagina um caso em que seus vizinhos inauguram um sistema público de avisos."Eles fazem uma lista de nomes, um para cada dia e incluem também o seu. No dia para o qual foi designada (as pessoas podem facilmente trocar os dias entre elas), uma pessoa fica encarregada de gerenciar o posto de transmissão, tocar discos, ler os boletins de notí-

---

4. Becker, ele próprio significativamente incapacitado, reflete sobre essas questões em Becker (1998).

cias, contar histórias divertidas que ele ou ela escutou ou de que participou e assim por diante. Passaram-se 138 dias, durante os quais cada uma das pessoas em seu bairro cumpriu a sua parte no projeto, e chegou a sua vez. Você é obrigado a dirigir o serviço nesse dia?"[5]

É claro que não, diz Nozick. A ideia de que seus vizinhos tenham unilateralmente decidido prestar-lhe um serviço e depois unilateralmente decidido que você lhes deve algo em troca, é ultrajante em termos de justiça. Por outro lado, embora possamos concordar que nossos vizinhos não tenham o direito unilateral de decidir o que nós lhes devemos, isso implica, no máximo, que temos alguma responsabilidade em decidir como deveremos responder. *Não implica* que a resposta correta de nossa parte seja decidir que não lhes devemos nada. (E se o bem em questão não for um sistema público de avisos, porém alguma coisa incontestavelmente mais útil e importante, tal como uma patrulha de observação em uma área sujeita a inundações súbitas? Se o benefício fosse forçosamente importante, então você não estaria obrigado a cumprir a sua parte, mesmo que você não tivesse consentido inicialmente em oferecer colaboração?)[6]

Recebemos favores não-solicitados todo o tempo. Um indivíduo moralmente correto não usufrui desses favores sem pensar em algum tipo de reciprocação. Vizinhos corretos, por sua vez, reconhecem que, se a questão realmente

---

5. Nozick 1974, p. 93. Em uma discussão da historieta de Nozick, Simmons (1979, Capítulo 5) observa que o que importa é se essa atividade vale o custo que representa para um colaborador em potencial. De forma mais singular, se um ouvinte de fato se beneficia, então, intuitivamente, de certo modo o que importa é se o ouvinte reside no bairro ou simplesmente trabalha nele durante o dia.

6. A asserção de Becker de que a reciprocidade é uma virtude que gera deveres não-exigíveis é análoga à assertiva de Wellman (1999) de que a gratidão é uma virtude, porém não um dever. Ver também McConnell 1993. Simmons (1979, Capítulo 7) distingue duas obrigações de reciprocidade: honestidade e gratidão. Pode-se argumentar que essa distinção valeria caso estivéssemos procurando fundamentar obrigações especificamente políticas, embora o próprio Simmons conclua que nenhum desses tipos de fundamento possa funcionar em caráter de obrigatoriedade.

se refere à reciprocidade (em contraste com, digamos, a adequação da distribuição voluntária de bens públicos), então são os próprios recipiendários que devem decidir como responder. Isso coloca um problema para os filósofos. A fim de adquirir um dever retributivo, você deve aceitar um favor como tal ou é suficiente o simples fato de recebê-lo? Intuitivamente, o mero recebimento de um favor não é suficiente para constituir a obrigação, mas uma aceitação explícita nem sempre é necessária[7].

A *especulação* no terreno da reciprocidade envolve prestar favores sem perguntar se são desejados – sem dar aos recipiendários uma chance de recusá-los –, de modo a criar neles uma obrigação para com você[8]. Se nossos vizinhos especulam, então correm o risco de ficarem desapontados com a resposta que considerarmos adequada. Mas se não estiverem especulando, porém simplesmente querendo nos beneficiar, então, contanto que nos beneficiemos de fato com o seu favor, eles não ficarão desapontados. Ou, se eles

---

7. Entre a recepção passiva e a aceitação voluntária existe um território intermediário. E se você *tivesse* aceito F, caso esse obséquio lhe tivesse sido oferecido primeiro, antes de ser prestado? Um médico realiza uma cirurgia de emergência em uma vítima de acidente em estado de coma. A paciente recobra a consciência e o doutor lhe diz: "Eu tive de presumir que você teria consentido no procedimento, caso eu tivesse podido perguntar-lhe." Se o médico estiver correto, parece que a paciente lhe deve um favor. Em vez disso, vamos supor que a paciente estivesse querendo morrer e não teria consentido na realização da cirurgia. Todavia, essa paciente que tivera intenções suicidas, agora que sobreviveu, está emocionada porque continua viva e, desse modo, recebeu um verdadeiro favor, mesmo que não tivesse consentido inicialmente, caso fosse consultada. Se, nesse caso, a paciente deve um favor ao médico, então o consentimento hipotético nem sempre é necessário. É amplamente reconhecido que o consentimento hipotético não é suficiente, tampouco, pelo menos quando se procura usá-lo como fundamento para obrigações políticas impostas por lei. Deste modo, esta proposta de um terreno intermediário não resolve nosso quebra-cabeças, mas agradeço a Steve Biggs pela sugestão. Também agradeço a Nick Sturgeon por sua resposta (durante uma conversa) a um de meus artigos sobre consentimento hipotético (Schmidtz 1990a), em que corretamente sugeriu uma cirurgia de emergência como um caso paradigmático em que o consentimento hipotético seria significativo.
8. A ideia de um "favor especulativo" provém de Becker (1980b, p. 419).

forem comerciantes, não especuladores, então negociarão de antemão, caso isso seja possível, para evitar mal-entendidos sobre qual seria uma resposta adequada.

Becker diz que não adquirimos dívida alguma para com especuladores, porque eles, de fato, não nos trouxeram benefícios[9]. Este pode ser o caso de chegar à resposta certa pelas razões erradas. Outra razão por que não devemos favores a especuladores, mesmo quando de fato eles nos beneficiam, é que a intenção é importante[10]. E a intenção por trás da especulação não é benigna. A intenção de um especulador não é prestar-nos um benefício, mas em investir na nossa propensão a sentir que temos uma obrigação para com ele. Becker e Nozick poderiam concordar que, se a intenção por trás do favor prestado não for benigna, somente contrairemos uma dívida se voluntariamente aceitarmos esse favor. Pode-se, portanto, argumentar que os favores especulativos se inserem em uma categoria de favores em relação aos quais a recepção involuntária não é suficiente.

Favores reais e como retribuí-los

Favores especulativos são, pois, favores prestados com o propósito de deixar os beneficiários em obrigação para com os prestadores. Algumas vezes, os teóricos que tentam fundamentar as obrigações políticas procurarão, de fato, alguma coisa que possam *chamar* de favor, apelando para esta como base para a justificativa do pagamento de impostos e taxas, do serviço militar e assim por diante. É desnecessário dizer que só temos obrigação de devolver um favor quando um favor realmente nos foi prestado. Se uma par-

---

9. Id., ibid.
10. Diz um ditado: "O que vale é a intenção". Eu não vejo razão para acreditar que *somente* a intenção valha, mas a intenção de fazer um favor realmente vale. Pelo menos, queremos que seja reconhecida.

te identificável nos prestou um favor, então essa parte é a parte exclusiva a quem nós devemos outro favor em troca. Pode-se argumentar que todos nós devemos alguma coisa a Thomas Alva Edison, já que foi ele que inventou a lâmpada elétrica. Todavia, mesmo que Thomas Edison não tivesse sido pago completamente por sua invenção, tudo leva a crer que chegamos tarde demais – o favor já foi retribuído em sua época, pelo menos em parte.

Talvez devamos alguma coisa às pessoas que pagaram Thomas Edison e, desse modo, assumiram aquela que, de outro modo, seria nossa própria dívida para com Edison? Se afirmarmos isso, estamos saindo da situação em que devemos um favor a uma parte identificável, qual seria o próprio Edison. A obrigação se transforma em uma dívida nebulosa para com a sociedade. Devemos então uma obrigação a cada pessoa que já comprou uma lâmpada elétrica, ou que trabalhou para uma fábrica de lâmpadas, ou que ajudou a comercializar essas lâmpadas e vendê-las a clientes como nós.

Existe um certo grão de verdade nessa ideia. O que então devemos a tais pessoas? Presumivelmente, aquilo que lhes devemos é *retribuir o favor*. Deveríamos, como elas, comprar e pagar por lâmpadas elétricas ou por qualquer outro item que vamos consumir e devemos ganhar nosso salário trabalhando para firmas que produzem ou comercializam lâmpadas elétricas ou que, de outro modo, contribuem para o bem-estar do povo. Quando fazemos isso, respondemos em espécie àquilo que fizeram por nós. O favor que nos prestaram foi ganharem sua própria vida e nós estamos ganhando a vida de maneira recíproca[11].

---

11. Becker (2003) recentemente afirmou em tom sarcástico: "O fato de vivermos dentro de um sistema político que não escolhemos e do qual não podemos nos apartar, um sistema que derrama sobre nós benefícios como os filmes do Exterminador do Futuro, não cria por si só obrigações de reciprocidade de nossa parte."

Quando os deveres de reciprocidade podem se tornar legalmente obrigatórios?

Nozick identificou o problema dos favores especulativos, cuja denominação devemos a Becker que pode também ter apresentado uma solução parcial para esse problema: se nossos vizinhos estão especulando e querem nos envolver, o mero fato de que recebemos seus favores não nos obriga à reciprocidade. Isso, porém, suscita questões sobre o que devemos a vizinhos que não estão especulando, mas que, em vez disso, estão sinceramente tentando, de forma coletiva, promover o bem comum.

Podemos deixar essas questões em aberto ou classificá-las como assuntos de consciência pessoal. A não ser que busquemos traduzir os deveres de reciprocidade em uma justificativa de coerção, podemos aceitar o simples fato de que os deveres de reciprocidade são imperfeitos. Recebemos benefícios de fontes difusas e dispersas. Intuitivamente, deveríamos nos sentir gratos e dispostos a fazer parte da rede de benevolência que torna mais prósperas as pessoas em geral. Alguma coisa não dará certo se não ingressarmos alegremente nessa rede. Alguma coisa igualmente não dará certo se outras pessoas nos forçarem a participar contra nossa vontade. Porém, mesmo que estejamos divididos assim entre intuições conflitantes, nós não encarceramos uma pessoa somente porque deixou de retribuir favores. No máximo, nós paramos de confiar nessa pessoa, esfriamos o nosso relacionamento ou, talvez, falemos mal dela pelas costas. Nós não lhe voltamos a outra face, mas tampouco procuramos os órgãos públicos para que ela seja forçada a retribuir. De acordo com as palavras de Adam Smith: "Obrigar uma pessoa pela força a realizar aquilo que deveria fazer por pura gratidão e que qualquer espectador imparcial aplaudiria caso a visse realizando seria, se isso fosse possível, ainda mais impróprio que sua negligência em cumprir esse dever."[12] O conceito de reciprocidade é então um

---

12. Smith 1982, p. 79.

modelo decididamente inepto para justificar qualquer tipo de obrigação política imposto pela força da lei.

É aqui que se encontra parte do significado das leis contratuais. Neste caso, a reciprocidade, em sua forma canônica, não pode ser determinada pela força da lei. O propósito de se firmarem contratos consiste, em parte, em converter a obrigação em um formato que possa ser legalmente imposto. As partes que firmam um contrato estão dando permissão a seus parceiros para confiar que elas cumprirão aquilo em que consentiram contratualmente, como parte de uma transação reciprocamente benéfica. Também estão dando uma licença a seus parceiros para buscar compensação legal caso deixem de cumprir o que prometeram. Deveria ser tacitamente entendido, entretanto, que se não existir um contrato real, então não há tampouco uma licença real. Os modelos de consentimento hipotético das obrigações políticas embasados desta maneira deixam de levar os contratos a sério e, desse modo, falham igualmente em levar o consentimento a sério, o que os leva, de maneira assaz profunda também, a deixar de levar a sério a própria reciprocidade.

Minha hipótese é a de que, se rejeitarmos a conclusão de Nozick de que ele não deve a seus vizinhos um dia de trabalho como locutor da rádio comunitária, não é porque nos interessemos pela reciprocidade mais do que Nozick o faz. A razão real é a de que nos preocupamos mais do que Nozick com os bens públicos. Nossa maior preocupação, segundo este ponto de vista, não é a de obter a *contribuição* correta de cada pessoa, mas sim a de conseguir o *resultado* correto do esforço coletivo tomado como um todo. Muitos diriam que alguns dos bens públicos (por exemplo, o serviço militar) são demasiado cruciais para dependermos da participação voluntária. Simplesmente, precisamos de uma garantia.

Deste modo, falar da reciprocidade simplesmente nos distrai dos interesses sociais e políticos que nos dão razões reais para o emprego da coerção. Se temos alguma boa razão para coagir as pessoas, não será porque não somos capazes de suportar a ideia de que alguém em algum lugar está falhando em retribuir um favor. Uma boa razão seria uma coisa bem diferente: por exemplo, talvez porque não podemos suportar o risco de uma provisão inadequada de bens públicos (e que, pelo menos, esperamos que as taxações e imposições do governo tornarão esse risco menor).

Resumo

A preocupação de Buchanan é a de que a reciprocidade como princípio de justiça justifica muito pouco. Eu repliquei que não é tarefa da reciprocidade, dentro de uma teoria pluralista da justiça, justificar tudo quanto valha a pena justificar. Ademais, a reciprocidade tem outras dimensões além daquelas consideradas por Buchanan, de modo que a reciprocidade pode justificar mais do que Buchanan sugere. Se não puder justificar tudo, isso não é problema algum. Concordo com Buchanan que aquilo que ele denomina de justiça como reciprocidade seja inadequado para fundamentar uma teoria da justiça. Entretanto, conforme argumentei, aquilo que ele denomina de justiça como reciprocidade também é inadequado como uma teoria da reciprocidade. Uma melhor teoria da reciprocidade exerceria um papel proeminente dentro de uma teoria plausível da justiça.

1. Como indivíduos iguais e autônomos, atuando muito próximos uns dos outros, devem tratar-se mutuamente? Como parceiros em relacionamentos íntimos devem tratar uns aos outros? Como adultos perfeitamente capazes devem tratar pessoas – por exemplo, seus pais idosos – que deram sua contribuição antes de se tornarem permanentemente incapacitadas? Parte das respostas a estas três questões é que as pessoas devem retribuir favores, de acordo com a reciprocidade *simétrica*.

2. O que deve ser feito quando queremos reconhecer nossos débitos, mas pagá-los de maneira literal seria inapropriado ou impraticável? Parte da resposta: há ocasiões em que devemos passar esse pagamento adiante, sob a forma de reciprocidade *transitiva*.
3. Como devem adultos totalmente capazes tratar as pessoas que ainda não podem contribuir para com a sociedade, especialmente as crianças? Parte da resposta é: os adultos totalmente capazes devem abraçar a reciprocidade como um *valor*, agindo em favor dos reciprocadores autônomos, mas mutuamente solidários que seus beneficiários podem ainda vir a ser.
4. Como devem adultos totalmente capazes tratar as pessoas profundamente incapacitadas –, que nunca foram e nunca terão condições de ser, mesmo minimamente, adultos capazes, pessoas que nunca fizeram e nunca farão um favor significativo a ninguém? Essas questões não podem ser respondidas recorrendo-se à reciprocidade. Se precisarmos responder a essas questões segundo um princípio de justiça, as respostas terão de embasar-se em alguma outra parte de uma teoria mais ampla da justiça. Todavia, embora a reciprocidade não responda a essas questões, pode afetar a frequência com que tais questões venham a ser apresentadas. Numa sociedade justa, várias forças trabalham ao longo do tempo a fim de reduzir a extensão com que deficiências (tais como minha deficiência visual) venham a ser contingencialmente incapacitantes, reduzindo assim o número de pessoas que são excluídas do âmbito da reciprocidade. O comércio recíproco como um motor da prosperidade e do progresso é uma dessas forças. O comércio recíproco também contribui para fazer com que pessoas suficientemente prósperas se envolvam em conversações significativas sobre o que mais a justiça requer que elas façam em favor de seus vizinhos profundamente incapacitados.

Há lugar na sociedade para estruturas básicas operantes no sentido de recompensar pessoas em proporção àquilo com que contribuíram para a sociedade. Há também um lugar, de importância igual ou maior, para estruturas operantes no sentido de colocar pessoas em posições nas quais se sintam dispostas e sejam capazes de agir como reciprocadoras. Eu concluo que existe um lugar proeminente dentro de uma teoria da justiça para princípios de reciprocidade embasados no senso comum tradicional.

Nenhum princípio de justiça individual, incluindo a justiça como reciprocidade, representa mais do que um elemento da justiça. Todavia, a reciprocidade se encontra no âmago de uma sociedade justa e precisa ocupar um lugar correspondente no âmago de nossas teorias[13]. As relações de reciprocidade são, em última análise, exemplares do ideal da sociedade como uma atividade cooperativa destinada a promover vantagens mútuas.

---

13. Becker conclui que devamos considerar a rejeição de qualquer "esforço para construir conceitos elaborados de justiça que falhem em desenvolver concepções igualmente elaboradas da reciprocidade. Um exemplo, conforme mencionei, é a teoria da justiça de Rawls que, ao longo dos anos, passou a depender cada vez mais de referências à reciprocidade, mas que, até onde eu sei, nunca enfrentou seriamente o problema de desenvolver uma boa conceituação geral da própria reciprocidade" (2003, p. 12).

QUARTA PARTE
Respeito igual e porções iguais

18. Igualdade

– Ei, querida, você não está gostando da festa de aniversário do Billy?
– Papai, por que o Billy ganhou uma bicicleta e eu não?
– Ah, Cindy, venha me dar um abraço. O Billy está fazendo oito anos, docinho... Você vai ganhar uma bicicleta também, igual à dele, quando fizer oito anos, prometo. Mas você acabou de fazer seis. Vai ter de esperar mais um pouquinho...
Cindy me empurrou:
– Papai, o senhor tem obrigação de tratar nós dois igual. Se você deu uma bicicleta para o Billy, tem de dar uma para mim também. E se ele ganhou a dele agora, eu tenho de ganhar a minha agora, também.[1]

Todos nós somos iguais, mais ou menos. Mas não somos iguais em termos de nossas capacidades físicas ou mentais. Moralmente falando, nem todos nós somos igualmente bons. Evidentemente, se todos somos iguais, não é em virtude de nossas características reais, mas a despeito delas.

De fato, o que queremos significar pelo termo "igualdade" é mais bem visto como sendo de natureza política e não metafísica (ou sequer moral). Não esperamos que as pessoas sejam as mesmas, mas não acreditamos que essas diferenças tenham qualquer importância sobre a maneira como as pessoas devam ser tratadas em sua condição de ci-

---

1. Agradeço a Gerry Mackie pela historieta.

dadãos. Ou que essas diferenças, mesmo quando tiverem importância, possam ter importância no sentido de servirem como base para uma estrutura hierárquica de classes sociais. Outrora as pessoas consideravam que a sociedade consistia naturalmente em classes separadas – tais como plebeus e pessoas de origem nobre –, mas essa crença faz parte de uma outra época. Como uma sociedade, realizamos um progresso moral, na direção parcial da igualdade política e cultural.

Em um determinado ponto de sua argumentação, Rawls trata como "moralmente arbitrário" qualquer paradigma que venha a tornar desiguais as pessoas e, sem dúvida, qualquer coisa que possa fazer com que as pessoas sejam consideradas como não-idênticas. Espera-se dos negociadores justos que ignorem suas diferenças, temperamentos, talentos e, de uma forma ainda mais extraordinária, que existam pessoas que, de fato, *fizeram* mais que as outras[2]. Assim, não é surpreendente que a conclusão de Rawls apresente um teor igualitário. Aquilo que *é surpreendente* é que essa conclusão não seja uma forma estrita de igualitarismo. Ao ter projetado uma posição inicial que põe de lado *tudo quanto* possa tornar as pessoas desiguais, ela deixou a porta aberta para a atribuição de parcelas desiguais. E esta pode demonstrar-se a contribuição duradoura de Rawls.

Se entendermos a posição de Rawls desta maneira, o objetivo da Quarta Parte é complementar ao de Rawls. Onde Rawls argumenta que mesmo o igualitarismo deve abraçar algumas formas de desigualdade (aquelas que beneficiam os menos privilegiados), eu argumento que mesmo os não-igualitários devem abraçar alguma forma de igualdade. Mesmo em se tratando de seres tão desiguais como são os humanos, há espaço dentro de uma teoria pluralista da justiça para os elementos igualitários.

O Capítulo 19 argumenta que, mesmo dentro de teorias da justiça que sob outros aspectos são não-igualitárias,

---

2. Rawls 1971, p. 72.

o conceito da distribuição segundo o princípio de "porções iguais" pode se encaixar, ainda que de forma limitada. Não obstante, "porções iguais" é somente uma das maneiras de expressar preocupações igualitárias. Os Capítulos 20 e 21 estabelecem uma conexão entre o igualitarismo e o humanitarismo e entre aquele e a meritocracia, respectivamente. O Capítulo 22 explora a questão empírica e delicada de nosso movimento em direção ou na direção oposta a um regime de oportunidades iguais. O Capítulo 23 considera e rejeita a alegação de que existe um argumento utilitarista, embasado no conceito da diminuição da utilidade marginal, dentro de um regime que preconize a distribuição de partes iguais. O Capítulo 24 reflete sobre o porquê das regras de primeira posse limitarem as tentativas de distribuição de acordo com princípios de justiça (sem que sejam somente princípios de igualdade).

19. O tratamento igualitário implica porções iguais?

TESE: Há uma profunda ligação entre tratamento igualitário e justiça, mas não entre tratamento igualitário e porções iguais.

Em favor das porções iguais

O ensaio de Bruce Ackerman, *On Getting What We Don't Deserve* [Sobre recebermos aquilo que não merecemos] é um diálogo que formosamente capta a essência da preocupação igualitária com respeito às diferenças de riqueza e de renda. Ackerman imagina que tanto você como ele se encontram no mesmo jardim[1]. Você vê duas maçãs maduras em uma macieira e as engole imediatamente, enquanto um Ackerman surpreso fica olhando boquiaberto. Ackerman então lhe indaga, como um simples ser humano falando com outro: "Eu não deveria ter ficado com uma dessas maçãs?"
Deveria? Por quê? E por que somente com uma? Qual é o alicerce de nossa intuição admitidamente sedutora de que Ackerman deveria ter recebido uma – exatamente uma – dessas duas maçãs? Vale notar que Ackerman nega que

---

1. Ackerman 1983, pp. 60-70. Para uma crítica igualitária do método de "experiências teóricas" de Ackerman, ver Galbraith 2000, pp 387-404.

sua alegação seja baseada na necessidade, assinalando que sua preocupação não é com o humanitarismo. Em vez disso, a ideia defendida por Ackerman é a de que uma maçã para cada um corresponderia a porções iguais. Para Ackerman, a regra das porções iguais é um padrão moral. Moralmente, a distribuição em partes iguais é aquela para a qual nos voltaremos automaticamente, caso não possamos justificar alguma coisa diferente. No jardim de Ackerman, pelo menos, dizer que Ackerman não tem presumivelmente direito a uma porção igual é o mesmo que dizer que ele não merece respeito.

Ackerman estará correto? Examinando a questão de forma desapaixonada, existem diversas coisas que podemos dizer em favor de "porções iguais", *mesmo que* rejeitemos a pressuposição de Ackerman em seu favor. No jardim de Ackerman, porções iguais não requerem nenhum debate ulterior sobre quem deverá receber a parcela maior. Ninguém inveja a porção devida a outrem. Quando chegamos todos juntos, as porções iguais constituem um ponto de partida cooperativo, mutuamente vantajoso e mutuamente respeitoso com relação ao *status quo* (no qual nenhum de nós ainda possui uma parcela dos bens a serem distribuídos). Finalmente, se nós dois queremos comer maçãs, "dividir a diferença" é fácil e frequentemente uma maneira agradável de resolver nosso problema distributivo. Ao mesmo tempo, nós não somente resolvemos o problema como oferecemos um ao outro uma espécie de cumprimento. No jardim de Ackerman, a distribuição de porções iguais é uma forma óbvia de, na pior das hipóteses, prosseguir nossas vidas sem ressentimentos entre nós e, na melhor delas, com a sensação de que fomos honrados por pessoas honradas.

Estas ideias podem não constituir o alicerce da igualdade, mas encontram-se entre as virtudes da igualdade. Crucialmente, até mesmo os não-igualitários podem apreciar que sejam virtudes. Desse modo, mesmo os maiores críticos do igualitarismo concordam que existe lugar em uma sociedade justa para a divisão de alguns bens em partes iguais. Particularmente, em casos como o do "maná que vem dos céus", quando chegamos à mesa de negociação ao mesmo tempo, pretendendo dividir bens sobre os quais ninguém apresentou uma alegação prévia de direito, temos uma situação em que a divisão em partes iguais é, segundo qualquer perspectiva, uma forma de obter uma distribuição justa. Mesmo assim, pode não ser a única maneira. (Por exemplo, poderíamos desenvolver melhor a "experiência teórica" no sentido de tornar as necessidades desiguais dos negociadores um fator mais saliente do que a igualdade deles como cidadãos.) Mas sempre é uma das maneiras.

As dimensões da igualdade

Amartya Sen diz que, de certo modo, todos nós somos igualitários, uma vez que "toda teoria normativa de arranjos sociais que já tenha passado pelo teste do tempo parece exigir a igualdade em *alguma coisa*"[2]. Segundo o mesmo raciocínio, toda teoria também exige um certo grau de desigualdade, inclusive as teorias igualitárias. Um igualitário é alguém que abraça um tipo de tratamento desigual como preço de assegurar a igualdade de um aspecto mais importante (consoante a maneira como ele ou ela o considera). (Recorde a discussão do Capítulo 3 demonstrando como a diminuição dos impostos beneficia desproporcionalmente aqueles que já pagavam esses impostos.)

Suponhamos que normalmente um empregador espere mais trabalho ou um trabalho melhor da parte de Joana do que da parte de José, mas não veja razão para pagamentos diferenciados. O problema aqui não são os diferenciais de salário (por hipótese, seus salários são iguais), tanto quanto a desproporção entre a contribuição e a compensação. A falta de proporção é um tipo de tratamento desigual. É o tratamento desigual e a falta de respeito que ele sugere o que mais as pessoas ressentem.

---

2. Sen 1992, p. 12.

As crianças frequentemente demonstram ciúmes ao compararem suas porções com as recebidas por seus irmãos: mais precisamente, quando comparam porções repartidas parcimoniosamente por seus pais. Por quê? Porque receber uma porção menor de seus próprios pais assinala que são menos estimadas por eles. Elas não se incomodam tanto por receber menos que os filhos de seus vizinhos ricos, porque, desde que ninguém esteja *deliberadamente distribuindo* porções menores, ninguém lhes está sinalizando uma estima menor. Aqui, também, o ponto de partida problemático é o tratamento desigual e não a distribuição de porções desiguais.

Observe: À medida que as crianças crescem, esperamos que sintam menor ressentimento com relação a seus irmãos e não maior ressentimento com referência a seus vizinhos. Sentir menor ressentimento dos irmãos é um sinal de maturidade; sentir maior ressentimento dos vizinhos não o é.

Chegada não-simultânea

O tratamento desigual pressupõe a existência de um tratamento. A distribuição de porções desiguais não o pressupõe. Quando Ackerman está sendo *tratado* de maneira desigual, existe alguém a quem Ackerman pode reclamar e pedir que justifique o porquê de estar a tratá-lo de forma desigual. Além do mais, no jardim de Ackerman, o fato de você se apossar das duas maçãs pode ser definido como um símbolo de tratamento desigual.

O que aconteceria se Ackerman chegasse anos depois e você tivesse transformado essas duas maçãs em um pomar muito maior e cheio de frutas, ao invés de tê-las devorado? Você deve alguma coisa a Ackerman? Nesse caso, o quê? Uma maçã? Duas maçãs? Metade do pomar que você mesmo plantou? A chegada não-simultânea torna difícil imaginar o seu ato inicial de apossar-se das maçãs como um tratamento desigual, igualitário ou de qualquer outro tipo com relação a outrem, o que impede que a partir de uma premissa de que existam parcelas desiguais se chegue facilmente à conclusão de que houve um tratamento desigual.

E se você plantou seu pomar a partir das sementes de uma única maçã? Suponhamos que você tenha deixado a segunda maçã para Ackerman, mas este demorou muito a chegar, a maçã apodreceu e ele não conseguiu utilizá-la de forma alguma. Podemos argumentar que Ackerman não tem culpa de ter chegado tarde, mas tampouco a culpa é sua. Por acaso isso afetaria o que você deve agora a Ackerman? E por quê? Você teria por acaso uma obrigação para com Ackerman de transformar as sementes da segunda maçã em um pomar separado, de que Ackerman pudesse tomar posse no momento em que aparecesse?

No jardim original de Ackerman, em que existe uma única macieira, nós nos sentiríamos ofendidos caso você se apossasse das duas maçãs. Por que o mundo real é tão diferente – tão diferente que, caso você estivesse comendo as maçãs em uma lanchonete e Ackerman entrasse de repente, para reclamar: "Eu não deveria ficar com uma dessas maçãs?", nós nos sentiríamos ofendidos pelo comportamento de Ackerman e não pelo seu? É desnecessário dizer que, no mundo real, Ackerman jamais faria isso. (Afinal de contas, ele é uma pessoa civilizada.) Assim, é evidente que existe alguma dificuldade em generalizar a partir da "experiência teórica" de Ackerman. Por que é assim? De uma forma grosseira, o problema é este: em nosso mundo real, nós não começamos a vida dividindo um saco de maçãs que, de algum modo, sem a ajuda de ninguém, apareceu sozinho na mesa de negociações. Começamos com bens que alguém mais ajudou a produzir, enquanto outras pessoas não ajudaram, um mundo que já é possuído e utilizado por algumas pessoas quando as outras entram em cena. As experiências teóricas baseadas em contratos sociais descrevem sempre pessoas que estão chegando ao mesmo tempo à mesa de negociações; mas a importância moral central é a de que isso jamais acontece no mundo real. (Ver a discussão ulterior no Capítulo 24.)

Este curto diálogo concebido por Ackerman executa uma tarefa excelente, de fato inspiradora, de captar a essência das preocupações com a igualdade. Na minha opinião, a essência e a força de tais preocupações reside em um ideal de tratamento igual. Eu não vou questionar aqui o valor desse ideal. A única coisa que eu direi é que o ideal de tratamento igualitário não coincide com a ideia de que todos nós deveríamos ter porções iguais.

Se a igualdade é justa. Como ficaria a equalização?

David Miller percebe uma diferença entre dizer que a igualdade é boa e dizer que a igualdade é uma exigência da justiça[3]. Se uma escola primária organiza um torneio desportivo e um único menino ganha todas as corridas e recebe todos os troféus, nós aceitamos que a justiça foi feita. Os prêmios foram conquistados honestamente. Ainda assim, a maioria de nós se sente desapontada. Teria sido um dia melhor (ou, pelo menos, mais divertido), se os prêmios tivessem sido distribuídos entre vários concorrentes. Todavia, como observa Miller, não há razão para que precisemos esconder nosso desapontamento. Nem tudo que é importante para nós é importante para a justiça.

Podemos até pensar que um pouco mais de igualdade tornaria o mundo um lugar melhor para se viver, mas não precisamos insistir em que o fato de cada concorrente receber um prêmio *seria uma questão de justiça* e tornaria o mundo melhor (ou mais justo).

---

3. David Miller, 1999a, p. 48.

Discussão

1. Estamos tratando as pessoas com igualdade ou desigualdade quando tentamos equilibrar o tratamento desigual que recebem em outra parte?[4]
2. Recorde a cena com a qual se iniciou a Quarta Parte. O que significa dar uma porção igual à pequena Cindy, de seis anos de idade: dar-lhe uma bicicleta agora ou no seu oitavo aniversário? Um igualitário pode dizer a Cindy que ela tem de esperar? (É claro que, se dermos uma bicicleta agora a Cindy, o irmão dela ficará furioso, porque teve de esperar dois anos a mais que ela para ganhar a sua. Como se observou antes, a igualdade em uma dimensão acarreta a desigualdade em outra.)[5]

Em geral, o que é mais importante de uma perspectiva igualitária: que todos nós tenhamos uma oportunidade quando chegar *a nossa vez?* Ou que todos nós tenhamos uma oportunidade *ao mesmo tempo?* Neste caso, o que isso significaria para pessoas que nascessem em anos diferentes: que todos devem ter a sua vez *no mesmo dia,* ou quando completarem *a mesma idade?*

---

4. Iris Marion Young afirma que tratamos as pessoas de forma desigual e é exatamente isso que deve ser feito. Ela apoia "programas de ação afirmativa, não como uma compensação por discriminações passadas, mas como um meio importante de solapar a opressão presente". E acrescenta: "Os programas de ação afirmativa desafiam os princípios de igualitarismo liberal muito mais diretamente do que muitos de seus proponentes estão dispostos a admitir" e também que "os que apoiam as políticas de ação afirmativa estariam menos na defensiva, a meu ver, se reconhecessem positivamente que essas políticas discriminam, em vez de tentarem argumentar que elas são uma extensão do princípio da não-discriminação ou compatíveis com ele." (Young 1990, pp. 12, 192, 195, respectivamente.)

5. Para uma defesa da sugestão de que todos deveriam ter sua oportunidade simultaneamente, ver McKerlie 1989.

20. Para que serve a igualdade?

TESE: Pode-se ser igualitário sem ser humanitário, mas, historicamente, as duas posições caminhavam juntas na tradição liberal e é por isso que o igualitarismo liberal fazia sentido.

Igualdade e humanidade

De um modo geral, o humanitarismo é um ponto de vista segundo o qual devemos cuidar daqueles que sofrem, não apenas, nem sequer principalmente, para nos tornarmos mais iguais, mas simplesmente porque o sofrimento é ruim. O humanitarismo se preocupa com o bem-estar das pessoas, enquanto o igualitarismo se interessa pelo bem-estar das pessoas *relativamente ao das outras*. Como Larry Temkin os descreve, os humanitários "favorecem a igualdade *exclusivamente* como um meio de ajudar os que estiverem em piores condições e, se tivessem de escolher entre a redistribuição dos bens daqueles que estiverem em melhores condições para aqueles que estiverem em piores condições; e a possibilidade de ganhos idênticos para os que estiverem em piores condições, acompanhados de ganhos iguais ou até maiores para os que estiverem em melhores condições, não lhes pareceria haver razões para favorecer a primeira opção de preferência à segunda... mas esses indivíduos não são igualitários no meu modo de entender [...]".[1] Os verdadeiros igualitários querem a equalização dos bens, mesmo que ninguém melhore de vida[2]. Temkin não está dizendo essa última frase como uma crítica: ele *apoia* essa forma de igualitarismo[3]. A objeção de Temkin ao humanitarismo é que este não se preocupa com a igualdade *per se*.[4] "De acordo com uma análise plausível daquilo que os igualitários realmente desejam... o humanitarismo não leva a parte alguma."[5]

Elizabeth Anderson afirma: "Os esquerdistas não têm menos razões do que os conservadores e os libertários para se sentirem perturbados pelas tendências recentes desenvolvidas pelo pensamento igualitário acadêmico."[6] Os igualitários acadêmicos, segundo ela pensa, perderam de vista os motivos pelos quais a igualdade é importante.[7] Para Anderson, o igualitarismo acadêmico adquire uma reputação imerecida quando presumimos que qualquer coisa que se proclame igualitária deva também ser humanitária, porém essa ligação não é automática[8]. Ela declara: "Os escritos igualitários mais recentes passaram a ser dominados pelo ponto de vista de que o alvo fundamental da igualdade deva ser compensar as pessoas por terem tido imerecidamente má sorte." Anderson, todavia, pensa que "o exato alvo negativo da justiça igualitária não é o de eliminar dos negócios humanos o impacto brutal da sorte, mas sim o de acabar com a opressão"[9], de tal modo que possamos "viver

---

1. Temkin 1993, p. 8.
2. Temkin 1993, p. 248.
3. Temkin 1993, p. 249.
4. Temkin 1993, p. 246.
5. Temkin 1993, p. 247.
6. Anderson 1999, p. 288. Anderson não menciona Temkin nominalmente.
7. Price (1999) chega a uma conclusão semelhante. Ver também Carter 2001.
8. Anderson 1999, p. 289.
9. Anderson 1999, p. 288. Eu observo que Anderson fala do exato alvo "negativo" da justiça igualitária, sem mencionar o que exatamente ela julgaria ser o alvo *positivo* do igualitarismo.

juntos em uma comunidade democrática, em oposição a uma sociedade hierárquica"[10].

Se sua fazenda for destruída por um tornado, você passa a ter menos, mas não porque foi tratado desigualmente. Você não recebeu nenhum *tipo* de *tratamento*. Mas se, em vez disso, o rei confiscar sua fazenda porque ele não gosta da cor de sua pele, você passa a ter menos e também foi tratado desigualmente. Em ambos os casos, podemos querer aliviar o seu sofrimento, mas só temos razões para *protestar* contra o tratamento desigual do segundo caso. Além disso, segundo sugere Anderson, quando o propósito da redistribuição é de compensar a falta de sorte, incluindo a infelicidade de ser menos capaz que os outros, o resultado prático é o desrespeito."As pessoas exigem os recursos da redistribuição igualitária em virtude de sua inferioridade às demais, não em função de sua igualdade para com as outras."[11]

A igualdade política não apresenta esse tipo de consequência. Durante o século dezenove, quando as mulheres começaram a pleitear o direito de voto, não se estavam apresentando como inferiores necessitadas, mas como iguais autônomas, cujo direito não era o de partes iguais, mas o de igual tratamento.

Duas conclusões se impõem aqui: (1) O igualitarismo não tem condições de se definir por contraste com o humanitarismo. Nenhuma concepção de justiça poderia permitir tal coisa. (2) A igualdade política é necessária, mesmo quando a igualdade econômica não o seja. Deste modo, à conclusão do capítulo anterior de que uma teoria pluralista da justiça pode dar lugar a uma distribuição em partes iguais, podemos acrescentar que uma teoria pluralista da justiça pode dar lugar a uma segunda igualdade também, ou seja, a um ideal especificamente político de tratamento igualitário.

---

10. Anderson 1999, p. 313. Conforme Gaus (2000, p. 143) descreve a tradição liberal igualitária, "a igualdade humana fundamental é a ausência de qualquer classificação natural dos indivíduos como aqueles que mandam e aqueles que obedecem".

11. Anderson 1999, p. 306.

A igualdade global na economia e na política

Iris Marion Young considera um erro tentar reduzir a justiça a uma ideia mais específica de justiça distributiva. Sua argumentação se aplica perfeitamente às discussões sobre a igualdade. O igualitarismo tem uma história em que é, primeiramente, uma preocupação sobre a maneira como somos tratados e não sobre o tamanho das parcelas que recebemos. Antecipando Elizabeth Anderson, Young declara: "Em vez de se concentrar na distribuição, uma concepção de justiça deve começar enfrentando os conceitos de dominação e de opressão."[12] Young encontra dois problemas no "paradigma da distribuição". Em primeiro lugar, ele nos leva a focalizar a alocação dos bens materiais. Em segundo, ainda que o paradigma possa ser "metaforicamente estendido a bens sociais não-materiais", tais como poder, oportunidades e autorrespeito, ele representa esses bens como se fossem quantidades estáticas que pudessem ser alocadas, em vez de propriedades de relacionamentos em constante transformação[13].

Alguns igualitários concordam. Michael Walzer, em particular, diz que a distribuição da riqueza em si mesma é menos importante do que a possibilidade de diferenças em riqueza se traduzir em diferenças em poder político e, por conseguinte, em subordinação[14]. À medida que as pessoas se tornam ricas o suficiente e dispõem de tudo quanto o dinheiro pode comprar, quem sabe elas passem a desejar comprar políticos? Infelizmente, os igualitários estão corretos em afirmar que este é um problema real, porque a compra e a venda de poder é uma prática cotidiana, tanto nas democracias, como nas ditaduras.

Existe uma solução? Se fossem somente os cidadãos de um país que comprassem e vendessem o poder político, po-

---

12. Young 1990, p. 3.
13. Young 1990, pp. 15-16.
14. Walzer 1983, p. 17 ss. Ver também Rawls 2001, p. 138.

deríamos até sonhar em resolver tal problema, proibindo que os cidadãos se tornem ricos o suficiente para influenciar os legisladores. Todavia, mesmo que pudéssemos impedir que nossos concidadãos se tornem ricos, não são somente eles que compram nossos legisladores. (Os kuwaitianos querem que nossos legisladores gastem os dólares dos impostos no – quem diria! – Kuwait.) Se os políticos colocam seu poder à venda, então o fato de garantir que nenhum *cidadão* (ou grupos de cidadãos compartilhando de interesses especiais) possa ter dinheiro suficiente para comprá-lo não resolveria o problema. Nós precisaríamos garantir que *ninguém no mundo* disponha de dinheiro suficiente para comprar nossos políticos e usá-los para nos oprimir.

A realidade é que, se o poder pode ser comprado e vendido e então voltado contra nós, a solução não é garantir que ninguém seja rico o bastante para comprar esse poder, mas, em vez disso, aprender como impedir que os políticos adquiram poder para então vendê-lo. Nivelar as diferenças econômicas não resolveria o problema real. Se vender X por um dólar é errado, temos de castigar as pessoas que vendem X, não aquelas que dispõem de um dólar para comprá-lo.

**A sociedade não é uma corrida;
ninguém precisa ganhar**

A sociedade não é uma corrida. Em uma corrida, as pessoas precisam começar do mesmo ponto de partida. Por quê? Porque o propósito de uma corrida é o de medir o desempenho relativo[15]. Ao contrário, o propósito de uma *so-*

---

15. Devemos admitir que algumas pessoas tratam a sociedade como se fosse uma corrida e medem seu próprio desempenho contra o de todos os fulanos, beltranos e sicranos. Mas isso não é razão para que os demais se preocupem com o fato de essa gente começar a correr do mesmo ponto de partida. Outro pensamento: competimos contra provedores alternativos de serviços similares, mas os provedores alternativos são pessoas que só avistamos pelo canto do olho, por assim dizer. As pessoas com quem passamos a maior parte de nosso tempo são nossos parceiros, não nossos competidores.

ciedade não é o de medir o desempenho relativo, mas o de ser um lugar agradável para a vida de seus cidadãos. A fim de ser um lugar agradável para viver, uma sociedade precisa ser um lugar em que as pessoas não se deparem com a exclusão ou com preferências arbitrárias. Em uma sociedade liberal, tal como melhor se possa imaginá-la, mulheres, homens, negros, brancos e pessoas de todas as religiões têm oportunidade real de viverem bem, como indivíduos livres e responsáveis. As pessoas precisam de um bom terreno onde pisar, não de um ponto de partida igual.

Os mais recentes desenvolvimentos da erudição igualitária refletem implicitamente esta percepção de duas maneiras. Em primeiro lugar, igualitários como Walzer, Young e Anderson parecem estar se reagrupando sob a bandeira de um igualitarismo que tem raízes nas rebeliões contra a opressão que estouraram ao longo do século dezenove, quando o igualitarismo realmente era um movimento genuinamente liberal, aliado ao utilitarismo do mesmo século dezenove, em sua oposição à aristocracia autoritária. Se esse primeiro desenvolvimento relembra o clássico libertarismo do século dezenove ou dos líderes do movimento dos direitos civis da década de 1960, um segundo desenvolvimento da erudição igualitária relembra os elementos humanitários desses mesmos movimentos. O que eu tenho em mente é que igualitários como Richard Arneson estão reformulando o igualitarismo de tal forma que ele apresente argumentos que possam ser apreciados mesmo por aqueles que até agora não deram apoio a uma ideologia radicalmente igualitária."O objetivo da igualdade, a meu ver, é o de melhorar as perspectivas de vida das pessoas, inclinando-se em favor daqueles que se acham em piores condições e em favor daqueles que realizaram o melhor que se poderia racionalmente esperar, com as cartas que o destino lhes distribuiu."[16]

---

16. Arneson 1999. Muitos escritores respondem implicitamente a Nozick, mas Arneson (2003) responde explícita e construtivamente.

O objetivo é o de melhorar as perspectivas, não o de torná-las iguais para todos. Hoje em dia existem universidades públicas. Para cursá-las, não é mais necessário que se seja homem, ou branco, ou rico. Isso é progresso, não porque as oportunidades sejam mais iguais, mas porque as oportunidades se tornaram *melhores*.

O intelectual Bob Herbert diz:"Ponham de lado o mito do Sonho Americano. O resultado final é que vem-se tornando cada vez mais difícil para os operários americanos subirem de classe social." De uma forma mais pitoresca: "é a mesma coisa que tentar alcançar uma lancha de corrida com um bote impulsionado a remos."[17] Herbert presume que o Sonho Americano corresponde ao clichê suburbano de "manter-se à altura dos vizinhos". Pessoalmente, eu duvido disso. Duvido que as pessoas que pensam em emigrar se sintam desanimadas pelo desafio de competir com lanchas de corrida e assim prefiram imigrar para países onde mesmo os mais ricos não tenham meios de transporte melhores que barcos a remo.

Os críticos do capitalismo costumavam antigamente zombar do alvo do clichê suburbano de "manter-se à altura dos vizinhos". Os críticos agora tratam as evidências de que alguns grupos não estão conseguindo deixar seus vizinhos para trás como base para afirmar que o capitalismo fracassou. É justamente isso que intelectuais como Herbert e David Cay Johnston estão dizendo quando lamentam que as *parcelas* de renda de alguns grupos não estejam aumentando[18]. (As *parcelas de renda* somam 100%; nenhuma parcela pode aumentar, sem que outra ou outras diminuam. Se eu pretendesse *esconder* o fato de que a sociedade atual se demonstra, em grande medida, mutuamente vantajosa, eu faria com que "progredir" correspondesse não ao *aumento*

---

17. Fonte: Bob Herbert,"The Mobility Myth", *New York Times*, suplemento literário de 6 de junho de 2005.
18. David Cay Johnston,"Richest Are Leaving Even the Rich Far Behind", *New York Times*, suplemento literário de 5 de junho de 2005.

da renda de alguém, mas ao alargamento da *parcela de renda* obtida por alguém.) Esta mudança na dialética chega a ser vergonhosa. A velha crítica do capitalismo era bem pensada. Estava certo zombar do objetivo suburbano de "manter-se à altura dos vizinhos". Mas elevar justamente esse objetivo à condição de um princípio de justiça é insensato.

A proposta do igualitarismo de manter obrigatoriamente um padrão estático de distribuição (de parcelas de renda, por exemplo) não sobrevive a um exame, mas não é isso que o igualitarismo liberal era no passado. As sociedades cujos membros não crescem, não se transformam e não se distinguem dos demais, não sobrevivem; um igualitarismo capaz de funcionar tem de abrir espaço para o crescimento e a mudança[19]. Existe espaço, entretanto, dentro de uma teoria genuinamente liberal, para um igualitarismo com vistas ao *melhoramento* (e não ao *nivelamento*) das perspectivas gerais de vida – à remoção de barreiras a fim de que as pessoas tenham condições de melhorar sua própria situação, não porque as barreiras permitem o entrincheiramento das desigualdades, mas simplesmente porque barreiras são barreiras[20]. As socie-

---

19. O mesmo ponto é aplicável à esfera internacional. David Miller reflete que, caso alguém na França estivesse recebendo cuidados de saúde muito melhores que aqueles prestados a Miller na Inglaterra, o primeiro instinto de Miller seria suspeitar que a França dispõe de um sistema melhor e que a Inglaterra deveria considerar sua adoção e não que recursos devessem ser transferidos da França para a Inglaterra a fim de reduzir a desigualdade. Por quê? Porque o objetivo principal do igualitarismo de Miller é o de melhorar as perspectivas de vida e não o de deixar todos em posições iguais. Ver David Miller 1999b.

20. Thomas Christiano (2005) argumenta em favor de um igualitarismo em que a igualdade, se não for meramente um meio para o objetivo de alcançar o bem-estar é, pelo menos, uma forma de andar de mãos dadas com este último. Nessa linha de raciocínio, Christiano repudia a ideia de alcançar a igualdade através de um nivelamento por baixo. Ele afirma que, se existir um resultado que seja melhor para todos do que o nível de igualdade melhor possível, então esse resultado superior é melhor, mesmo dentro de uma perspectiva igualitária. Christiano também observa que, na medida em que a produtividade é um interesse legítimo da justiça igualitária, então o ponto de vista

dades que sucumbem a uma tentação de experimentar formas mais ditatoriais de igualdade em seguida têm de abandonar tais experimentos, caso contrário, são sufocadas por eles.

---

a endossar é o de que todos devem ter igual acesso às condições que lhes permitam ser produtivos. Se, nessas condições, as pessoas hiperprodutivas aprenderem maneiras de tornar a vida de todos melhor (do que o nível de igualdade melhor possível), mesmo que nem todos passem a viver igualmente melhor, então que seja assim.

21. Pagamento igual por igual trabalho

TESE: Não precisamos escolher entre igualdade e meritocracia. Historicamente, pelo menos na tradição liberal, elas andam juntas.

Meritocracia

O Capítulo 20 investigou o que o igualitarismo tem a ver com o humanitarismo e com a resistência à opressão política. O objetivo complementar deste capítulo é o de indagar: qual é a ligação entre igualdade e mérito? De uma forma muito simplificada, um regime é meritocrático na medida em que as pessoas submetidas a ele são julgadas em função dos méritos de seu desempenho. Uma meritocracia satisfaz o princípio de "igual paga por igual trabalho". As recompensas alcançarão a qualidade do desempenho, pelo menos a longo prazo. Uma meritocracia *pura* é difícil de imaginar, mas qualquer regime terá, provavelmente, elementos meritocráticos. Uma corporação é meritocrática quando vincula as promoções ao desempenho e se afasta da meritocracia quando vincula as promoções ao maior tempo de serviço. Observe: uma cultura meritocrática é, muitas vezes, pelo menos em parte, o produto de um desígnio deliberado; uma corporação (ou, especificamente, uma sociedade inteira) pode ser meritocrática até certo ponto, sem que ninguém tenha decidido torná-la assim. Receber pagamento pelo valor de nosso trabalho pode afigurar-se um paradigma de tratamento igualitário, todavia isso pode levar a pagamentos desiguais. Norman Daniels diz que muitos "proponentes da meritocracia se preocuparam tanto em combater o mal menor de atribuição de cargos de uma maneira não meritocrática, que deixaram de contestar o mal maior dos esquemas de gratificação altamente não-igualitários. Suspeita-se que uma certa vaidade elitista com relação a esses esquemas de gratificação se esconde por trás de seu ardor na atribuição de cargos meritocrática."[1]

Suponho que seja isto o que Anderson chamava de igualitarismo acadêmico. Admito que o tipo de perspectiva que me ensinaram a considerar como igualitário deixa pouco espaço para ver a meritocracia como algo diferente de uma "vaidade elitista". Fora dos círculos acadêmicos, não obstante, o igualitarismo liberal é dotado de uma tradição popular, bem mais antiga, que defende o conceito de meritocracia em oposição ao da aristocracia hereditária[2]. Mesmo a tradição socialista já foi em parte uma reação meritocrática contra uma hierarquia social que impedia os operários de ganhar os salários que mereciam. Contrariamente ao que afirma Daniels, o liberalismo meritocrático lutou *contra o elitismo* e não a favor dele[3]. E, sem dúvida, o liberalismo venceu de forma tão decisiva que hoje em dia a maioria das

---

1. Daniels 1978, p. 222.
2. Galston 1980, p. 176.
3. O liberalismo também foi, fundamentalmente, uma revolta contra a hegemonia da Igreja Católica anterior à Reforma religiosa do século XVI. Rawls (1996, p. 303) escreve que "um pressuposto crucial do liberalismo é o de que cidadãos iguais apresentam concepções do bem incomensuravelmente diferentes e, sem dúvida, irreconciliáveis." Talvez este seja também um pressuposto crucial dos teóricos acadêmicos recentes quando argumentam a respeito do liberalismo. Eu duvido que isso tenha muito a ver com o liberalismo como prática real.

pessoas mal consegue lembrar que uma batalha teve de ser travada. No mundo ocidental contemporâneo, ninguém espera ter de curvar-se para os nobres. Não importa quão ricos ou quão pobres sejamos, a maneira adequada de nos apresentarmos uns aos outros é trocando um aperto de mão, o que implica que estamos nos encontrando como iguais[4]. Por mais corriqueiro que seja esse fato, o próprio fato de ser corriqueiro – que podemos considerar como perfeitamente natural – é animador.

O valor é igual?

Suponhamos que cada um de nós tenha um certo valor moral e que não exista nada que possamos fazer a fim de nos tornarmos mais – ou menos – valiosos. Neste caso, todos podemos demonstrar possuir igual valor. Vamos supor agora que, em vez disso, em algumas dimensões, nosso valor moral possa ser afetado por nossas escolhas. Nesse caso, na realidade, nunca haverá um só instante em que sejamos todos de igual valor ao longo dessas dimensões.

Qual é o verdadeiro significado do ideal liberal de igualdade política? Sem dúvida, não é o de *impedir* que nos tornemos mais dignos ao longo de certas dimensões em que nosso valor possa ser afetado por nossas escolhas, mas o de *facilitar* que nos tornemos mais dignos.

A igualdade política liberal não se acha alicerçada sobre a esperança absurda de que, sob condições ideais, todos nós demonstremos possuir valor igual. Ela pressupõe somente um otimismo classicamente liberal referente ao tipo de sociedade que resulta de dar às pessoas (todas as pessoas, na medida em que isso for realisticamente viável) uma oportunidade de escolher maneiras de viver com dignidade. Nós não encaramos as diferentes contribuições das

---

4. Ver Walzer 1983, pp. 249-259.

pessoas como sendo igualmente valiosas, mas esse nunca foi o objetivo da igualdade de oportunidades e nunca poderia mesmo ser. E por que não? Porque nós não vemos sequer *as nossas próprias* contribuições como sendo todas de igual valor, que dirá as dos outros. Nós não somos indiferentes ao fato de realizarmos mais de preferência a realizarmos menos. Alguns de nossos esforços demonstram excelentes resultados, outros não, e nós damos importância a essas diferenças. Na vida diária, o genuíno respeito até certo ponto acompanha a forma como nos distinguimos à medida que desenvolvemos nossos diferentes potenciais de formas diferentes[5].

Os liberais tradicionais queriam que as pessoas – todas as pessoas – fossem tão livres quanto possível para buscar a realização de seus próprios sonhos. Consequentemente, as oportunidades iguais da tradição liberal punham ênfase no melhoramento das oportunidades e não em sua igualização[6]. O ideal de "igual pagamento por trabalho

---

5. Temkin abre espaço para o método. "Eu penso que as desigualdades merecidas não são *absolutamente* más. Em vez disso, o que é motivo de objeção é que algumas pessoas se achem em piores condições do que outras, *sem que isso se deva a qualquer falha de sua parte*" (1993, p. 17). Infelizmente, o espaço que Temkin tenta abrir tem uma consequência contraditória em termos. Se Bill adquiriu mais do que eu, porque ele executa melhor o seu trabalho, ainda que meu próprio trabalho já seja bom, então, de acordo com a primeira sentença da citação, a desigualdade é merecida e, portanto, não é má em absoluto; ao mesmo tempo, eu me encontro em pior situação financeira do que ele, sem que isso seja culpa minha, o que deve ser objetado em função da segunda sentença da citação.

6. Richard Miller diz que "as pessoas são geralmente vitimadas por barreiras sociais contra o progresso em qualquer economia capitalista razoavelmente eficiente. [...] Por outro lado, em um ambiente industrial avançado, algum sistema capitalista razoavelmente eficiente será melhor para todos os que se achem restringidos pela ação da justiça," tal como Miller a concebe. Não existe nada de inconsistente nestas assertivas, embora "dependam de fatos que entristeceriam a maior parte dos observadores da cena industrial moderna, entristecendo diferentes observadores por razões diferentes: o planejamento central não funciona, todavia os socialistas tradicionais estavam certos com relação à maioria de sua acusações a respeito da desigualdade do capitalismo." (1992, p. 38).

igual", dentro da tradição em que esse ideal surgiu, tinha mais em comum com a meritocracia e com a proposta de respeito igual corporificada pelo conceito da meritocracia, do que a distribuição de partes iguais *per se*.

Já houve muito debate dentro do mundo acadêmico sobre o que deveria ser igualado. Dificilmente se encontram meritocratas que assumam abertamente essa posição no mundo acadêmico de hoje, mas se os meritocratas se apresentassem, descobririam que discordam uns dos outros do mesmo modo que os igualitários discordam entre si. Afinal de contas, o que é que as recompensas meritocráticas devem considerar? Como a igualdade, o mérito tem numerosas dimensões: quantas horas as pessoas trabalham, até que ponto se esforçam em seu trabalho, com que habilidade executam suas tarefas, quanto treinamento é necessário até que uma pessoa seja capaz de realizar a obra esperada, com quanto os indivíduos estão contribuindo para com a sociedade, e assim consecutivamente.

A meritocracia e a sociedade de mercado

Os mercados como caçadores de talentos

A meritocracia não serve de sinônimo para a sociedade de mercado. Os meritocratas costumam dizer que as tendências meritocráticas do mercado são fracas demais e que o próprio gênio muitas vezes não é reconhecido. Os igualitários costumam dizer que tais tendências são fortes demais; Daniels parece estar preocupado com o fato de que recompensas capazes de satisfazer milhões de clientes são grandes em demasia. (Uma pessoa especialmente aborrecida ficará revoltada com esses dois relatos.) Subjacente a ambas as queixas se encontra um fato básico: o mercado reage ao desempenho somente quando tal desempenho é trazido ao mercado e posto à venda. Durante todo o tempo em que Emily Dickinson manteve seus poemas trancados em uma gaveta, o mercado não tinha a menor opinião a respeito de seu mérito. Por mais brilhante que fosse sua genialidade, seu produto teve de ser oferecido no mercado, antes que clientes pudessem responder a ele[7].

Outra coisa a observar é que, quando os mercados criam riquezas, criam também a possibilidade de lazer. São os mercados que criam tempo e espaço dentro do qual as pessoas podem se dar ao luxo de compor poesia (e podem adquirir papel para escrevê-la), se é isso que lhes agrada, sem ter de se preocupar com a possibilidade dos poemas contribuírem ou não para pôr o jantar sobre a mesa. São os mercados que permitem às pessoas formar reservas de capital que lhes dêem condições de dedicar tempo para si próprias. Mas os mercados, geralmente, não passam julgamento e muito menos recompensam aquelas coisas que as pessoas fazem com o tempo que reservam para executar atividades alheias ao mercado.

Mercados são imperfeitos

David Miller diz: "Uma meritocracia é uma sociedade em que as pessoas recebem o que merecem."[8] As economias, observa Miller, não são meritocracias de nenhuma forma sistemática e a eliminação das interferências governamentais nos mecanismos de mercado não os tornaria meritocráticos[9]. Miller, a seguir, assevera que não se deve permitir que o mérito governe a distribuição de necessidades[10]. Este é um sentimento frequentemente expressado, mas o que significa exatamente? Miller estará afirmando que as coisas necessárias da vida não devem ser distribuídas às pessoas que as merecem? Presumivelmente,

---

7. Ver Cowen 1998 e Cowen 2000.
8. Miller 1999a, p. 198.
9. Miller 1999a, p. 193.
10. Miller 1999a, p. 200.

não[11]. Eis uma outra interpretação: Miller estaria dizendo que a distribuição centralmente planejada das necessidades básicas em grande escala não deve ser realizada de acordo com o mérito. Provavelmente, esta é a intenção de Miller e, se for esse o caso, concordo com ele. Miller reconhece que, historicamente, "o surgimento de sociedades em que a economia de mercado exerce um papel central, também introduz o merecimento como um critério-chave para avaliar a distribuição dos bens. Pela primeira vez, quiçá, quase todas as pessoas podem aspirar a um estado de coisas em que seus méritos sejam reconhecidos e devidamente recompensados."[12] Com bastante frequência, diz Miller, os preços de mercado são uma medida razoável de quanto os clientes desejam adquirir determinado item e, consequentemente, do valor desse item para tais clientes e, por conseguinte, daquilo que o produtor merece por ter contribuído com tanto valor para a vida de seus clientes[13].

Em contraste, uma meritocracia centralmente planejada é uma ideia saída de um pesadelo. Várias formas de mérito devem ser reconhecidas e recompensadas, mas quando os planejadores governam, as formas de mérito que não são reconhecidas por eles simplesmente não são reconhecidas, ponto final. Emily Dickinson ou Thomas Edison podem ter uma ideia nova, mas um planejador pode desaprová-la ou pode duvidar que seus amigos a aprovem ou mesmo ter certeza de que seus amigos desaprovarão caso a nova ideia torne suas próprias ideias obsoletas. E um planejador provavelmente teria amigos desse tipo. Uma meritocracia centralmente planejada seria, na prática, uma mediocridade centralmente planejada.

Desse modo, para sustentar a diversidade que Miller considera vital para uma meritocracia viável, a avaliação do mérito deve ser radicalmente descentralizada. É claro que a

---

11. Miller 1999a, p. 127.
12. Miller 1999a, pp. 199-200.
13. Miller 1999a, pp. 180-189.

perfeição não está entre as opções. A sociedade meritocrática mais satisfatória que podemos imaginar (quando a avaliação do mérito é descentralizada, deixando-nos gravitar em direção àqueles que apreciam o que temos a oferecer) jamais seria totalmente satisfatória. As outras pessoas não apreciariam nossas maiores realizações tanto quanto nós mesmos as apreciamos.

Conclusão

Quando Martin Luther King disse: "Eu tenho um sonho de que meus quatro filhos viverão um dia em uma nação em que não serão julgados pela cor de sua pele, mas pelo conteúdo de seu caráter", ele estava sonhando com um mundo em que seus filhos pudessem receber um tratamento igualitário e não porções iguais. Ele estava pensando no tipo de igualdade que não é contrária à meritocracia, mas que, em vez disso, é o alicerce da meritocracia.

O Capítulo 20 concluiu que o igualitarismo não pode se dar ao luxo de definir a si mesmo em oposição ao humanitarismo; nenhuma concepção da justiça poderia insistir nisso. De maneira semelhante, podemos acrescentar aqui que, nenhuma concepção da justiça pode se dar ao luxo de se definir como um repúdio à meritocracia.

Discussão

1. O que é mais importante como um ideal: uma sociedade que faz todo o possível para favorecer a capacidade das pessoas de satisfazer suas necessidades básicas ou uma sociedade que faz todo o possível para criar excelência?
2. Os teóricos algumas vezes propõem, como uma forma de redimir a discriminação sexual, que as mães recebam um salário simplesmente por serem mães. A ideia é a seguinte: em uma família tradicional, Papai sai para traba-

lhar e Mamãe fica em casa, mas os dois trabalham bastante. Papai é pago pelo que faz. Por que Mamãe não deve ser paga também? (Se abandonarmos a teoria do trabalho como valor e considerarmos que o pagamento não flui do trabalho, mas dos clientes, então a pergunta passa a ser: se Papai é pago somente quando seus clientes querem o que ele está vendendo, por que não deve ser assim com Mamãe? Há muitas questões envolvidas aqui. Salários domésticos são uma questão de igualdade sexual? Igualdade entre vendedores que têm clientes e vendedores que não os têm? Entre aqueles que transformam em mercadoria sua habilidade para cuidar de crianças (vendendo serviços a creches, por exemplo) e aqueles que não a vendem? Quem financiaria os salários domésticos das esposas? Os burocratas simplesmente determinariam que o dinheiro deveria ser redistribuído entre as (ou dentro das) famílias das mulheres?

É particularmente perturbador este fato a partir de uma perspectiva igualitária: as mulheres da classe alta deveriam receber um pagamento maior que as mulheres das classes operárias? Se assim não fosse, então qual seria o tipo de salário? Seria esse pagamento estabelecido a um nível tão baixo que não teria significado para as mães das classes altas, ou tão alto que tornaria insignificantes os salários recebidos pelos pais operários? Se pagássemos um salário adicional para cada criança que nascer e, se esse salário fosse significativo para as famílias das classes operárias, motivo pelo qual alguns dos pais das classes operárias pressionariam suas esposas e filhas a terem mais bebês do que desejariam ter de outro modo, isso liberaria as mulheres? E se houver dúvidas a respeito disso? Temos de experimentar de qualquer maneira?[14]

---

14. Sobre as consequências de transferir o cuidado das crianças do "reino do amor" para o "reino do dinheiro", ver Folbre e Nelson 2000. Agradeço a Ulrike Heuer, Ani Satz e Elizabeth Willott por úteis discussões.

Willott identifica questões de caráter mais geral. Boa parte de nosso trabalho produtivo cria externalidades positivas, fazendo com que a vida de *muitas pessoas* se torne melhor e não somente a dos clientes que nos pagam pelo trabalho. Isto é tão verdadeiro com relação à criação de filhos pelos pais como com relação a qualquer outro tipo de trabalho. Pais que se dedicam em tempo integral à criação de seus filhos contribuem com externalidades positivas e recebem em troca outras externalidades positivas, pois tanto sustentam como se beneficiam de uma sociedade em que outras pessoas trabalham. A diferença é que os pais de tempo integral não dispõem de clientes pagantes e, portanto, contribuem e recebem somente estas externalidades positivas. Ou antes, eles realmente possuem um tipo de clientes, ou seja, seus próprios filhos, mas a extensão com que os filhos retribuem o que receberam dos pais vem diminuindo ao longo das décadas mais recentes. (1) Já não esperamos mais que os filhos retribuam algum dia tomando conta dos pais idosos. Os sistemas de segurança social, por melhores ou piores que sejam, agora substituem o pagamento que um dia os pais idosos costumavam receber de seus filhos. (2) Outrora os filhos tinham de permanecer em casa, a fim de herdarem a terra, mas a sociedade se tornou tão rica que o valor da terra não é mais importante o suficiente para servir de motivo para que os filhos adultos permaneçam em casa e, em consequência, eles não ficam mais. (Não é de surpreender que as taxas de fertilidade estejam caindo tão rapidamente, conforme é documentado em Willott 2002.)

22. *Igualdade e oportunidade*

TESE: As estatísticas podem ser desorientadoras, mas os números parecem indicar que os Estados Unidos constituem uma sociedade verticalmente móvel e cada vez mais abastada – não se trata de uma terra em que existam, literalmente, oportunidades iguais, sem a menor dúvida; não obstante, mesmo assim, ainda é uma terra de oportunidades.

Progresso

Será que fizemos progresso em direção à igualdade econômica? Como é que podemos saber? Dispomos de evidências estatísticas de que (em alguns países), mesmo os grupos menos privilegiados tiveram aumentada sua expectativa de vida, ao mesmo tempo que seus padrões de vida melhoraram em dimensões que podemos medir. Se fôssemos altamente idealistas, poderíamos dizer que a elevação dos padrões de vida não é suficiente: a origem de uma criança não deveria ter nada a ver com a situação final dessa criança. De um ponto de vista mais realista, poderíamos dizer que as crianças deveriam ter oportunidades de serem mais abastadas do que seus pais eram em uma idade correspondente. O progresso, medido desta maneira, não seria obscurecido pelo truísmo de que a criação afeta as perspectivas de vida de uma criança.

Poderíamos presumir que estatísticas pertinentes se encontram imediatamente disponíveis e que seja fácil interpretá-las. Não é bem assim. Os jornais frequentemente publicam artigos sobre este tópico, mas tais artigos com frequência se mostram bastante equivocados e não é fácil escrever melhores. Eu apresento os dados correspondentes, com uma dolorosa compreensão de como é fácil errar nesta área[1]. A base de informações está em constante mudança e tem de ser amostrada, em lugar de passar por uma exaustiva revisão. Além disso, trabalhar com os dados disponíveis é um pouco como procurar um molho de chaves sob o círculo de luz projetado por um poste na rua, não porque eu sei que foi por ali que eu as deixei cair, mas porque a luz é melhor nesse ponto[2]. As estatísticas disponíveis lançam luz sobre alguma coisa, mas não necessariamente sobre as coisas que são mais importantes[3].

As estatísticas que serão discutidas aqui descrevem os Estados Unidos por volta de 2002, em uma época de recessão. Durante recessões, todos os grupos econômicos perdem terreno. Previsivelmente, os espaços entre os grupos diminuem. De fato, uma vez que uma das causas mais importantes da recessão foi a quebra do mercado de ações, eu deveria ter previsto que os espaços entre as faixas econômicas diminuiriam substancialmente, reduzindo de forma desproporcional as rendas das pessoas mais ricas que, presumivelmente, estariam recebendo uma parte mais importante de seus proventos a partir dos lucros com ações. E eu estaria errado[4].

---

1. Agradeço ao Dr. William Fairley, presidente e consultor de estatística da *Analysis & Inference, Inc.* (uma empresa especializada em consultoria e pesquisa estatísticas) por ter lido e feito comentários a respeito deste capítulo. Todavia, o responsável por quaisquer erros que subsistam continua sendo eu.
2. Os dados sobre as desigualdades ligadas a raça e a sexo são apenas esboçados, mas eu simpatizo com aqueles que afirmam que tais dados seriam mais interessantes, em virtude de indicarem com transparência de que maneiras as desigualdades acompanham fatores além de um controle pessoal.
3. Para um relato clássico de como os números podem causar confusão, ver McCloskey 1985.
4. Ou, pelo menos, eu não vi o que esperava quando verifiquei as estatísticas para o *quintil* superior. Todavia, em um estudo que eu ainda não ha-

Quintis de renda familiar

Por uma questão de referência, quando dividimos a renda familiar por *quintil* [ou faixa estatística correspondente a um quinto do universo estatisticamente estudado, isto é, vinte por cento], as faixas de renda em 2002[5] são as seguintes:

Quintil inferior:	de zero a 17.916 dólares anuais;
Segundo quintil:	de 17.917 a 33.377 dólares anuais;
Terceiro quintil:	de 33.378 a 53.162 dólares anuais;
Quarto quintil:	de 53.163 a 84.016 dólares anuais:
Quintil superior:	de 84.017 dólares para cima.

A renda familiar na faixa de 80% é 4,7 vezes a renda familiar na faixa de 20%[6]. Isso é ruim? A questão é menos importante do que saber se a qualidade de vida na faixa dos 20% é má. Até que ponto é ruim ganhar 17.916 dólares por ano? Essa questão não é tão simples. A localização cria uma diferença, no entanto. Se "renda familiar" se refere a uma pessoa solteira vivendo em uma cidade do centro-oeste dos Estados Unidos, 17.916 dólares por ano pode significar muito dinheiro, ao passo que uma mãe solteira sustentando dois filhos em Boston pode não ser capaz de pagar suas contas com essa renda[7].

---

via visto quando escrevi o trecho acima, Piketty & Saez (2004) dizem: "O fato de que a queda nas faixas de renda superior de 2000 a 2002 se tenha concentrado exclusivamente no 1% superior é também digno de nota. Este último fenômeno provavelmente se deve à queda do mercado de ações, que reduziu drasticamente o valor das opções de compra e, em consequência, deprimiu os salários e ordenados mais altos, pelo menos os declarados."

5. Fonte: U.S. Census Bureau (Departamento de Recenseamento dos Estados Unidos), relatórios atualizados sobre a população, pp. 60-221, Tabela A-3.

6. Todavia, as rendas também são desigualmente distribuídas dentro do quintil superior. Por exemplo, a renda média na faixa dos 95% é de 150.002 dólares anuais [ibidem], uma renda correspondente a cerca de 1,8 vezes a da faixa dos 80%.

7. Tyler Cowen me observou certa vez que é fácil favorecer a igualdade em países com populações homogêneas. Mas à medida que um país se torna

Famílias maiores, rendas maiores

Os estudos estatísticos sobre a distribuição da renda costumam separar as populações por quintil, ou faixas correspondentes a quintos da distribuição de rendas familiares. Ainda que cada quintil de renda familiar, por definição, contenha 20% de todas as famílias, em 1997 o quintil inferior compreendia 14,8% das pessoas físicas, enquanto o quintil superior abrangia 24,3% dos indivíduos. Uma família média do quintil inferior era composta por 1,9 pessoas e 0,6 trabalhadores. As famílias médias do quintil superior eram formadas, em média, por 3,1 pessoas e 2,1 trabalhadores[8]. O que isso significa? Significa que uma das fontes da desigualdade estatística é que algumas famílias têm mais pessoas ganhando salários para a renda familiar. Se cada trabalhador estivesse recebendo a mesma renda, haveria ainda uma desigualdade substancial nas faixas de renda familiar, simplesmente porque em algumas famílias existe um único trabalhador assalariado.

Há outro ponto relacionado a este: podemos ficar sem saber que direção tomar quando estudamos as mudanças nas faixas de renda familiar numa sociedade em que o número de pessoas que recebem salário por família está decrescendo devido a fatores como as taxas de divórcio crescentes. Na medida em que diminui o número de pessoas assalariadas que contribuem para a renda familiar, a renda *familiar média* pode diminuir, mesmo que as rendas *individuais* aumentem[9]. Deste modo, de acordo com o Departa-

---

geográfica ou etnicamente diversificado, ou recebe imigrantes pobres, os custos da equiparação começam a subir. Uma coisa é alcançar um certo nível de igualdade na Suécia ou no Kansas. Mas é uma coisa muito diferente alcançar o mesmo nível de igualdade numa população tão ampla e diversificada como a dos Estados Unidos ou a da Europa como um todo.

8. Rector e Hederman 1999, p. 12, citando dados do U.S. Census Bureau.

9. Se duas pessoas vivem em uma "família" típica de estudantes universitários hoje *versus* três pessoas de uma geração atrás, isso apareceria em nossas estatísticas como um declínio na renda média do quintil inferior. Todavia, neste caso, a "renda familiar" caiu porque os indivíduos estão mais abastados

mento de Análises Econômicas do Ministério do Comércio dos Estados Unidos, a renda familiar média do país cresceu 6,3% entre 1969 e 1996, o que parece coerente com a tese de que a economia esteve mais ou menos estagnada durante esse período. Entretanto, a renda média real *per capita* subiu 62,2% durante o mesmo período[10].

Como poderia a renda individual média subir 62,2% se a renda familiar subiu pouco mais do que um décimo disso? Primeiro, eu pensei que deveria haver algum engano. Mas imagine uma família de dez pessoas, cada uma das quais ganhando cem dólares [por semana] em 1969, num total de mil dólares. Em 1996, descobrimos que a renda familiar tinha subido para 1.063 dólares, portanto um aumento de 6,3%. Poderiam as rendas individuais dos *membros* dessa mesma família ter subido de cem para 162 dólares cada uma? Sim, se o número de membros da família durante esse período tivesse caído de dez para 6,56, então a renda média por pessoa teria subido para 162 dólares. Mas eu não consegui encontrar dados que comprovassem que o tamanho médio das famílias realmente caiu tanto entre 1969 e 1996, assim existe a possibilidade de que o Ministério do Comércio tenha publicado números errados. Todavia, acabamos de mostrar que tais números *poderiam* estar corretos. A renda pessoal poderia subir 62% ao mesmo tempo que a renda familiar apenas subisse 6%. Isso é suficiente para provar que, se olharmos apenas para as mudanças que são mostradas pela renda familiar, estamos vendo somente uma parte do quadro[11].

---

e não mais pobres, motivo por que os estudantes têm condições de repartir o aluguel de seus apartamentos com menos colegas.

10. McNeill 1998, Tabela 1.

11. Abaixo mostramos mais alguns dados demográficos sobre o tamanho das famílias. De acordo com Hinderaker & Johnson 1996, p. 35:

O U.S. Census Bureau mantém estatísticas separadas para "famílias" e "indivíduos sem relacionamentos". Os números do Escritório de Recenseamento dos Estados Unidos demonstram que entre 1980 e 1989 a renda real do quintil médio das famílias aumentou 8,3%, enquanto a renda real do quintil médio dos indivíduos sem relacionamentos aumentou 16,3%. O CBO [Con-

Em resumo, os espaços entre as rendas familiares podem ser até certo ponto explicados pelas diferenças no tamanho das famílias. Do mesmo modo, a *queda* no tamanho das famílias pode fazer com que a renda familiar média pareça mais estagnada do que realmente estava. Robert Lerman estima que metade do aumento nas desigualdades de renda observadas no final da década de 1980 e no princípio da década de 1990 foi devido ao crescimento do número de famílias chefiadas por um único genitor[12].

Famílias mais velhas, rendas maiores

Desse modo, algumas das diferenças entre cada quintil de renda são devidas às diferenças no tamanho das famílias. E quanto às diferenças de idade? Alguns chefes de família estão no auge de sua capacidade de obter rendas, enquan-

---

gressional Budget Office (Divisão de Orçamentos do Congresso)] manipulou estes dados do Escritório de Recenseamento combinando "famílias" e "indivíduos sem relacionamentos" na mesma categoria de "famílias". Uma vez que as tendências demográficas produziram um crescimento mais rápido do número de "indivíduos sem relacionamentos" durante a década de 1980 e uma vez que as famílias chefiadas por dois adultos têm, em geral, rendas muito mais elevadas que a dos "indivíduos sem relacionamentos", a combinação destes dois grupos em uma única categoria deprimiu significamente as rendas familiares médias. Deste modo, mesmo que as rendas familiares do quintil médio tenham aumentado 8,3% e as rendas individuais do quintil médio tenham subido 16,3%, as "famílias" do quintil médio dentro da definição adotada pelo CBO observaram um declínio de 0,8% na totalidade de suas rendas durante o mesmo período.

Se não estiver claro como a renda de um grupo poderia cair já que as rendas de seus componentes subiram 8,3% e 16,3%, considere um exemplo simples: se a renda da família X for de mil dólares e a de um indivíduo Y for de cem, sua renda média é de 550 dólares. Mais tarde, a renda da família X sobe para 1.080 dólares, enquanto a renda individual de Y sobe para 116. Enquanto isso, o dinheiro extra permite que a filha de X saia de casa e passe a viver sozinha, de modo que agora existem dois indivíduos ganhando 116 cada um. Se então tirarmos a média das três rendas, obtemos uma renda média de 437 dólares, uma queda aparente de 113 dólares na renda *média*, ainda que a renda de cada um esteja, de fato, subindo.

12. Lerman 1996.

to outros não estão. Suponhamos que olhemos novamente para as faixas de renda familiar, mas desta vez dividindo os chefes de família em cinco faixas etárias, novamente de acordo com os dados de 2002[13].

a. 27.828 dólares anuais (renda média para chefes de família com menos de 25 anos);
b. 45.330 dólares anuais (entre 25 e 34 anos);
c. 53.521 dólares anuais (entre 35 e 44 anos);
d. 59.021 dólares anuais (entre 45 e 54 anos);
e. 47.203 dólares anuais (entre 55 e 64 anos).

Antigamente, as rendas começavam a baixar quando os trabalhadores ingressavam na faixa dos quarenta, mas agora continuam subindo até a faixa dos cinquenta e só caem quando as aposentadorias ou mortes prematuras dos que sustentavam a casa começam a reduzir a renda média. Michael Cox e Richard Alm relatam que "em 1951, os indivíduos entre 35 e 44 anos ganhavam 1,6 vezes mais do que aqueles que tinham de 20 a 24 anos. Em 1993, o grupo etário com os salários mais altos tinha passado a ser o da faixa de 45 a 54 anos, que ganhava cerca de 3,1 vezes mais que aqueles que tinham de 20 a 24 anos"[14].

O aumento da desigualdade estatística é também um aumento daquilo que intuitivamente consideramos desigualdade, ou se trata simplesmente de um aumento geral da renda média ao longo da vida? Se os ganhos de pessoas que ingressam na faixa dos quarenta agora continuam a crescer quando, algumas décadas atrás, suas rendas teriam começado a diminuir, isso irá aumentar a desigualdade estatística, na medida em que os indivíduos da faixa dos 45 aos 54 anos continuarem a se distanciar de seus competidores mais jovens. Mas isso é errado? Existe alguém para quem isso venha a fazer mal? Se refletirmos sobre o assun-

---
13. Fonte: U.S. Census Bureau, 2003, Tabela 3.
14. Cox e Alm (1995, p. 16), citando o U.S. Census Bureau.

to, uma sociedade que permite aos indivíduos da faixa dos 45 aos 54 anos continuarem a dar contribuições crescentes para ela, é uma sociedade que, pelo menos em aparência, satisfaz o princípio diferencial de Rawls. Estatisticamente, a sociedade é mais desigual, todavia todos estão recebendo maiores benefícios. Os ganhos, de acordo com as expectativas de vida de todos, estão se tornando maiores.

Os números sugerem que o quintil superior não é uma casta separada de aristocratas que agora ganham ainda mais que antes. Em vez disso, as rendas médias (não necessariamente as rendas ligadas à história pessoal de alguém em particular, é claro) apresentam esta trajetória: a renda de um chefe de família médio se encontra no segundo quintil enquanto tal chefe de família não alcançou a idade de 25 anos, sobe para o terceiro quintil entre as idades de 25 e 34 e depois sobe para o quarto quintil e ali permanece até a aposentadoria.

Assim, quando nós lemos que a renda média da faixa dos 80% deu um salto de 55% em termos reais (isto é, ajustados de acordo com a inflação), entre 1967 e 2002[15], devemos entender que, para muitos que se acham atualmente no percentual dos 20%, esse salto significa um aumento de seus próprios ganhos ao longo da vida e não somente o ganho real de alguma elite em separado. O fato de que os indivíduos entre 45 e 54 anos têm melhores condições econômicas hoje, o que aumenta a distância entre os quintis, é uma boa notícia de maneira geral e não somente, nem sequer principalmente, para os indivíduos que se encontram atualmente nessa faixa etária.

Para resumir, as diferenças de renda familiar são em parte explicadas pelas diferenças de faixa etária. A ampliação das diferenças de renda pode ser parcialmente explicada pela melhoria das oportunidades para todos, na medida em que as pessoas avançam na direção dos anos em que os ganhos atingem seu máximo. Gary Burtless estima que a

---

15. Fonte: U.S. Census Bureau 2003, Tabela A-4.

proporção das desigualdades de renda é de 28% entre os homens e 14% entre as mulheres[16].

Em épocas de expansão econômica, os ricos ficam mais ricos, mas as classes sociais não são fixas

Se as rendas do quintil superior estão subindo, isto não é a mesma coisa que dizer que os ricos estão ficando mais ricos. Em geral, o que os números indicam não é apenas que os ricos enriquecem ainda mais. De fato, há mais gente ficando rica. Em 1967, apenas 3,1% das famílias americanas ganhavam por ano o equivalente a cem mil dólares de 2002. Mas em 2002, esse número havia aumentado para 14,1%. Para os brancos, o aumento foi de 3,3% para 15%. Para os negros, o aumento foi de 0,9% para 6,6%[17]. (Assim como em outras passagens, esses números foram ajustados de acordo com a inflação.) Portanto, parece ser falso afirmar que havia somente um pequeno grupo de pessoas que possuía muito dinheiro em 1967 e que hoje as mesmas pessoas possuem ainda mais e que seja *isso* que explique por que o quintil superior se afastou tanto dos demais. Ao contrário, o que parece estar acontecendo é que milhões e milhões de pessoas estão ingressando nas fileiras dos ricos. Nenhuma delas era rica quando mais jovem. Seus pais não eram ricos. Mas hoje elas enriqueceram.

Mesmo que o dinheiro não esteja afluindo para os mais pobres

As crescentes diferenças de renda podem mascarar um estreitamento das diferenças em qualidade de vida. As desigualdades estariam crescendo de uma forma realmente

---

16. Burtless 1990.
17. Fonte: U.S. Census Bureau 2003, Tabela A-1.

importante caso a expectativa de vida dos pobres estivesse diminuindo, enquanto a dos ricos estivesse aumentando. De fato, ambas subiram. Eu suspeito que a diferença em termos de expectativa de vida entre os ricos e os pobres de fato diminuiu (embora seja uma coisa razoável esperar que pessoas com saúde extremamente deficiente ganhem menos dinheiro e, consequentemente, tendam a descer para o quintil economicamente inferior, do mesmo modo que pessoas extremamente pobres vivam menos e que ambos estes fatos afetem a duração da vida média do quintil inferior). Eu não encontrei quaisquer dados que se referissem diretamente a isso, mas eu encontrei o seguinte com relação aos brancos e aos negros. Entre 1900 e 2001, a expectativa de vida dos brancos subiu 63%, passando de 47,6 para 77,7 anos. Ao mesmo tempo, a expectativa de vida dos negros subiu 119%, de 33,0 para 72,2 anos[18].

As rendas não estão estagnadas

Uma pequena minoria de economistas declarou que os salários da classe média se encontram estagnados, na melhor das hipóteses, e isso foi repetidamente noticiado por inúmeros jornais. O equilíbrio das evidências aponta justamente na direção oposta. Os estudos que mostram que os salários médios caíram, digamos, 9% entre 1975 e 1997 estão baseados em uma forma de correção monetária já desacreditada (que decididamente ignora o valor dos benefí-

---

18. Fonte: National Center for Health Statistics at the Center for Disease Control [Centro Nacional de Estatísticas Sanitárias do Centro de Controle e Prevenção de Doenças] (consulte o site http://www.cdc.gov/nchs/fastats/.) Estas mudanças vão além do declínio da mortalidade infantil."A taxa de mortalidade está em declínio tanto para bebês como para adultos e velhos, de forma semelhante, ao mesmo tempo que tanto a AIDS, como os homicídios, o câncer e as doenças cardiovasculares estão cada vez tomando menos vidas." Fonte: Centro Nacional de Estatísticas Sanitárias do Centro de Controle e Prevenção de Doenças, conforme relatado pela Associated Press em 16 de setembro de 2002.

cios adicionais). Quando empregamos as formas de correção monetária correntemente aceitas, os números corrigidos mostram, bem ao contrário, um aumento médio dos salários de 35% desde 1975[19]. Em dezembro de 1996, um painel de cinco economistas, contratado pela Comissão de Finanças do Senado americano e presidido por Michael Boskin, concluiu que o índice de preços ao consumidor ampliou excessivamente as taxas de inflação em cerca de 1,1% ao ano (de 0,8% até 1,6%, dependendo do ano)[20]. Se o valor de 1,1% anual de Boskin estiver correto, então, "em lugar da estagnação registrada pelas estatísticas oficiais, uma taxa mais baixa da inflação significaria que a renda familiar média *real* cresceu 36% de 1973 a 1995[21].

Os números para o período de 1996 a 1999 (que não foi recessivo, mas são os dados mais recentes que pude encontrar) indicam que, entre aqueles que experimentaram pobreza durante esse período de quarenta e oito meses, 51,1% se encontraram na faixa de pobreza de dois a quatro meses e somente 5,7% daqueles que experimentaram pobreza permaneceram nessa faixa por mais de trinta e seis meses[22]. Números mais recentes, referentes ao vale mais baixo da atual recessão, presumivelmente mostrarão permanências em faixas de pobreza de durações mais longas. Nas proximidades do nível de pobreza, parecemos divisar uma considerável mobilidade de renda, tanto para baixo como para cima. As pessoas conseguem empregos e perdem empregos. Outras pessoas também se aposentam, e isto ocasiona um movimento permanente para faixas de renda mais baixas. Finalmente, contingentes enormes de pes-

---

19. Ambos os valores podem ser encontrados em Norris 1996. O primeiro número é baseado no Índice de Preços ao Consumidor padrão nessa data. O segundo foi fornecido por Leonard Nakamura, um economista da agência de Philadelphia do Federal Reserve Bank.
20. Fonte: *The Economist* (7 de dezembro de 1996), p. 25. Ver também Boskin *et alii*, 1996.
21. Fonte: *U.S. News and World Report* (8 de setembro de 1997), p. 104. Grifo nosso.
22. Fonte: U.S. Census Bureau 2003, Figura 6.

soas ingressam nos Estados Unidos de forma permanente e os imigrantes de primeira geração tendem a viver na pobreza, pelo menos temporariamente.

Ao que parece, somos uma sociedade em mobilidade ascendente

Suponhamos que a renda do quintil inferior realmente não tenha subido durante uma geração. Qual seria a implicação disso? Isso *não* significa que um grupo de pessoas estava preparando hambúrgueres há uma geração e que hoje em dia esse mesmo grupo de pessoas ainda esteja preparando e servindo hambúrgueres pelo mesmo salário inferior. Ao contrário, mesmo que tivesse havido uma estagnação de salários desde 1967, o significado seria este: se a safra de egressos do ensino médio deste ano preparar e servir hambúrgueres durante um ano, eles receberão por essa tarefa mais ou menos o que seus pais recebiam em 1967, quando haviam acabado de concluir o ensino médio e estavam fazendo esse mesmo tipo de trabalho. Caso os salários da faixa dos 20% estivessem estagnados, a única conclusão possível seria a de que *empregos de salário baixo* pagam o que sempre pagaram, não que *as pessoas* que durante algum tempo aceitaram esses empregos continuem encalhadas em empregos de salário baixo até hoje. Permitam-me enfatizar dois aspectos disto: em primeiro lugar, os salários do quintil inferior não ficaram estagnados. Mesmo em termos de ajustamento segundo a inflação, a renda média na faixa dos 20% inferiores subiu 31% entre 1967 e 2002[23]. Em segundo lugar, esses ganhos reais para o quintil econômico inferior, ainda que sejam bons, apresentam apenas uma relevância passageira para muitos dos que se encontram agora na faixa dos 20%, preparando e servindo hambúrgueres, mas planejando subir na vida.

---

23. Fonte: U.S. Census Bureau, 2003, Tabela A-4.

Se você pensar em todos os norte-americanos que conhece, que têm mais de quarenta anos e continuam a trabalhar, aposto que cada um deles é mais rico hoje do que era quando ela ou ele tinha vinte anos. Seus lares e seus locais de trabalho estarão cheios de eletrodomésticos ou de equipamentos para escritório ou oficina que eles não poderiam ter comprado (mesmo que esses aparelhos já existissem na época) quando tinham vinte anos. Isso pode não ser verdadeiro em todos os países do mundo, mas aqui, nos Estados Unidos, é a expressão da verdade.

A Divisão de Análise de Impostos do Departamento do Tesouro dos Estados Unidos descobriu que, das pessoas que se encontravam no quintil inferior de renda em 1979, 65% já haviam subido para o segundo ou terceiro quintil em 1988[24]. Oitenta e seis por cento haviam subido pelo menos um quintil. Essa descoberta não é exclusiva. Usando dados independentes, coletados do Painel de Michigan sobre Dinâmica de Renda, Cox e Alm acompanharam a vida de um grupo de pessoas que se encontrava no quintil inferior em 1975 e constataram que 80,3% delas haviam superado dois ou mais quintis em 1991[25]. Noventa e cinco por cento haviam pulado, pelo menos, para o quintil seguinte.

Esses estudos acompanharam movimentos individuais. Será que descobertas tão dramáticas como estas seriam corroboradas por estudos que acompanhassem rendas familiares em vez de indivíduos? Não. Estudando as rendas familiares e não a renda individual de pessoas físicas, Greg Duncan, Johanne Boisjoly e Timothy Smeeding[26] estimaram que 47% das famílias do quintil inferior por volta de 1975 ainda permaneciam nele em 1991. (De fato, Duncan *et alii* estudaram apenas famílias de não-imigrantes, o que afetaria seus resultados. Suponho que famílias de imigrantes re-

---

24. Hubbard, Nunns e Randolph, 1992.
25. Cox & Alm 1995, p. 8, citando os dados do estudo apresentado pelo Painel de Michigan sobre Dinâmica de Renda.
26. Duncan *et alii*, 1996. Os dados se encontram disponíveis atualmente *on-line*.

velaram durante o mesmo período uma mobilidade para cima mais semelhante à dos trabalhadores individuais.) O mesmo estudo indicava que vinte por cento das famílias haviam subido para a metade superior da distribuição e que seis por cento já se achavam no quintil superior.

Aparentemente, então, existe diferença entre a mobilidade individual e familiar. Por quê? Imagine uma família com dois adolescentes, *circa* 1975. Dois estudos então acompanham a história subsequente dessa mesma família. Um estudo acompanha os dois adolescentes como indivíduos e descobre que, dezesseis anos depois, as rendas dos membros mais jovens subiram vários quintis. Um segundo estudo, acompanhando a renda original da família como família, descobre que os adolescentes, recém-saídos de casa, perderiam os salários de verão que ganhavam enquanto moravam com os pais e frequentavam a universidade. Os adolescentes que partiram desaparecem do segundo estudo, porque as famílias novas e em movimento ascendente que foram formadas por eles simplesmente não existiam em 1975; o segundo estudo acompanha somente as famílias que existiam quando o estudo começou em 1975. Assim, estudando os mesmos dados, o estudo longitudinal das famílias existentes em 1975 pinta um quadro de declínio modesto, enquanto o estudo longitudinal dos indivíduos sugere uma mobilidade vulcânica para cima. Qual dos quadros é o mais real?

Outra diferença, talvez mais importante, entre o estudo de Cox e Alm e o de Duncan *et alii*, é que ambos os estudos acompanharam grupos de jovens ao longo de vários anos, mas Cox e Alm analisaram como a renda dos membros de um grupo se modificou relativamente à população em geral, ao passo que Duncan *et alii* estudaram como a renda de um membro do grupo se modificou relativamente ao próprio grupo. Pessoas de vinte e cinco anos tendem a subir economicamente dentro da distribuição de renda da população em geral simplesmente porque se direcionam a seus anos de renda máxima no decorrer de um estudo de dezesseis anos. Todavia, se compararmos os indivíduos de vinte e cinco anos do quintil inferior com um grupo de controle que igualmente se movimenta em direção a seus anos de ganhos máximos ao longo do decorrer do estudo, então o progresso normal é controlado e não modificará a posição relativa de ninguém dentro desse grupo. Somente um progresso anormal – passar à frente da maioria –, poderá ser interpretado como um aumento na posição relativa. Desse modo, tudo se resume a uma única pergunta: o que é mobilidade de renda? A mobilidade de renda se refere a pessoas pobres que progridem a partir de uma linha básica que se ergue lentamente (a população em geral) ou de uma linha básica que se ergue rapidamente (uma população cuja idade se modifica na direção dos anos de ganhos mais elevados)? Se nosso interesse principal for o bem-estar das pessoas, então será bom consultarmos um estudo como o de Cox e Alm[27]. Se nossa preocupação principal, entretanto, é a situação do bem-estar de algumas pessoas com relação ao de outras, então o melhor é consultar um estudo como o de Duncan *et alii*[28]. Estou mencionando essas coisas sem a intenção de criticar nenhum dos estudos, somente para observar como interpretações diferentes da mobilidade de renda levam a resultados diferentes. Devemos interpretar e não somente entender os números, mas os números devem ser gerados para que possamos começar. Não existe um algoritmo que nos oriente a tomar estas decisões. Aqui é o domínio da arte e não mais o da ciência.

---

27. Uma modificação que eu próprio faria nesse estudo seria descobrir quantos indivíduos se encontram no quintil inferior porque são ainda estudantes. Eu não os eliminaria do estudo, uma vez que, tomados individualmente, eles são de fato pobres, mas não é surpresa que, dentro de uma economia livre e vibrante, 95% deles subam na vida. No entanto, eu procuraria tratar separadamente aqueles que não são estudantes (nem aposentados), mas que se encontram no quintil inferior mesmo assim. Eles também sobem economicamente ou constituem uma parte tão pequena do quintil inferior que, mesmo que não subam, 95% do grupo que os inclui ainda sobem? Eu gostaria de resolver esta dúvida.

28. Agradeço a Greg Duncan por seu apoio para a compreensão deste assunto.

Crianças

Peter Gottschalk e Sheldon Danziger separaram as crianças por quintos de acordo com a renda familiar[29]. Seus dados, conforme relata Michael Weinstein, demonstram que "cerca de seis em cada dez crianças do grupo de renda mais baixo – os vinte por cento constituídos pelos mais pobres –, no princípio dos anos setenta, ainda se encontravam no grupo mais baixo dez anos depois.[...] Nenhuma presunção de mobilidade, real ou imaginária, pode justificar este fato inquestionável"[30].

Uma vez que Weinstein se baseia exclusivamente em Gottschalk e Danziger, eu fui verificar o estudo original. Gottschalk e Danziger estavam estudando crianças americanas com cinco anos de idade ou menos no começo do estudo de dez anos de abrangência, de tal modo que, dez anos mais tarde, elas continuariam sendo crianças[31]. O que nós temos aqui, portanto, é uma coorte de casais com filhos pequenos, na sua maioria casais jovens e o resultado apresentado foi que, dez anos mais tarde, 40% deles tinham se movido para os quintis superiores. Quarenta por cento é um mau resultado? Fora de contexto, não parece nem bom, nem mau. Alguma outra sociedade já apresentou resultados melhores?

Conforme se pode demonstrar, pelo menos uma outra sociedade já apresentou resultados melhores, a saber, os próprios Estados Unidos. O número citado por Weinstein é o número correspondente à primeira década de um estudo abrangendo vinte anos. Weinstein apresenta o número correspondente à década de setenta (apenas 43% subiram economicamente) como um retrato da América de hoje, negligenciando o fato de que o valor contido no mesmo estudo como correspondente aos anos oitenta já era de 51%. Em-

---

29. Gottschalk e Danziger 1999. O estudo se acha presentemente disponível no *website* de Gottschalk.
30. Editorial no *New York Times*, 18 de fevereiro de 2000.
31. Gottschalk e Danziger 1999, p. 4.

bora ambos os resultados se encontrem na mesma tabela (Tabela 4) incluída no estudo de Gottschalk e Danziger, evidentemente Weinstein achou que não valia a pena relatar o número mais atualizado nem a aparente tendência de melhoramento econômico. E o editorial de Weinstein foi publicado no jornal mais prestigioso dos Estados Unidos.

Eu mesmo poderia ter sido um desses garotos sobre os quais Gottschalk e Danziger estão falando. Cresci em uma fazenda em Saskatchewan. Vendemos a fazenda quando eu tinha onze anos de idade e nos mudamos para a cidade. Meu pai se tornou zelador de um prédio e minha mãe, caixa em uma loja de tecidos. Mesmo antes de sairmos da fazenda, nossa situação já havia melhorado em termos absolutos – instalamos água encanada quando eu tinha mais ou menos três anos de idade –, mas ainda assim permanecemos no quintil inferior. Mesmo depois que instalamos um vaso sanitário com descarga, a água tinha de ser entregue de caminhão e era tão cara que apertávamos a descarga da latrina somente uma vez por dia (embora ela servisse a uma família de oito pessoas). Quarenta anos mais tarde, a minha renda familiar se encontra no quintil superior (o que implica um nível de riqueza absoluta muito mais elevado do que aquela posição relativa implicava quarenta anos atrás). Se eu tivesse tomado parte do estudo de Gottschalk e Danziger, todavia, Weinstein poderia pretender sentir-se ultrajado pelo fato "inquestionável" de que, quando eu tinha dez anos de idade, ainda não me havia movido para o quintil imediatamente superior.

Retornando ao estudo: conforme eu disse, eu prediria pouca evidência de mobilidade ascendente em um estudo que terminou antes que os sujeitos atingissem a metade da adolescência. Mas vamos dar uma olhada melhor. Gottschalk e Danziger dizem que, nos anos oitenta, a possibilidade de uma criança escapar da pobreza era melhor que nos anos setenta, mas essa mudança não foi significativa[32].

---

32. Gottschalk e Danziger 1999, p. 9.

Gottschalk e Danziger dizem que "somente um único grupo demográfico (crianças em famílias com a presença tanto do pai como da mãe) apresenta um declínio significativo da probabilidade de permanecer pobre"[33]. Dentro desse grupo, a possibilidade de se evadir da pobreza (conforme eles definem o quintil inferior) subiu de 47% nos anos setenta para 65% nos anos oitenta. É singular que os autores reconheçam entre parênteses a melhoria em massa das perspectivas das "crianças em famílias com a presença tanto do pai como da mãe", como se essa classe fosse uma pequena anomalia que não pesa sobre sua assertiva de que as possibilidades de escapar da faixa de pobreza não haviam melhorado[34].

Finalmente, lembrarmos mais uma vez que estamos falando em pessoas que escaparam da pobreza antes de saírem da faixa etária dos dez aos quinze anos. Se tivéssemos deliberado projetar uma experiência com resultados garantidos de não demonstrar nenhuma mobilidade para faixas econômicas superiores, dificilmente poderíamos escolher melhores parâmetros. Todavia, espantosamente, os resultados de Gottschalk e Danziger parecem indicar que 65% das crianças pobres vivendo em lares que não foram desfeitos escapam da pobreza antes de receber o seu primeiro cheque de pagamento.

---

33. Gottschalk e Danziger 1999, p. 10.
34. Gottschalk e Danziger empregam a palavra "pobreza" ao referir-se ao quintil inferior. A taxa de pobreza nos Estados Unidos subiu nos últimos dois anos, de um mínimo de 11,3% em 2000 para um máximo de 12,1% em 2002. Seja como for, mesmo durante uma recessão, o quintil inferior (os vinte por cento inferiores) não constitui mais um sinônimo para pobreza como era, digamos, em 1929, quando a taxa de pobreza era de 40%. (Fonte: Levitan 1990, pp. 5-6.) A fonte para os algarismos mais recentes é o relatório do Escritório de Recenseamento dos Estados Unidos de 2003, Tabela 2. O limite da pobreza varia com o tamanho da família (e, de forma menos intuitiva, com a idade relativa dos membros da família). Para 2004, o limiar oficial de pobreza para uma família de dois adultos com idade inferior a sessenta e cinco anos é de 12.649 dólares. Fonte: Escritório de Recenseamento dos Estados Unidos 2005.

Uma teoria de oportunidades, muito embora não de oportunidades iguais

Os Estados Unidos parecem não ser um sistema de castas nem estarem submetidos a uma aristocracia estática. O racismo e o sexismo permanecem dolorosamente reais, mas nenhum dos dois é tão comum nem tão prejudicial como era há apenas uma geração, quanto mais um século atrás. O movimento econômico ascendente não apenas é possível entre nós, como se trata de um fenômeno normal.

Nada disso sequer pretende sugerir que a origem familiar não tenha importância. É claro que tem importância. McMurrer, Condon e Sawhill afirmam que as evidências sugerem que:

> O campo de jogo está se tornando mais nivelado nos Estados Unidos. Hoje em dia, as origens socioeconômicas são bem menos importantes do que costumavam ser. Além disso, tais origens apresentam pouco ou nenhum impacto sobre a carreira de indivíduos que se graduaram em universidades e as fileiras desses indivíduos continuam aumentando. Esse crescimento no acesso à educação superior representa um veículo importante para a expansão de oportunidades. Todavia, a origem familiar continua a ter importância. Ainda que o campo de jogo esteja se tornando mais nivelado, os fatores familiares ainda moldam significativamente os resultados econômicos alcançados pelos filhos dessas famílias.[35]

De acordo com Gottschalk e Danziger, as crianças do quintil inferior que vivem com *pais separados* apresentam somente uma oportunidade de 6,4% de ascender além do segundo quintil[36]. É a coisa mais natural do mundo imaginar que lares chefiados por mães solteiras ou separadas não

---
35. McMurrer, Condon e Sawhill, 1997. A citação é retirada da conclusão apresentada na versão *on-line*. Consultar www.Urban.gov.
36. Gottschalk e Danziger 1999, p. 8.

terão grande probabilidade de figurar na parte mediana da distribuição de renda[37]. Um resultado interessante do estudo de dez anos começado a partir de 1971 é que "as crianças negras tiveram uma chance maior de escapar da pobreza do que as crianças brancas, se realizaram a transição de um lar de pais separados para uma família chefiada por um casal por volta do final da década (67,9% das crianças negras contra 42,6% das crianças brancas)"[38]. O segundo estudo, começado em 1981, descobriu que a probabilidade aumentava para 87,8% para os negros e 57,6% para os brancos (conforme Tabela 6). Em uma nota mais desencorajadora, datada de 1998, a percentagem de nascimentos fora do matrimônio era de 21,9% para brancos não-hispânicos e 69,3% para negros não-hispânicos[39]. Eu confio que até mesmo os igualitários mais ferrenhos concordarão comigo no sentido de que o aspecto ruim desses números é que sejam tão elevados e não tão desiguais.

O motivo por que eu estou preocupado com este capítulo

Aqui eu citei muitas fontes, mas nenhuma em que possa confiar totalmente. A honestidade não é um computador que a gente boa liga e a gente má desliga. Nesta área, a honestidade é uma realização, uma batalha renhida e permanente.

Em um *workshop*, um painelista distribuiu páginas fotocopiadas de relatórios do Census Bureau para contradi-

---

37. Todavia, mais uma vez as estatísticas nem sempre significam o que parecem demonstrar. Se os pais vivem juntos, mas sem serem casados, somente a renda da mãe é tratada como pertencendo à renda familiar da criança. Assim, muitas crianças escapariam da pobreza simplesmente pelo casamento de seus pais, mesmo que não houvesse qualquer mudança em sua renda real.

38. Gottschalk e Danziger 1999, p. 11.

39. National Center for Health Statistics, "Birthy: Final data for 1998". "Nascimentos: Dados finais para 1998".

zer minhas assertivas de que (a) a idade seja *a razão* principal para as diferenças de renda e que (b) a parcela da renda total do quintil inferior tenha aumentado. Outros painelistas, um pouco confusos, observaram que eu não tinha afirmado essas coisas. Nós então observamos que suas tabelas fotocopiadas demonstravam que a *renda* do quintil inferior havia crescido em termos reais, mesmo que sua *parcela* da renda total tivesse diminuído. O painelista começou a se desculpar por não haver percebido a inconsistência. Outros painelistas observaram que não havia inconsistência alguma: de acordo com o princípio da diferença de Rawls, as diferenças crescentes podem acompanhar o crescimento da renda nas faixas inferiores, e a diferença ótima segundo a perspectiva dos menos aquinhoados não é necessariamente pequena. Se esse painelista não tivesse apresentado suas alegações em uma reunião de seus colegas, ele permaneceria certo de que seus dados tinham-me refutado. Mais tarde, ele afirmou que esperava me ter feito um favor ao me mostrar qual o tipo de reações que vou despertar e que isto nem sempre irá ocorrer em *workshops*, onde as incompreensões são discutidas e corrigidas. Eu lhe agradeci pelo interesse e por ter ajudado a tornar melhor este livro.

Vivemos em um mundo de evidências incompletas. As estatísticas parecem conclusivas, porém não o são de fato e se tornarão algum dia obsoletas em aspectos importantes. Os dados serão compatíveis com interpretações múltiplas e sujeitos a refutações posteriores pela apresentação de novos dados. Assim, não pode haver garantia de que minhas interpretações estejam corretas, nem tampouco as de qualquer outra pessoa. Mesmo assim, eu lanço uma ponte entre as disciplinas de filosofia e economia, tanto por treinamento como por profissão, e essa combinação de instrumentos analíticos é incomum o bastante para que pareça errado não me arriscar a colocá-la na mesa quando a tarefa de analisar dados aparentemente relevantes parece exigir essa atitude.

Discussão

1. Sabemos que diferenças minúsculas nas taxas de crescimento econômico, compostas no decorrer de apenas um século, vão-se adicionando até se transformarem em diferenças de prosperidade gigantescas. Assim, se acreditamos no princípio da diferença e se julgamos importante pensar nas gerações futuras, o que devemos pensar das maneiras de redistribuir a riqueza que reduzem o crescimento econômico?
2. Em um mundo no qual as gerações se sobrepõem, o crescimento geral da renda aparece em nossos dados como desigualdade. Suponhamos que o grupo dos "Silva" e o grupo dos "Oliveira" tenham os mesmos empregos na mesma fábrica, mas que, a cada ano, os "Oliveira" recebam aumentos de ordenado, em função do tempo de serviço, que os "Silva" ainda não alcançarão por mais três anos. As suas rendas ao longo da vida acabarão se nivelando, mas em nenhum momento os dois salários são iguais. Há algum problema nisso? Suponhamos que a diferença não sejam três anos, mas uma geração inteira, e que a diferença apareça não nos salários, mas na expectativa de vida. Suponhamos que as expectativas de vida aumentem ao longo de um século e que a expectativa de vida dos "Oliveira" aumente em 63%, enquanto a dos "Silva" aumente em 119%. Todavia, as expectativas de vida dos "Silva" permanecem 5,5 anos mais baixas, mesmo assim, aproximadamente as expectativas de vida gozadas pelos "Oliveira" vinte anos atrás. Será necessário que transcorram ainda vinte anos, até que as expectativas de vida dos membros do grupo dos "Silva" aumentem mais 5,5 anos. Isso é um problema? Seria melhor ou pior se as expectativas de vida dos membros do grupo dos "Oliveira" também aumentassem durante esse período, de tal modo que uma diferença ainda persista?

23. Sobre a utilidade das porções iguais

TESE: Os capítulos prévios discorreram sobre as sinergias entre a meritocracia, o humanitarismo e o tratamento equalitário. Este capítulo irá examinar um argumento bem conhecido sobre a sinergia entre as parcelas iguais e a utilidade, embasado na ideia da utilidade marginal decrescente. A conclusão é a de que esse argumento não funciona.

Utilidade marginal decrescente

Thomas Nagel acredita que, a partir de um ponto de vista impessoal, se estivéssemos escolhendo princípios de distribuição justa a partir de uma perspectiva imparcial, teríamos de nos manifestar em favor de um igualitarismo radical[1]. Ao mesmo tempo, conforme percebe Nagel, os princípios de igualdade não são os únicos princípios que poderíamos adotar, caso fôssemos considerar as questões de forma imparcial. Em particular, o utilitarismo corporifica sua própria forma de imparcialidade e nem todos concordariam que o imperativo de igualar seja mais importante que os imperativos de maximizar a utilidade ou de satisfazer as necessidades básicas.

---

1. Nagel 1991, p. 65.

Nagel, entretanto, acredita que a resolução das tensões teóricas entre a igualdade e a utilidade ainda será objeto de muita discussão. O igualitarismo e o utilitarismo divergem em teoria. Como uma questão prática, todavia, eles convergem em função do fenômeno da utilidade marginal decrescente (também referida como DMU, ou *diminishing marginal utility*). Como expressa R. M. Hare, por utilidade marginal decrescente da riqueza e do consumo queremos indicar que as abordagens voltadas para a igualdade tendem a aumentar a utilidade total[2]. Edwin Baker argumenta que, se de fato a riqueza tem uma utilidade marginal decrescente, então uma "redistribuição parcial de renda maximizaria o total de utilidades individuais"[3]. Portanto, "pelo menos uma intervenção limitada a fim de aumentar a igualdade sempre será justificável sob os princípios utilitários"[4]. Abba Lerner também diz que "a satisfação total é maximizada por aquela divisão de renda que equaliza as utilidades marginais das rendas de todos os indivíduos que pertencem a uma sociedade".[5] Disto, Lerner infere: "se é desejável maximizar a satisfação total dentro de uma sociedade, então o procedimento racional é o de dividir as rendas de forma igualitária"[6].

Considere que possuímos uma hierarquia de necessidades[7]. A comida poderia ser nossa primeira prioridade, mesmo que as satisfações que buscamos somente depois de obter comida suficiente sejam maiores que qualquer coisa que possamos retirar da comida. Portanto, aquilo que possui a principal prioridade e aquilo que tem maior utilidade não precisam coincidir. (Quando me levantei esta manhã, fazer meu desjejum estava colocado em minha lis-

---

2. Hare 1982, p. 27. Um autor que antecipa o argumento que apresento aqui é Narveson 1997, p. 292. Ver também Narveson 1994, p. 485.
3. Baker 1974, p. 45.
4. Baker 1974, p. 47.
5. Lerner 1970, p. 28.
6. Lerner 1970, p. 32.
7. O Capítulo 26 discute brevemente a obra embrionária do psicólogo Abraham Maslow.

ta de prioridades antes de começar a escrever, porém, no final do dia, o aspecto que recordei como sendo o principal do dia foram as horas em que escrevi e não o desjejum.) Os teóricos, não obstante, tendem a presumir que tais casos são atípicos.

Suponhamos que seja racional, a partir de um ponto de vista pessoal, que Joana Pobre não gaste em arte o dinheiro de que necessita para comprar comida. Seguir-se-á então que também seja racional de um ponto de vista *impessoal* que uma comunidade inteira não dê apoio às artes, porque esse dinheiro poderia ser gasto em alimentos? Se nos colocarmos na posição de Joana Pobre, comer primeiro e apoiar as artes depois parece ser um imperativo racional. Quem sabe se a imparcialidade consiste mais em não se colocar *no lugar de ninguém?* Nesse caso, vemos que saciar a fome não é o único valor impessoal: não está bem claro se o mundo seria um melhor lugar para se viver se, digamos, os recursos gastos com a construção das pirâmides ou do Partenon tivessem, em vez disso, sido encaminhados para financiar sopões gratuitos.

Todavia, mais uma vez a maioria dos filósofos presume que a igualdade e a eficiência andem de mãos dadas e que, a partir de uma perspectiva imparcial, esta seja uma razão para favorecer a igualdade. John Broome se refere a esta discussão como "o argumento utilitário padrão em favor da igualdade"[8]. Thomas Nagel afirma:

> Mesmo que a imparcialidade não fosse, neste sentido, igualitária em si mesma, seria igualitária em suas consequências distributivas devido ao fato familiar da utilidade marginal decrescente. Na vida de qualquer pessoa, mil dólares adicionais acrescentados a uma renda de cinquenta mil serão gastos em alguma coisa menos importante do que mil dólares adicionais acrescentados a uma renda de quinhentos – uma vez que satisfazemos as necessidades mais importantes antes das de menor importância. As pessoas são seme-

---

8. Broome 1991, p. 176.

lhantes o bastante em suas necessidades e desejos básicos, de tal modo que alguma coisa mais ou menos comparável é válida de uma pessoa para outra.[9]

Nagel diz que nós satisfazemos as necessidades mais importantes antes das de menor importância. Não inteiramente. Satisfazemos as necessidades *mais urgentes* primeiro, mas a necessidade mais urgente não é necessariamente a mais importante. O que Nagel denomina "utilidade" está mais intimamente ligado à urgência do que à importância. A utilidade, neste sentido, é míope, trata-se de uma questão do que fazer com o próximo dólar disponível, não uma questão de verificar o que vale mais a pena fazer no esquema mais amplo das coisas. Não obstante, a utilidade marginal decrescente é, conforme declara Nagel, um fato familiar. Todos já observamos ocasiões em que uma pessoa se volta para outra e diz: "Tome. Você precisa disso mais do que eu." Todos podemos imaginar contextos dentro dos quais tais palavras pareçam não somente inteligíveis como verdadeiras.

Isto não significa, todavia, que devamos nos juntar a Nagel e a outros em seu pensamento de que a utilidade marginal decrescente resolve a aparente tensão entre a igualdade e a eficiência. De fato, este capítulo demonstrará que a tensão é real. Mais do que isso, a tensão existe não somente a despeito da utilidade marginal decrescente, mas algumas vezes *por causa dela.*

Quer devamos tomar a afirmação acima como uma crítica do utilitarismo ou do igualitarismo é uma questão de perspectiva. O propósito aqui não é o de refutar seja o utilitarismo, seja o igualitarismo, mas o de demonstrar que a utilidade marginal decrescente não os reconcilia e que, sob condições frequentemente presumidas como capazes de assegurar sua reconciliação, a utilidade marginal decrescente pode até piorar a tensão existente entre ambos.

---

9. Nagel 1991, p. 65.

Premissas

Harry Frankfurt acredita que o argumento da utilidade marginal decrescente é imperfeito, porque está fundamentado em premissas falsas. Segundo a maneira como Frankfurt encara a situação, o argumento da utilidade marginal decrescente parte de duas suposições: "A utilidade fornecida por ou derivada de um enésimo dólar é a mesma para todos e é menor que a utilidade para qualquer fração $(n-1)$ [...] do que segue que um dólar marginal sempre é de menor utilidade para uma pessoa rica do que para outra pessoa que seja menos rica. E isto determina que a utilidade total deve aumentar quando a desigualdade for reduzida dando-se um dólar para alguém que seja mais pobre que a pessoa de quem foi tomado esse dólar."[10] Frankfurt pensa que ambas as premissas são falsas. Em primeiro lugar, não é verdade que a utilidade do dinheiro invariavelmente diminua na margem. Em segundo, os indivíduos não são iguais; nem existe razão para se supor que suas funções utilitárias sejam as mesmas. Desse modo, as comparações interpessoais de utilidade ou de satisfação são problemáticas. Pessoas diferentes obtêm tipos diferentes de satisfação a partir da riqueza, de tal modo que um dólar marginal poderia ser mais satisfatório para uma pessoa rica do que para uma pobre. Poderíamos adicionar uma terceira observação, a saber, mesmo que o argumento se demonstrasse correto, é certo que as burocracias que criarmos para a implantação da redistribuição igualitária apresentarão uma tendência ao desperdício. Em quarto lugar, mesmo que os custos da redistribuição se demonstrarem administráveis, poderá haver problemas de incentivo: a redistribuição pode tirar tanto dos ricos como dos pobres o incentivo para trabalhar. Segundo uma perspectiva utilitarista, esses custos são, no mínimo, relevantes.

Estas quatro respostas têm algum mérito, sem dúvida, mas este capítulo indaga o que acontecerá quando (1) as

---

10. Frankfurt 1987, p. 25.

utilidades marginais forem diminuindo suavemente; (2) todas elas tiverem, como se sabe, a mesma função utilitária, de tal modo que comparações interpessoais sejam fáceis; (3) a redistribuição for efetuada sem custos; e (4) não houver problemas de incentivo de qualquer espécie. Eu demonstrarei que, mesmo dentro deste ambiente imaculado, em que o caso utilitário será apresentado da forma mais direta, temos uma situação em que a transferência de um dólar de alguém que precisa menos dele para alguém que precisa mais possa ser injusta dentro de uma perspectiva estritamente utilitária.

Frankfurt diz que decorre das premissas do argumento utilitário padrão em favor da igualdade que um dólar marginal sempre é de menor utilidade para uma pessoa rica do que para alguém que seja menos rico. Vamos aceitar esta afirmativa para efeito de argumentação. Isto, acrescenta Frankfurt, implica que "a utilidade total deva aumentar quando a desigualdade for reduzida"[11].

Só que não é assim. Este capítulo explicará por que não. Para ver por que não, vamos supor duas pessoas, José Rico e Joana Pobre, que tenham funções utilitárias marginais idênticas e igualmente em suave declínio. Para simplificar, suponhamos que o único bem cuja distribuição se acha em questão é o milho. Podemos, então, tomar como um fato incontestável que uma unidade marginal de milho vale menos para uma pessoa que tenha bastante milho do que para outra pessoa que disponha de pouco milho.

Suponhamos que Joana Pobre possua zero unidades de milho, enquanto José Rico tem duas unidades. Além disso, vamos supor também que possuir uma unidade de milho é ter o suficiente para comer, enquanto duas unidades de milho representam tanto cereal que Rico adoeceria caso tentasse comer tudo. Não estou supondo aqui que possuir uma unidade de milho seja uma questão de vida ou morte. Mas podemos supor que, sem o milho, tanto Rico como Po-

---

11. Frankfurt 1987, p. 25.

bre teriam de comer alguma coisa nojenta, o que eles jamais fariam, caso pudessem comer milho em vez disso. Assim, consumir a primeira unidade apresenta uma alta utilidade marginal tanto para Rico como para Pobre, ao passo que consumir uma segunda unidade apresenta baixa utilidade marginal. É fácil entender como alguém poderia concluir que a utilidade total aumenta quando transferimos uma unidade de José Rico para Joana Pobre e então seguir em frente e concluir que o argumento da utilidade marginal decrescente para a redistribuição igualitária é, pelo menos aqui, à prova de contestação.

O argumento

Mas é, realmente, incontestável? Se for *possível* demonstrar que a transferência de uma unidade de José Rico para Joana Pobre dentro deste ambiente imaculado não maximiza a utilidade, então a implicação presumida irá falhar. Observe: não estamos tentando provar que redistribuir de pessoas com baixa utilidade marginal para pessoas com alta utilidade marginal *nunca* maximize a utilidade. A fim de derrotar a implicação presumida, nós precisamos apenas demonstrar que *nem sempre* a realização dessa transferência provocará uma maximização. O argumento abaixo demonstra justamente isso.

Se receber uma unidade de milho, Joana Pobre a colocará em seu uso mais altamente valorizado, ou seja, seu consumo imediato. José Rico, que já consumiu uma unidade e se acha, deste modo, saciado por algum tempo, investirá o milho restante em alguma coisa que, segundo as ideias do próprio José Rico, seja menos urgente. Pobre come todo o milho recebido, enquanto Rico, que já comeu o suficiente, não tem coisa melhor a fazer com seu suprimento extra do que plantá-lo.

Para uma pessoa que tem somente uma unidade, o consumo é a utilização mais valiosa dessa unidade. Para uma pessoa que tenha duas unidades, o consumo ainda será a utilização mais valiosa da primeira unidade mas, devido à diminuição de utilidade do consumo, a produção de mais milho será a utilização de maior valor da segunda unidade. Portanto, se a segunda unidade de José Rico for transferida para Joana Pobre, ambas as unidades serão consumidas, ao passo que, se José Rico mantiver a posse da segunda unidade, então uma unidade será consumida e a outra será plantada.

Na Figura 23.1, C* é o ponto em que uma pessoa com essa quantidade de milho vai preferir plantar milho adicional a devorar o que possui. Na história de José Rico e de Joana Pobre, C* corresponde a uma unidade. Precisamente em função da diminuição da utilidade marginal do consumo (isto é, de uma linha que desce continuamente) a produção se torna uma utilização mais valiosa, na medida em que a riqueza (medida no eixo horizontal como unidades de milho) for aumentando.

Observe: A tendência da produção de se tornar mais desejável relativamente ao consumo é uma consequência geral da diminuição da utilidade marginal e não uma reformulação de um antigo exemplo. A conclusão geral: Se uma comunidade não dispuser de pessoas que tenham avançado o suficiente em suas curvas de utilização para que não tenham nada mais urgente a fazer com unidades marginais de milho senão plantá-las, a comunidade, na melhor das hipóteses, enfrentará estagnação econômica.

Portanto, um apoio utilitário inequívoco para a redistribuição igualitária não pode ser encontrado na ideia de que o consumo apresente diminuição da utilidade marginal. Esse resultado de forma alguma depende de um questionamento das premissas do argumento da diminuição da utilidade marginal. Ao contrário, o argumento está *alicerçado* na diminuição da utilidade marginal. Contrariamente à argumentação de Nagel, não é uma consequência necessária da adoção do argumento da diminuição da utilidade marginal que, se todos tiverem a mesma importância, então uma distribuição mais igualitária será melhor. Uma so-

Igualdade

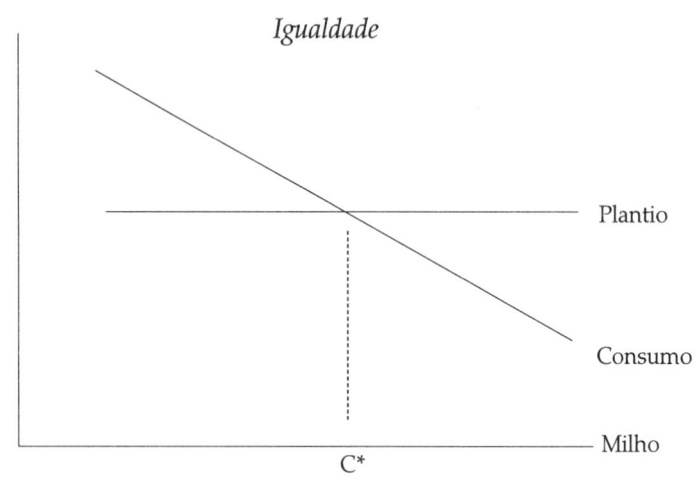

```
                    Plantio


                    Consumo

                    Milho
        C*
```
FIGURA 23.1 – Utilidade Marginal do Milho: Plantio *versus* Consumo.[12]

ciedade que tirar a segunda unidade de José Rico para entregá-la a Joana Pobre está retirando essa unidade de alguém que, no seu modo de pensar, não tem nada melhor a fazer senão plantá-la e dando-a a alguém que, no modo de

---

[12]. A Figura 23.1 é uma representação estática de um modelo dinâmico de períodos múltiplos, dentro do qual, se redistribuirmos de acordo com o princípio da diminuição da utilidade marginal durante o período 1, cada parte consome, por hipótese, uma unidade. Se a utilidade de consumir uma unidade corresponde a U, então a utilidade total para o período 1 é 2U, mas torna-se zero para qualquer período posterior, porque não resta nenhuma unidade para ser destinada à produção. Por hipótese, tanto Rico como Pobre terão de se virar sem milho durante todos os períodos subsequentes e serão forçados a comer alguma coisa nojenta a cujo consumo não se poderiam forçar, caso comer mais milho constituísse uma opção.

Se não redistribuirmos o milho no período 1, Rico consome uma unidade e planta a outra, de tal modo que a utilidade total do consumo de milho para o período será de 1U. Suponhamos que o resultado produtivo da unidade plantada seja 2 + e unidades, de tal modo que Rico pode consumir uma unidade por período e, ainda assim, ter mais milho para plantio do que tinha no período anterior. Por fim, os celeiros de Rico ficarão cheios e lavrar mais campos para colocar todas as sobras novamente em produção apresentará uma diminuição de resultados também ou talvez ele nem sequer tenha tempo para arar e plantar tanta terra sozinho. Rico acabará procurando novas ma-

pensar dessa outra pessoa, pode empregar melhor essa parte da produção. Isso pode até ficar muito bem no papel, mas, com esse procedimento, a sociedade está tirando os grãos de milho que poderiam servir como sementes da área da produção, e dirigindo-os para o consumo imediato, o que significa que está canibalizando a si própria.

Respostas

O argumento pressupõe uma concepção filosófica da utilidade

O conceito de utilidade interpessoal agregada utilizado por Hare, Nagel e Frankfurt, que foi o ponto de partida de toda a argumentação, já desapareceu em grande parte do discurso econômico. Kenneth Arrow diz que, em economia, "a abordagem utilitária deixou de estar presentemente em moda, isso em parte devido a uma razão muito boa, a saber, que se torna muito difícil obter uma definição adequada do que possam ser utilidades interpessoalmente comparáveis"[13].

O argumento pressupõe um modelo dinâmico

Apesar dessa ressalva com relação às premissas do argumento, Arrow julga que o argumento em si seja válido. "Dentro do discurso utilitarista de distribuição de renda, a igualdade de renda deriva das condições de maximização

---

neiras de investir sua produção, tais como emprestar a Pobre, dar de presente a Pobre ou contratar e pagar um salário a Pobre para ajudar Rico no plantio. Assim, a utilidade de consumo permanece 1U por período, até chegarmos a um período em que a acumulação de incrementos de *e* resulta em uma nova unidade de milho ou mais. Nesse ponto, Rico começa a procurar outra maneira de utilizar as suas sobras. Se ele der ou vender uma unidade de milho por período para Pobre a partir desse ponto, então a utilidade de consumo por período passa a ser de duas unidades, indefinidamente.
13. Arrow 1971, p. 409.

se se presumir, além disso, que os indivíduos tenham as mesmas funções de utilidade, cada uma delas com a diminuição da sua utilidade marginal."[14] Arrow não é o único laureado com o prêmio Nobel em Economia a considerar esse argumento como válido. Paul Samuelson raciocina que, se todas as pessoas forem aproximadamente iguais, "de tal forma que suas utilidades possam ser somadas, então os dólares ganhos pelos ricos não criam tanto bem-estar social ou utilidade total quanto os dólares perdidos pelos pobres"[15]. Numa outra passagem, Samuelson diz:"Se cada dólar extra traz progressivamente menos satisfação para um homem e se os ricos e pobres são iguais em sua capacidade de gozar satisfação, um dólar retirado de um milionário na forma de imposto e dado a uma pessoa de renda média deve aumentar a utilidade total mais do que subtrai[16].

Sem dúvida, Arrow e Samuelson responderiam, dizendo que não pretendiam sugerir que o argumento da diminuição da utilidade marginal seria válido no mundo da produção real. Presumivelmente, eles negariam estar surpresos com os resultados obtidos aqui, dizendo que estavam pressupondo implícita, senão explicitamente que o estoque de bens geradores de utilidade fosse fixo.

Eu aceito esta resposta. *Se* o argumento da diminuição da utilidade marginal fosse tratado como importante somente em um mundo onde não houvesse produção, tal argumento seria válido ou praticamente válido. Infelizmente, muitas pessoas e, possivelmente os próprios Arrow e Samuelson, também raciocinam como segue: se as conclusões fortemente igualitárias do argumento da diminuição da utilidade marginal não são inteiramente válidas no mundo da produção, a consequência que, presumivelmente, *se segue* realmente é a de uma versão adequadamente enfraquecida dessas mesmas conclusões igualitárias. Mas não é assim. No mundo da produção, a diminuição da utilidade margi-

---

14. Arrow 1971, p. 409.
15. Samuelson 1973, p. 423.
16. Samuelson 1973, p. 423.

nal pode pesar *contra* a redistribuição igualitária, não a favor dela, dependendo da natureza exata dos bens iniciais e das funções de produção.

O argumento pressupõe que a utilidade marginal da produção não seja decrescente

A Figura 23.1 representou a utilidade marginal do plantio como uma linha horizontal, que podemos interpretar como uma escala de rendimentos constantes. De acordo com essa suposição, existirá um ponto C* em que a diminuição da utilidade marginal pese contra a redistribuição igualitária, ao invés de favorecê-la. (Se mantivermos constantes todas as demais variáveis, tais como a utilidade marginal da produção, isto permitirá que nos concentremos em como o fenômeno da utilidade marginal decrescente do consumo pode chegar a um ponto em que a produção se torna uma utilização de valor relativamente mais elevado em C*.) Se, em vez disso, presumíssemos rendimentos crescentes em função da escala de produção, representando o produto marginal do plantio como uma curva ascendente, a mesma conclusão se seguiria, pois C* ainda existiria. Suponhamos, então, que presumimos rendimentos decrescentes em função da escala de produção representando assim o produto marginal do plantio como uma curva descendente. Se a utilidade marginal da produção for representada por uma linha descendente, somente haverá um ponto C* caso o declínio da linha de produção seja menor do que o declínio da linha de consumo (isto é, caso surja um ponto em que José Rico já tenha comido tanto milho que ele prefira enterrar (plantar) uma unidade adicional ao invés de comê-la também)[17]. E, desde que exista um ponto

---

17. Esse ponto ficará à direita do eixo dos yy se a linha C (consumo) começar acima da linha P (produção) e depois cair até encontrá-la. Caso contrário, mesmo na hipótese improvável de que seja melhor plantar do que consumir a primeira unidade de milho, C* ficará diretamente sobre o eixo dos yy.

C* [excedente do consumo], haverá uma amplitude em que uma pessoa se dará melhor plantando do que consumindo. Nesse caso, então decidir se o fenômeno da utilidade marginal decrescente pesa a favor ou contra a redistribuição igualitária vai depender da posição em que nos encontramos sobre a curva, isto é, se nos achamos à esquerda ou à direita do ponto C*.

Em qualquer caso, eu pessoalmente não presumo que a produção apresente uma utilidade marginal decrescente; nem presumo o caso oposto (exceto para o propósito de desenhar a Figura 23.1). Minha discordância é com a ideia de que a utilidade marginal decrescente do *consumo* necessariamente pese em favor da redistribuição igualitária.

E se combinarmos as utilidades da produção e do consumo?

Reconhecendo as perdas que ocorrem no processo de transferência da riqueza, Nagel diz que, não obstante, "a taxa com que a utilidade marginal decresce é tão rápida que ainda teria consequências igualitárias mesmo em muitos casos em que os mais bem aquinhoados perderão mais recursos do que os menos privilegiados poderão ganhar"[18]. Na Figura 23.1, todavia, a utilidade marginal decrescente de consumo para José Rico *favorece* o argumento contrário à redistribuição.

Para que esse argumento funcione, a utilidade marginal do consumo para Rico deve diminuir rápido o bastante para ficar abaixo da utilidade marginal do plantio na ocasião em que Rico pretender alocar sua última unidade. Caso contrário, nunca haverá um ponto C* em que a atividade produtiva se torne relativamente atraente. Nesse caso, uma vez que a última unidade de Rico é destinada ao consumo, faz sentido, do ponto de vista utilitário, transferir essa unidade para alguém cuja utilidade marginal de consumo seja mais elevada.

---

18. Nagel 1991, p. 65.

Portanto, permitam-me salientar: esse argumento não é contra a redistribuição em geral, mas contra o pressuposto de que, a partir de uma perspectiva utilitária, a utilidade marginal decrescente do consumo necessariamente pesa em favor da redistribuição igualitária. Tampouco ele se destina a combater os impostos em favor do investimento de capital. Tais investimentos deveriam ser avaliados consoante seus méritos produtivos. Programas voltados para financiar a educação de crianças pobres poderiam ser um sábio investimento para o futuro de uma sociedade. Mas a utilidade marginal decrescente não pode e não deve ter o maior peso argumentativo em tais casos.

A redistribuição poderia favorecer a produtividade colocando milho na mão de pessoas que, de outro modo, jamais teriam uma oportunidade de se tornarem produtivas, só que então nós não estaríamos redistribuindo de José Rico para Joana Pobre, não estaríamos dando milho aos pobres recipiendários por serem pobres, mas sim a recipiendários em melhores condições de colocar unidades extras no esquema de utilização produtiva. Esses recipiendários podem tender a ser pessoas que já têm unidades C* de milho e, desse modo, poderão se dar ao luxo de fazer uso produtivo dos subsídios que receberem. Tal redistribuição poderia passar dos ricos para os pobres, ou dos pobres para a classe média. Por exemplo, imagine uma classe média com mais do que o suficiente para comer, mas não o bastante para investir otimamente[19]. Uma combinação das utilidades de plantio e consumo poderia sugerir um caso para transferência de riqueza desta classe em *ambas as direções* – para consumidores pobres com menos alimento para comer e também (desde que todos os demais fatores permaneçam iguais) para ricos produtores em melhores condições de explorar economias de escala.

---

19. Eu cresci em uma pequena granja que não dava lucro (uns setenta hectares), de tal modo que talvez minha própria família fosse um bom exemplo desse tipo de classe média.

Conclusão

As implicações da utilidade marginal decrescente do consumo são consistentemente igualitárias somente dentro de um modelo em que não exista produção. Em um mundo sem produção, uma função de utilidade marginal de curva descendente representa uma riqueza marginal de consumo cada vez mais frívolo. Nesse tipo de mundo, há uma maximização da utilidade pela distribuição de recursos àqueles para quem os recursos terão maior utilidade. Mas em um mundo em que exista produção, esta consequência não se segue. Em um mundo de produção, a utilidade marginal decrescente do consumo implica menos razão para consumir e, relativamente falando, mais razão para investir em produção a longo prazo. Neste mundo, resta saber se haverá maximização da utilidade pela transferência de recursos àqueles para quem tais recursos tiverem maior utilidade. Em vez disso, a utilidade pode ser maximizada transferindo recursos àqueles que os utilizarão da maneira mais produtiva[20].

As pressuposições de modelos simplificados servem a um propósito, mas um pressuposto que ponha de lado as possibilidades de produção não é a mesma coisa que ignorar etapas em uma curva de utilidade. Ignorar etapas é simplificar a verdade. Todavia, quando ignoramos a produção, não estamos meramente simplificando; estamos ignorando um pré-requisito para a satisfação das necessidades no mundo real.

---

20. É desnecessário dizer que os efeitos perversos dos incentivos de pagar pessoas para que *pareçam* necessitadas também afligem instituições que pagam pessoas para *parecerem* produtivas. O último problema não é incomum em grandes corporações.

24. Os limites da igualdade

TESE: Todos os princípios de justiça devem responder a pré-requisitos sociais para que possamos viver bem em comunidade. Entre esses pré-requisitos se encontram as regras da posse inicial.

**O liberalismo significa livre
associação, não átomos isolados**

Até aqui, estive falando em conflitos dentro do igualitarismo liberal, refletindo sobre como os igualitários podem interligar a igualdade a considerações de meritocracia, humanitarismo e utilitarismo. Porém agora eu quero sair fora desse arcabouço e observar o relacionamento difícil entre o igualitarismo e as considerações pragmáticas subjacentes aos costumes da propriedade em função da posse inicial.

No mundo real, quase nada do que fazemos é puramente distributivo. Tirar de uma pessoa para dar a outra não altera simplesmente uma distribuição. Altera também o grau com que produtos são controlados por seu produtores. Para redistribuir sob condições do mundo real, temos de alienar os produtores de seus produtos. A alienação dos produtores de seus produtos foi identificada como um problema por Karl Marx e com toda a razão; terá de ser encarada como um problema sob qualquer perspectiva.

Em um mundo que tende a se afastar sistematicamente dos ideais igualitários, a filosofia igualitária tende a encorajar estas atitudes não somente alienadas, como alienadoras. Desse modo, o igualitarismo acadêmico, conforme foi observado, algumas vezes considera a sorte como um problema moral, algo que traz ressentimento. Um meritocrata purista há de concordar com este argumento, dizendo que o sucesso não deve ser o resultado de pura sorte: deve ser conquistado e merecido. Quando os ideais meritocráticos nos fazem sentir alienados de um mundo que tende a se afastar sistematicamente desses ideais, essa é uma decorrência lamentável. O argumento, que não é dirigido contra o igualitarismo em particular, é que, mesmo nos casos em que uma filosofia radical tem uma aparência atraente, a bagagem psicológica que a acompanha não precisa ser também atraente.

Elizabeth Anderson observa, como muitos o fizeram, que os igualitários "consideram a economia como um sistema de produção conjunta e cooperativa", em contraste com "a imagem mais familiar de um Robinson Crusoé autossuficiente, capaz de produzir tudo sozinho até o ponto em que se inicia a atividade comercial", e diz ainda que devemos "considerar cada produto da economia como produzido conjuntamente por todos, trabalhando juntos"[1]. A imagem de um Robinson Crusoé é, sem dúvida, familiar mas somente nos escritos dos críticos comunitários do liberalismo. O ideal liberal é a livre associação e não um conjunto de átomos isolados[2]. Além disso, a história real da livre associação demonstra que não nos tornamos eremitas, porém, bem ao contrário, nos organizamos livremente em comunidades "densas"[3]. Os huteritas, menonitas e outros grupos

---

1. Anderson 1999, p. 321.
2. Para uma expressão importante da queixa comunitária, ver Taylor 1985.
3. As pessoas vêm-se organizando livremente em comunidades de indivíduos que pensam de maneira semelhante desde muito antes que existisse qualquer coisa semelhante à instituição que agora denominamos de "estado". Ver Lomasky 2001 e Morris 1998.

relativamente isolados mudaram-se para a América do Norte não porque a sociedade liberal seja um lugar em que *eles não poderiam* formar "comunidades densas", mas justamente porque a sociedade liberal é um ambiente que permite que *eles possam*.

O ponto de vista de Anderson, não obstante, tem valor real. Nós não começamos a partir do nada. Nós tecemos nossas contribuições em uma rede de contribuições preexistente. Contribuímos para um sistema de produção e, dentro de certos limites, somos vistos como donos de nossas contribuições, por mais humildes que possam ser. É por essa razão que as pessoas contribuem e é também por essa razão que mantemos um sistema de produção.

Obviamente, há muito que dizer no sentido de que devemos ser gratos por viver dentro deste "sistema de produção cooperativa e conjunta" e de que devemos igualmente respeitar aquilo que faz com que ele funcione. Quando refletimos sobre a história de qualquer empresa em funcionamento, é justo que nos sintamos agradecidos a Thomas Edison e a todos os demais que realmente ajudaram a tornar possível essa empresa. É claro que poderíamos resistir ao impulso de nos sentirmos agradecidos, insistindo em que o caráter de uma pessoa depende "de circunstâncias sociais e familiares afortunadas, pelas quais ela não pode reivindicar nenhum crédito"[4] e que, portanto, pelo menos teoricamente, há uma forma de respeito que podemos ter pelas pessoas, mesmo quando não lhes damos crédito pelo esforço e talento que trazem à mesa. Mas há um problema: esse tipo de "respeito" não é o tipo que leva os produtores a trazerem para a mesa suas próprias contribuições. Nem tampouco constitui o tipo de respeito mútuo que faz com que as comunidades se tornem capazes de funcionar[5].

---

4. Rawls 1971, p. 104.
5. Eu não estou dizendo que respeito por talento ou por esforço sejam as únicas formas de respeito que façam funcionar comunidades. Elizabeth Willott me recorda do meu próprio exemplo do Capítulo 8, em que a bondade de um bispo para com Jean Valjean transforma este último numa pessoa que merece o respeito que se acha implícito em qualquer ato de bondade.

A justiça num mundo que tem história

Bruce Ackerman nos convida a pensar sobre os requisitos da justiça igualitária, imaginando que nos encontramos em uma nave espacial, procurando novos mundos para colonizar.

> Ao chegarmos inesperadamente a um novo mundo, fazemos uma varredura de sua superfície à distância e descobrimos que contém um único recurso: maná... Decidimos nos mudar para esse novo mundo. Enquanto nos aproximamos do planeta, as conversas percorrem vivamente a nave espacial. Uma vez que a quantidade de maná descoberta é limitada e universalmente desejada, a questão de sua distribuição inicial se encontra na mente de todos, tripulantes e passageiros. Instruímos o piloto automático para orbitar o planeta durante o tempo em que resolvemos a questão da distribuição inicial e nos reunimos no Salão de Reuniões para discutir o assunto em profundidade.[6]

Surge o problema: e se o planeta já for habitado? Ackerman pode estipular que o planeta é desabitado, naturalmente, caso em que podemos nos sentir à vontade com suas conclusões. Mas e se o planeta for, de fato, habitado? E se o planeta tiver um ecossistema, digamos, semelhante ao da Terra?

Esta não é uma questão acadêmica. Ackerman deseja que sua "experiência mental" lance luz sobre de que maneira os bens deverão ser redistribuídos na própria Terra. Desse modo, enquanto circulamos sobre nosso próprio planeta, pensando em como vamos dividir as coisas, minha questão persiste: e se o planeta já for habitado? Os bens terrestres são semelhantes ao maná descoberto em um planeta *desabitado*? Ou os bens reais que Ackerman deseja distribuir, aqui e agora, são tipicamente bens que já foram descobertos, criados, possuídos e postos em uso por alguém mais?

---

6. Ackerman 1980, p. 31.

Há séculos os filósofos vêm procurando identificar a essência da justiça indagando com o que as pessoas concordariam se todas viessem a uma mesa de negociações a fim de delinear o esboço de uma sociedade em que subsequentemente deveriam viver. Até este ponto, Ackerman está certo: se os negociadores estivessem olhando para uma pilha de bens colocada sobre a mesa, imaginando como deveriam dividi-la, não demoraria muito tempo até que alguém propusesse que tais bens deveriam ser divididos em porções iguais para todos e cada um tomaria sua parte, coisa que faria perfeito sentido em tais circunstâncias.

E se modificarmos ligeiramente o contexto? Suponhamos que as pessoas não cheguem simultaneamente à mesa de negociações. Suponhamos que uma tribo indígena tenha chegado primeiro. Ora sucede que passageiros e tripulação estão decidindo como dividir as propriedades da tribo, até que um dos membros da tripulação indaga timidamente: "Mas quem nos deu o direito de fazermos isso?"

Ou, então, suponhamos que, como as pessoas nascem uma após uma, ao longo de gerações, quando uma nova pessoa chega, já não existem bens sem proprietário sobre a mesa aguardando por uma divisão justa. Todos os bens já foram tomados por outros e se tornaram, pelo menos em parte, o produto de vidas inteiras de trabalho. Sabemos imediatamente que vamos ter muita dificuldade para determinar o que pode ser considerado como devido ao recém-chegado. Podemos ainda concluir, concordando com Ackerman, que a justiça requer algum tipo de porções iguais, mas estamos claramente em uma situação bem diversa, que requer uma abordagem bastante diferente.

A justiça seria bem mais simples se o mundo não tivesse uma história, tal como não a têm os mundos imaginários concebidos pelos contratualistas. Por melhor ou pior a sorte, contudo, nós temos (e nossas comunidades também a têm) uma história, e essa história tem um peso importante. A questão aqui não é que o passado deva ser respeitado não importa o que aconteça, mas que existem formas de respeitar o passado que permitem às pessoas ter a perspectiva de um futuro onde haja respeito e benefícios mútuos.

A posse inicial como alternativa à proposta de porções iguais

O Capítulo 19 já discutiu o ponto de vista de Ackerman de que a distribuição por "porções iguais" representa um mínimo moral: uma regra que automaticamente seguimos, caso não encontremos justificativa para nenhuma outra. É desnecessário dizer que não é assim que procedemos na realidade. Para os variados recursos existentes no mundo real, há diferentes padrões morais mínimos, e o padrão básico não é absolutamente o da divisão em partes iguais. Na prática, o mínimo moral consiste em deixar as coisas como estão, em respeito às assertivas daqueles que chegaram anteriormente.

Carol Rose afirma que as regras de primeira posse (regras jurídicas que conferem a posição de proprietário à primeira pessoa que, para todos os efeitos, tomou posse de um objeto) induzem as descobertas. Ao induzirem a descoberta, tais regras induzem a atividade produtiva. Tais regras também ajudam a minimizar as disputas[7]. Estabelecem direitos presumidos que nos permitem alegar ou conceder um direito preferencial, conforme seja o caso, sem derramamento de sangue e sem sequer orgulho ferido[8].

---

7. Rose 1985.
8. A posse inicial não implica necessariamente propriedade permanente. A propriedade estabelecida pela primeira pessoa a registrar *uma patente* é temporalmente limitada. Do mesmo modo, a posse em *usufruto* somente dura enquanto o objeto possuído é usado para seus propósitos costumeiros. De modo semelhante, ao sentar-se no banco de uma praça, Beto adquire o direito de utilizá-lo para seu propósito costumeiro, mas no momento em que Beto se levanta, o banco reverte a seu estado prévio em que ninguém tem direito exclusivo a ele.

Frequentemente, na discussão filosófica, parece que a posse inicial é confundida com o exercício da força bruta, quando, de fato, a posse inicial funciona no reino animal como uma de duas *alternativas* à distribuição de acordo com a força bruta. A outra alternativa ao emprego da força bruta são as hierarquias de dominância, pelas quais os machos mais fortes estabelecem a pressuposição de que vencerão qualquer luta de que sejam forçados a participar, de modo que passam a controlar os recursos sem precisar efetivamente combater por eles. A posse inicial difere da dominância e da força bruta porque garante o direito de propriedade mesmo para aqueles que não têm o domínio e mesmo para aqueles que não dispõem da força bruta para defender suas pretensões de direito[9].

Infelizmente, uma de nossas falhas como espécie é que, embora o respeito pela posse inicial seja ubíquo, tende a ser um fenômeno restrito ao grupo interno. A psicologia individual sistematicamente respeita a posse inicial. A psicologia do grupo, todavia, reage ao poder da força bruta. Os grupos tendem a respeitar outros grupos somente se esses grupos são capazes de defender seus direitos ou pretensões em batalha. Nada do que foi dito aqui implica que a posse inicial tenha sido consistentemente respeitada. Ao contrário, os povos aborígenes ao redor do mundo foram brutalmente subjugados. Se a posse inicial tivesse sido respeitada, muitos dos episódios mais trágicos da história humana jamais teriam ocorrido.

Apesar de sabermos disso, de algum modo continuamos a falar como se justiça significasse a maneira de *dividir* as coisas com que as pessoas contribuem, não a maneira de *respeitar* essas coisas com que as pessoas contribuem.

---

9. Ver Kummer 1991.

Quando a igualdade não se acha onde estamos

Os experimentos teóricos dos defensores do contratualismo, conforme foi observado no Capítulo 19, descrevem as coisas como se todos se assentassem à mesa ao mesmo tempo. E é de importância moral central, consoante eu mesmo disse, que o mundo real não seja assim. As pretensões de justiça devem ajustar-se ao mundo ao qual tais pretensões alegam pertencer. Em nosso próprio mundo, isto significa reconhecer que, quando qualquer pessoa chega à cena para negociar, a maior parte do mundo já se acha na posse de outros, em virtude de vidas inteiras de trabalho (e os trabalhadores não acham que seja "arbitrário" que tenham sido eles a realizar o trabalho). As teorias tendem a ignorar o lugar em que realmente nos encontramos, porque os teóricos querem evitar o privilegiamento do *status quo,* só que uma teoria é forçada a privilegiar a situação vigente, pelo menos de alguma forma, se é que pretende dar-lhe importância.

Por que razão os regimes reguladores da propriedade, ao redor do globo e ao longo da história, operam consistentemente segundo normas de posse inicial e não de porções iguais? A razão, suponho eu, começa pelo fato de que, em nosso mundo, as pessoas chegam em épocas diferentes. Quando as pessoas chegam em épocas diferentes, porções iguais deixam de ter a importância intuitiva que tinham nos casos de chegada simultânea. Se Joana chegou primeiro e está pacificamente utilizando sua descoberta, então tentar tirar dela uma parte da propriedade, mesmo que seja uma parte igual, não é absolutamente um ato pacífico.

Xenofobia

Eis uma virtude em geral despercebida da posse inicial: ela nos permite viver juntos, sem termos de encarar os recém-chegados como uma ameaça. Se fôssemos forçados a encarar os recém-chegados como tendo direito a uma parte igual de nossos bens, a chegada de forasteiros seria considerada como inerentemente ameaçadora. Imagine uma cidadezinha com cem habitantes. Cada um deles tem uma propriedade de cem metros quadrados. Se mais alguém se mudar para a cidade, é regra redesenhar os limites dos terrenos. Cada uma das propriedades terá de ceder quase um metro quadrado, encolhendo para dar espaço à parcela igual concedida à nova pessoa (e o processo se repete a cada novo imigrante). Questão: até que ponto o povo dessa cidade será cordial com os visitantes? Mesmo agora, em nossa sociedade, as pessoas que veem o mundo em termos de bens limitados tendem a sentir rancor pelos imigrantes. Na visão delas, os imigrantes tomam seus empregos em vez de fabricarem produtos, fazem subir o preço dos aluguéis em vez de estimularem novas construções e assim por diante. A questão não é que a xenofobia tem peso moral, mas sim que é um fenômeno real, uma variável que queremos minimizar, se for possível. As regras da posse inicial ajudam nesse sentido. Mas em nada ajudaria dizer aos antigos residentes que os imigrantes recém-chegados têm direito a porções iguais.

Ackerman acredita que "a única liberdade digna de uma comunidade de pessoas racionais é uma liberdade que cada um de seus membros esteja pronto e disposto a justificar em suas conversações"[10]. Em qualquer comunidade viável, entretanto, a maior parte da estrutura da vida diária literalmente funciona de forma imperceptível, sem precisar de qualquer discussão ou defesa, permitindo que as pessoas aceitem "muitas coisas" como perfeitamente naturais, de tal modo que possam canalizar suas energias para a produção, em vez de desperdiçá-las em autodefesa, seja ela verbal ou de outra espécie.

O papel exercido pela posse inicial em qualquer cultura viável, ao longo de toda a história humana, é um proble-

---

10. Ackerman 1983, p. 63.

ma para os igualitários, mas não só para eles. Qualquer concepção de justiça precisa dar espaço para essa discussão. A meritocracia está igualmente em posição de precisar submeter-se a uma norma de respeito à posse inicial. Uma cultura viável é uma teia de jogos de soma positiva, mas um jogo apresenta um resultado positivo somente quando os jogadores estão dispostos a colocar na mesa aquilo que já têm como seu ponto de partida e prosseguir a partir daí. Uma concepção viável da justiça toma esse requisito (juntamente com outros pré-requisitos para os jogos de soma positiva) como *seu* ponto de partida.

Perdendo a corrida

O problema com relação à posse inicial é, naturalmente, que aqueles que chegam depois não recebem uma parcela igual. Isso é justo, ou não é? Ah, depende. Quanto menos, exatamente, eles recebem? Algumas experiências teóricas dos contratualistas se baseiam em jogos de soma zero: a posse inicial não deixa nada para os que vieram depois. Por exemplo, no jardim de Ackerman, quando você pega as duas maçãs (ou, até mesmo, uma delas), você deixa menos para Ackerman ou para qualquer outro que chegar depois. Desse modo, como Hillel Steiner observou[11], do mesmo modo que os primeiros a chegar veriam os recém-chegados como uma ameaça dentro de um regime de partes iguais, os que chegassem mais tarde considerariam os que chegaram primeiro como uma ameaça dentro de um regime de posse inicial. Ou, pelo menos, os que chegassem mais tarde encarariam os que chegaram primeiro como uma ameaça, se realmente fosse verdade que, em um regime de posse inicial, é melhor chegar primeiro do que depois.

Mas isso não é verdade. Um fato central a respeito de qualquer economia organizada é o de que os que chegam

---

11. Em uma conversação, datada de 24 de setembro de 2000.

mais tarde encontram situações melhores do que a primeira geração a apropriar-se dos bens existentes. Desfrutamos hoje de uma riqueza sem precedentes precisamente porque nossos ancestrais chegaram aqui primeiro e iniciaram o laborioso processo de transformar a sociedade em uma vasta rede de iniciativas de cooperação para vantagem mútua. Os que primeiro tomam posse pagam o preço de converter os recursos encontrados para um uso produtivo. São os que chegam mais tarde que colhem os benefícios[12]. Precisamos perceber que, na corrida da apropriação, a possibilidade de ser o primeiro proprietário não é o prêmio real. O prêmio é a prosperidade e os que chegam mais tarde são os verdadeiramente recompensados, por cortesia do labor daqueles que chegaram primeiro ao local.

Assim, quando alguém indaga:"Por que os que se apropriaram primeiro dos bens devem conservar o valor inteiro daquilo de que se apropriaram?" a resposta é que, muito simplesmente, eles não o conservam. Neste mundo, eles guardam apenas uma fração das coisas de que tomaram posse e, ao mesmo tempo, multiplicam em vez de subtraírem do estoque, que é então deixado para os outros que vierem depois. É falso que as regras de posse inicial consignem aos que chegarem mais tarde uma parcela menor e não igual. Em uma sociedade como a nossa, os recém-chegados

---

12. Ver Sanders 2002. Houve um tempo em que se pensou que a Provisão de Locke, indicando que uma quantidade igual de igual qualidade fosse deixada para os outros, tivesse uma lógica que proibisse a apropriação original de qualquer coisa. (A ideia: o número de coisas de cada espécie que existe no mundo é finito e, portanto, cada vez que algo for tomado, sobrará menos para os outros.) Uma série de ensaios (Schmidtz 1990b, Schmidtz 1994, Schmidtz e Willott 1993) observou previamente que é precisamente a apropriação e ulterior regulamentação do acesso a recursos escassos o processo segundo o qual as pessoas evitam tragédias comuns e, desse modo, preservam os recursos para o futuro, satisfazendo a Provisão de Locke por meio dessa mesma ação. Quando os recursos são abundantes, a Provisão *permite* a sua apropriação; quando os recursos são escassos, a Provisão *requer* sua apropriação. As pessoas podem-se apropriar agora, sem prejudicar as futuras gerações. Sem dúvida, quando os recursos são escassos, deixar que permaneçam à disposição de todos irá *arruinar* as gerações futuras.

vivem muito melhor, de fato, de uma maneira espantosamente melhor, em comparação com aqueles que chegaram inicialmente.

Os recém-chegados não vivem *igualmente* bem, mas as razões para a queixa igualitária não podem repousar sobre a ideia de que aqueles que dispõem de menos que seus vizinhos foram prejudicados pela posse inicial destes. As condições de vida dos recém-chegados, em geral, (talvez, muito especialmente, daqueles que pertenceriam de qualquer maneira às classes menos privilegiadas) são melhores, não piores.

A justificativa das regras da posse inicial

A Quarta Parte deste livro considerou as funções que os princípios de igualdade podem adequadamente exercer dentro de uma teoria da justiça. É claro que os princípios de igualdade (como quaisquer outros princípios de justiça) devem abrir espaço para regras de posse inicial e podem perfeitamente fazer isso. A posse inicial pode não ser, em si mesma, um princípio de justiça, mas nem todas as questões se reduzem a questões sobre aquilo que é devido às pessoas. Algumas vezes, a questão é mais simplesmente como resolver disputas sobre aquilo que é devido às pessoas. Algumas vezes, resolvemos disputas determinando quem tem direito a escolher primeiro. A posse inicial se encontra, até certo ponto, fora do âmbito da justiça, mas, também até certo ponto, corrige a justiça e mantém a justiça em seu devido lugar, pois há ocasiões em que falar sobre o que é devido às pessoas é a última coisa que ajudaria a resolver os conflitos que tenham surgido. Ao considerar a função da justiça, temos de entender que, algumas vezes, aquilo que precisamos estabelecer, acima de tudo, é quem tem primazia.

Não podemos viver juntos sem regras que garantam nossas posses e que, desse modo, nos permitam planejar nossas vidas individuais. Quando podemos contar com um respeito geral pela posse inicial, não precisamos passar nossos dias em suspense, imaginando quanto iremos ganhar ou perder numa guerra permanente sobre quem vai possuir o quê. As regras que valorizam a posse inicial de um bem são sinais de trânsito que obedecemos a fim de conseguir transitar pelo mundo social.

Além disso, esses sinais de trânsito não constituem meros artefatos culturais, não mais do que a própria territorialidade. Como virtualmente qualquer animal capaz de locomoção percebe em algum nível, a regra da posse inicial é a mesma regra que permite "viver e deixar viver". A posse inicial é a regra segundo a qual todos os animais, inclusive os humanos, entendem o que pode ser considerado como uma afronta e o distinguem do que pode ser classificado simplesmente como não se meter na vida alheia. Podemos questionar a posse inicial em teoria (mesmo porque, em teoria, é mais fácil atacar do que defender), mas não podemos e de fato não a questionamos na nossa prática cotidiana. Sem essa regra, estaríamos perdidos.

QUINTA PARTE
Reflexões sobre a necessidade

25. Necessidade

– Já terminei, papai!...
–Você já aparou o gramado inteiro, Billy? Mas que coisa linda... E você fez um belo trabalho, também. Certo, quanto foi que eu disse que lhe iria pagar?
– Cinco dólares, papai.
Silêncio constrangedor, depois Billy repete, bem baixinho:
– O senhor falou cinco dólares...
– Acho que falei, não foi? Você sabe, eu comecei a pensar e percebi que preciso do dinheiro mais do que você. Sinto muito, filho.
– Mas pa-ai...
– Billy, não me olhe desse jeito. Eu só estou fazendo o que a justiça determina.

O pai de Billy lhe deveria dar os cinco dólares? Por quê? Se o pai de Billy lhe deve dar o dinheiro, o que é que isso nos ensina? Que a justiça se acha acima da necessidade? Que não se trata *somente* de necessidade? Devemos dizer que a justiça se refere à necessidade, sem dúvida, apenas à necessidade, mas que as coisas de que as pessoas precisam são sensíveis ao contexto? Neste caso, por exemplo, poderíamos dizer que o pai de Billy deveria pagá-lo, porque Billy, afinal de contas, possui uma necessidade muito real – não do dinheiro em si, mas de poder confiar em seu próprio pai.

O Capítulo 26 analisa o quadro geral, aquilo de que as pessoas necessitam no sentido mais amplo. O Capítulo 27 considera quando se deve distribuir de acordo com as necessidades. O Capítulo 28 examina com maiores detalhes as coisas de que as pessoas precisam, quando a distribuição de acordo com as necessidades não é aquilo de que precisam. O Capítulo 29 reflete sobre o lugar das normas de justiça dentro de uma comunidade que funciona bem.

Para evitar o surgimento de falsas esperanças, permitam-me enfatizar que discuto aqui a necessidade não porque acredito que possa melhorar o que outras pessoas já disseram a respeito deste conceito, mas porque penso que as alegações de necessidade se encontram entre os elementos primários mais irredutíveis da justiça e também porque penso que o conceito de necessidade apresenta funções úteis para o processo de explicação de outros elementos primários[1].

Eu não desenvolvi uma teoria a respeito das coisas que as pessoas precisam a um nível comparável com minha teoria a respeito do que merecem e não vou pretender o contrário. Eu direi o que tenho a dizer e pronto, me calarei, esperando que o que eu tenho a dizer seja melhor do que me calar e não dizer nada.

---

1. Para excelentes discussões deste ponto (esta lista não pretende ser exaustiva!...), ver David Miller 1999a, capítulo 10; Griffin 1986; Braybrooke 1987. E, naturalmente, é preciso consultar Maslow 1970.

26. Hierarquias de necessidades

TESE: Quando indagamos o que torna uma sociedade melhor do que outra, não há razão para não trabalharmos com a concepção mais ampla da necessidade, que abrange todo o espectro do florescimento humano.

Necessidade *versus* pretensões de necessidade

Vamos supor que Michelangelo atinja um estágio delicado em uma de suas esculturas. Ele se vira para seu aprendiz e lhe diz: "Eu vou precisar do cinzel pequeno." Seu aprendiz replica: "Você realmente acha que *precisa* do cinzel pequeno...?"

O que o aprendiz quer dizer com isso? (1) Em primeiro lugar, podemos imaginar que o aprendiz não entende o propósito de Michelangelo, ainda que o contexto torne a resposta óbvia: Michelangelo precisa do cinzel para prosseguir com seu trabalho. (2) Podemos imaginar que o aprendiz entenda qual seja o propósito de Michelangelo, mas que duvide que o cinzel pequeno é o instrumento adequado para essa tarefa. Se esse fosse o caso, entretanto, o aprendiz não teria enfatizado a palavra "precisa". Ele teria dito alguma coisa como: "Tem certeza de que realmente precisa do cinzel *pequeno?*" (3) Podemos imaginar que o aprendiz de Michelangelo se encontra em um momento difícil de seu treinamento filosófico, em que brinca com jogos de palavras, tendo desenvolvido a habilidade de estabelecer distinções detalhadas entre "necessitar" e "querer", mas sem dispor ainda da sabedoria suficiente para compreender para que servem estas pequenas distinções. Ou (4) podemos, com um certo esforço, imaginar que o aprendiz está pensando que Michelangelo alega *ter direito* a um cinzel, de acordo com um princípio de distribuição baseada na necessidade.

A quarta alternativa é um caso em que realmente necessitamos (isto é, em que nossos propósitos exigem) distinções detalhadas entre o que se precisa e (meramente) se quer. Sabemos, de um modo geral, o significado daquilo que queremos designar pela palavra "necessidade". (Com frequência, dizer que "eu necessito" de X é o mesmo que dizer que eu quero X *agora*. Só raramente eu estou dizendo que, sem X, eu vou morrer.) Por melhor ou pior que seja o resultado, este significado apresenta aproximadamente o mesmo total de significado que a própria palavra tem, salvo em casos de expressões mais precisas para uso em contextos específicos. Não existem linhas naturais que sejam perfeitamente definidas entre as necessidades e os desejos.

Mas isso não chega a ser um problema. Nós não necessitamos de uma linha que seja *naturalmente* definida. Se e quando necessitarmos de uma distinção precisa, uma linha *artificialmente* definida servirá muito bem. Não existe tampouco uma linha natural entre dirigir a uma velocidade segura e dirigir rápido demais. Podemos traçar uma linha artificial, mas não há razão para isso, a não ser que queiramos, por exemplo, penalizar as pessoas que a ultrapassem e fiquem do lado errado dessa linha. Mas ocorre que é justamente isso que desejamos fazer, de tal modo que *inventamos* uma linha jurídica bem definida, escolhendo, por exemplo, cinquenta quilômetros por hora como o limite de velocidade em uma área residencial. Essa linha artificial e bem-definida se destina a estabelecer os limites inerentemente vagos da velocidade segura. O mesmo é verdadeiro com relação à necessidade. Ao definirmos os limites das alegações de necessidades, construímos uma linha brilhante que seja artificialmente precisa. E se fazemos isso, é porque necessitamos que as *alegações* de Michelangelo sejam claramente delimitadas, não porque exista alguma coisa naturalmente definida nessa linha que separa a necessidade de um cinzel da mera vontade de querê-lo.

Uma hierarquia de urgências

De acordo com a teoria de Abraham Maslow, existe uma hierarquia de necessidades, em que as necessidades fisiológicas formam a base da pirâmide e as transcendências espirituais formam o ápice, enquanto coisas como segurança, participação, estima e autorrealização formam alguns dos níveis intermediários. Qualquer um desses níveis é privilegiado? Realmente não. Todos eles são importantes[1]. Se Michelangelo estiver morrendo de sede, é claro que beber um pouco de água será mais urgente do que qualquer necessidade de prosseguir esculpindo. Parte da argumentação de Maslow é que o contexto determina quais necessidades são mais urgentes. Mas quais dessas necessidades são as mais *importantes?* Esse já é um outro assunto, ligado mais intimamente a questões relacionadas ao que significa viver bem a vida e menos interligadas com o tema das questões que se referem a quais necessidades sejam mais urgentes em qualquer momento dado. Uma sociedade funciona melhor quando seus cidadãos podem satisfazer suas

---

1. As necessidades de segurança, amor e estima constituem os níveis entre a base e o ápice. De passagem, Maslow nos diz: "O filósofo da ética tem muito a aprender através de um exame cuidadoso da vida motivacional do ser humano. Se nossos impulsos mais nobres forem encarados não como as rédeas que controlam cavalos, mas como os próprios cavalos, e se nossas necessidades animais forem vistas como sendo da mesma natureza de nossas necessidades mais elevadas, como poderá uma dicotomia aguda entre elas ser sustentada?" (Maslow 1970, p. 102.)

necessidades rudimentares de sobrevivência. Também funciona melhor quando seus cidadãos podem se dar ao luxo de olhar além das necessidades mais prementes do momento e indagar-se o que realmente é mais importante. A base da pirâmide de Maslow é parcialmente importante porque o topo da pirâmide é importante.

Alguns contextos (tais como aqueles em que estamos teorizando sobre o que as pessoas podem alegar como sendo seus direitos) requerem que elaboremos uma concepção estrita e precisa do que seja a necessidade, mas empreendemos essa tarefa quando tal necessidade surge[2]. Se não indagarmos a respeito das *alegações* de necessidade de Michelangelo, mas simplesmente buscarmos saber até que ponto uma estrutura básica permite a Michelangelo satisfazer suas necessidades, nós obteremos maiores informações se considerarmos a pirâmide inteira, em vez de recontarmos uma parte dela em algum ponto arbitrário. Quando nos pomos a imaginar até que ponto uma sociedade permite a Michelangelo obter aquilo de que necessita, temos a liberdade de indagar o óbvio: necessita para quê? Podemos reconhecer que temos propósitos diferentes e que cada propósito implica uma necessidade diferente. Enquanto Michelangelo não estiver alegando que tem direito a que satisfaçamos suas necessidades, podemos admitir que, em um sentido genuíno, importante e óbvio, Michelangelo necessita esculpir.

Objetividade

A necessidade que tem Michelangelo de receber um cinzel é objetiva na medida em que a necessidade é implicitamente um relacionamento tripartite entre Michelange-

---

2. Por exemplo, como Galston (1980, p. 163) define o termo: "Necessidades são os meios requeridos para a obtenção de objetivos urgentes que sejam amplamente desejados, mesmo que o não sejam universalmente."

lo, o cinzel e um propósito para cuja consecução Michelangelo utilizará o cinzel. Quando Michelangelo diz que precisa do cinzel para a próxima etapa de seu trabalho escultural, essa declaração tem um determinado valor de verdade e corresponde a uma declaração de Michelangelo em que ele afirme que precisa tomar um pouco de suco de laranja para evitar contrair escorbuto.

Mas esta medida da objetividade também tem seu custo. Se definirmos a necessidade como um relacionamento tripartite entre uma pessoa, um objeto necessário e um propósito para o qual a pessoa necessita desse objeto, então, implicitamente, estamos dizendo que a necessidade por si mesma não possui um peso moral independente. Nossa necessidade de X tem tanto peso quanto o propósito Y para o qual necessitamos de X^3. Talvez esse custo não seja grande: até onde eu sei, nós não afirmamos que, por X ser necessário, ele possua então um peso moral, independentemente de existir ou não alguma coisa *para a qual* X seja necessário.

---

3. David Miller (1999a, p. 206) explica que nem sempre podemos responder à sentença: "Necessito de X para conseguir Y" com a indagação: "Mas você precisa mesmo de Y?" Conforme Miller encara a situação, isso demonstra que há um senso de necessidade que não é instrumental. Se uma pessoa necessita de X para evitar ser prejudicada pela falta de X, então X é uma necessidade intrínseca. Ninguém indagará seriamente: "Mas você realmente precisa evitar ser prejudicado?"

27. A necessidade como princípio distributivo

TESE: A sistribuição de acordo com a necessidade só acontece quando essa distribuição passa pelo teste de autoinspeção.

Como passar pela autoinspeção

A distribuição feita de acordo com a necessidade não garante satisfazer as necessidades. Tanto quanto eu possa ver, existe uma única razão para se distribuir de acordo com a necessidade. Eis a razão: distribuir de acordo com a necessidade consegue resolver o problema[1]. A finalidade de distribuir de acordo com a necessidade não é demonstrar que possuímos bom coração, mas satisfazer as necessidades.

No momento em que a distribuição de acordo com a necessidade deixa de ser necessária para as pessoas, ela deixa também de ser exigida pela ideia de que as pessoas devem receber aquilo de que necessitam. A distribuição baseada na necessidade deve, nessas circunstâncias, passar pelo teste da autoinspeção.

---

1. Isso não quer dizer que a distribuição baseada na necessidade deva satisfazer a todas as necessidades. Em vez disso, deve atender às necessidades em termos daquilo que está sendo justificado. Igualmente, isso não quer dizer que passar por uma autoinspeção seja suficiente para que a distribuição baseada na necessidade se torne justa; significa apenas que, em tal caso, ela é necessária. Agradeço a Arthur Applbaum por essas ressalvas.

Se os pais devem satisfazer as necessidades de seus filhos tão bem quanto seja razoavelmente possível – se é que tanto é devido às crianças –, então esse pode ser um caso em que justiça signifique distribuição de acordo com a necessidade. Mas a distribuição baseada na necessidade não é sempre aquilo que é requerido pela justiça. Veja o caso do "cortador de grama" (Capítulo 25), em que, aparentemente, a distribuição baseada na necessidade falha no teste da autoinspeção. No caso do "cortador de grama", o que Billy *necessita* de seu pai é o reconhecimento de que o contexto exige distribuição de acordo com o merecimento, em que o merecimento está mais diretamente fundamentado em alguma coisa como reciprocidade do que em qualquer princípio que possa incluir a necessidade. A distribuição baseada na necessidade pode fracassar no teste da autoinspeção porque os princípios alternativos tendem a satisfazer melhor as necessidades das pessoas.

Desenvolvimento da habilidade de satisfazer as necessidades

Suponhamos que a medalha de ouro, por determinação das regras, seja entregue ao corredor mais rápido. Então, alguém sugere modificar as regras, a fim de atribuir a medalha ao corredor que mais tem necessidade dela. O que aconteceria então? Se você deseja obter velocidade em uma corrida de fundo, você recompensa a velocidade. O que estamos tentando obter quando decidimos recompensar a necessidade? Este é o ponto: em muitos contextos, a distribuição de acordo com a necessidade não resulta em dar às pessoas aquilo de que elas necessitam. O resultado é induzir as pessoas a fazer o que *manifesta* a necessidade e não aquilo que *satisfaz* os requisitos da necessidade.

Se satisfazer as necessidades é importante, então o teste do princípio P não é se ele decreta que as necessidades devam ser satisfeitas de algum modo. O teste é se instituir (ou endossar ou agir de acordo com) o princípio P desenvolve a habilidade de satisfazer as necessidades. Em resumo: se nos preocupamos com a necessidade – se *realmente* nos preocupamos com ela –, então queremos que as estruturas sociais permitam e encorajem as pessoas a fazer aquilo que funciona nesse sentido. As sociedades que efetivamente satisfizeram as necessidades, historicamente falando, sempre foram aquelas que atribuíram poder e recompensa aos exercícios de capacidade produtiva em virtude dos quais as pessoas satisfazem suas próprias necessidades.

A longo prazo, a distribuição em larga escala baseada em um sistema de atendimento às necessidades nunca foi a chave para tornar o povo em geral menos necessitado. Mesmo que atender às necessidades do povo fosse tudo o que importasse, ainda assim não quereríamos separar a entrega dos cheques de pagamento, por exemplo, daquilo que de fato atende às necessidades, a saber, o trabalho produtivo. Mesmo assim quereríamos que os recursos fossem distribuídos substancialmente de acordo com a produtividade de cada um[2].

Regras primárias e regras de reconhecimento

Eis uma outra maneira de expressar a função dual da necessidade. Em outro livro me baseei na distinção de H. I. A. Hart entre regras primárias e secundárias[3]. Segundo a teoria jurídica de Hart, as regras primárias são aquelas que nós normalmente pensamos como sendo as regras da lei. Elas definem nossos direitos e obrigações legais. As regras

---

2. Eu não quero dizer aqui que a distância entre o papel da produtividade na satisfação das necessidades e o direito dos produtores às recompensas seja pequena. Ao invés disso, o ponto que se deseja comprovar através deste livro é metaético (ou transcendente). Não estamos justificando uma conclusão em termos de utilidade; estamos justificando um conceito particular daquilo que dá valor à própria utilidade.
3. Ver Parte II de Schmidtz (1995).

secundárias, especialmente as regras de reconhecimento, nos indicam o que seja essa lei. Assim, entre as regras primárias de minha cidade, existe uma lei dizendo que o limite de velocidade é de cinquenta quilômetros por hora. Uma regra secundária, segundo a qual reconhecemos o limite de velocidade é: Leia os Sinais de Trânsito. Exceder o limite de velocidade é ilegal, mas não existe nenhuma lei que nos obrigue a ler ou interpretar os sinais que demarcam os limites de velocidade. Desde que eu permaneça dentro dos limites determinados, a polícia não se preocupa com a possibilidade de que eu leia ou não os sinais de trânsito. Ao ler os sinais, estamos seguindo uma regra secundária, não uma regra primária.

As regras de reconhecimento não são reinantes entre as regras de conduta. Elas não têm poder de trunfo sobre as regras de conduta. Elas não *vencem*, em casos de conflito. Por exemplo, "Leia os Sinais de Trânsito" pode ser a regra através da qual reconhecemos as regras rodoviárias, mas se nos encontrarmos em uma situação na qual obedecer ao limite de velocidade nos impediria de ler uma placa de advertência (talvez porque um caminhão bloqueie a nossa visão, se não aumentarmos nossa velocidade para a ultrapassagem), isso nem de longe teria prioridade para superar o limite de velocidade. A patrulha rodoviária julga nossa conduta pelas regras de trânsito e não ficaria nem um pouquinho impressionada caso lhes disséssemos que violamos as regras rodoviárias por respeito a uma lei superior que nos obriga a ler os sinais de trânsito.

Portanto, as regras de trânsito, os limites de velocidade e coisas assim, não nos reduzem, em última análise (e nem sequer nos justificam, se este for o caso), à obediência de uma regra superior que determine: "Leia os Sinais de Trânsito". O objetivo da regra de reconhecimento é simplesmente nos dar uma razão para pensar nas regras de trânsito e no fato de que elas requerem uma coisa em vez de outra – um limite de velocidade em vez de outro e assim por diante. Se não houvessem sinais para nos ajudar a discernir as regras de trânsito (caso soubéssemos somente que existem regras de trânsito e que seu significado principal é o de nos encorajar a dirigir com segurança), então estaríamos no tipo de situação em que frequentemente nos achamos no que se refere aos princípios da justiça. Existem poucos sinais explícitos que nos indiquem quais são os princípios específicos da justiça e os contextos específicos aos quais se aplicam, mas não sabemos que, se quisermos *justificar* nossa concepção da justiça, devemos ir além da justiça. Conforme foi anteriormente notado, precisamos de um argumento que não pressuponha como conhecida a concepção pela qual pretendemos estar argumentando.

A necessidade como regra de reconhecimento pode exercer tal papel. As regras de conduta (principalmente as de merecimento, reciprocidade, igualdade e necessidade) são reconhecidas: mas são as regras de reconhecimento que as reconhecem. A necessidade como regra de reconhecimento não pressupõe qualquer das regras de conduta (inclusive os princípios da distribuição com base na necessidade) que formam a concepção que estamos avaliando. Em particular, a concepção de necessidade que usamos como regra de reconhecimento não pressupõe a concepção de necessidade que empregamos ao formular um princípio de necessidade como regra de conduta. As alegações de necessidade, quando transformadas em uma regra de *conduta*, serão truncadas de alguma forma mais ou menos artificial. A necessidade como uma regra de *reconhecimento* já ditará parte desses truncamentos. Em outras palavras, a maneira como e se uma teoria incorpora princípios distributivos baseados na necessidade vai depender de quando e se a distribuição baseada na necessidade realmente é aquilo de que as pessoas necessitam, isto é, vai depender de quando e se a capacidade de utilizar certas necessidades como alegações realmente ajuda as pessoas a conviverem bem.

A necessidade em seu papel como regra de reconhecimento será em si mesma um tanto pluralista, o que constituirá um problema de alguma forma. Se não pudermos determinar qual nível de necessidade dentro da hierarquia das necessidades de determinada pessoa é o mais importante (se não pudermos determinar se a razão para vivermos juntos é garantir que não vamos morrer de fome ou nos dar uma chance para esculpir), o resultado será como se tivéssemos mais de um mapa, embora nenhum deles seja comprovadamente acurado. Especialmente, se tomarmos uma perspectiva a curto prazo, podemos descobrir que vários alvos metateóricos desejados entram em conflito; podemos descobrir que estamos no dilema de decidir entre desenvolver os talentos de novos Michelangelos ou ajudar os menos privilegiados. A longo prazo, todavia, o que nossos filhos podem necessitar (mais do que uma renda garantida, mais do que vitaminas, mais do que vacinas, sem dúvida mais do que qualquer outra coisa) é viver dentro de uma cultura que favoreça a excelência, uma cultura em que os grandes realizadores tenham continuamente condições de inventar melhores maneiras de satisfazer quaisquer necessidades – vitaminas, inoculações, seja lá o que for – que seus concidadãos possam vir a apresentar.

Descrevi dois lugares em que as concepções da necessidade podem exercer papéis centrais nas teorias sobre a justiça. Em primeiro lugar, uma concepção adequadamente *restrita* da necessidade pode informar as alegações de necessidade que, a meu ver, melhor se incluem entre os elementos primários da justiça, irredutíveis a alegações baseadas em merecimento, reciprocidade ou igualdade. Em segundo, uma concepção adequadamente *ampla* da necessidade pode servir como uma regra de reconhecimento, uma regra pela qual podemos classificar o que merece reconhecimento como um genuíno princípio de justiça. Um conceito de externalidades que precisamos interiorizar a fim de vivermos bem uns com os outros pode, de forma semelhante, servir como regra de reconhecimento – uma razão para endossar uma concepção de justiça de preferência a outra. Seria ótimo se tivéssemos exatamente uma única razão para adotar essa concepção, que nos desse respostas simples e inequívocas a todas as perguntas, mas acontece que não a temos e uma boa teoria não pode pretender que não seja assim.

Discussão

Uma estudante que precisa tirar nota 10 em um vestibular para ingressar na faculdade de medicina deve receber o que precisa ou o que merece? Por quê? Suponhamos, apenas para argumentar, que nada importa, senão a necessidade. Isso determinaria que nossa estudante, que aspira ser uma cirurgiã cerebral, deve receber a nota de que precisa ao invés da nota que mereceu tirar na prova? (Qual é a lição geral que podemos tirar daqui?)

28. Além dos números[1]

TESE: As pessoas precisam saber o que podem esperar umas das outras.

Trole *versus* hospital

A *promoção* do valor (realizar tanto bem quanto você é capaz) é a única coisa que importa, ou o *respeito* aos valores é um ideal separado? Sob que condições os dois podem conflitar?[2] Seguem-se duas experiências teóricas muito bem conhecidas:

> TROLE: Um trole está correndo desgovernado pelos trilhos e, se continuar, causará a morte de cinco pessoas. Se você conseguir desviar o *trole* para uma outra linha férrea, sobre cujos trilhos só se encontra uma pessoa, você salvará cinco vidas, mas matará deliberadamente uma outra pessoa.

A maioria das pessoas diz que você deve desviar o *trole* para o outro trilho e matar uma pessoa a fim de salvar cinco. Compare esse teste com outro:

---
1. Agradeço especialmente a Guido Pincione e a Jerry Gaus pelos úteis e-mails em que comentaram este capítulo.
2. Esta questão é um paradoxo central na filosofia da moral e assume uma grande variedade de formas. Andrew Jason Cohen (2004) distingue deveres que não fazem interface com a autonomia de deveres que promovem a autonomia.

HOSPITAL: Cinco pacientes estão morrendo por falta de doadores de órgãos compatíveis. A entregadora de suprimentos médicos aparece no hospital. Você a conhece e sabe que ela é uma doadora campatível com os cinco pacientes que estão morrendo. Se você a sequestrar e retirar-lhe os órgãos, salvará cinco pessoas e matará uma.

Aqui as pessoas já apresentam uma intuição diferente. Entre meus estudantes (e os funcionários do Congresso dos Estados Unidos, em cujos *workshops* de vez em quando eu dou palestras) que eu submeto informalmente a esse teste, quase todos respondem a HOSPITAL dizendo que não se pode sequestrar e matar pessoas, ponto final. Nem sequer para salvar outras vidas. Em uma viagem ao Casaquistão, eu apresentei este caso a uma audiência de vinte e um professores originários de nove das antigas repúblicas socialistas soviéticas. Eles disseram a mesma coisa. Por quê? Os dois casos são realmente tão diferentes assim? De que maneira?

O caso do TROLE nos diz que os números são importantes. Embora o caso do HOSPITAL pareça ter a mesma estrutura lógica, ele nos leva a uma conclusão diferente. Por quê? A literatura discute diversas diferenças, mas uma diferença que eu não li nem escutei ninguém mencionar, é esta: o exemplo do HOSPITAL nos diz que algumas vezes o que mais importa é ser capaz de confiar nos outros para que nos respeitem como pessoas individuais. Os hospitais não poderiam existir e, de um modo geral, não poderíamos viver juntos, se não fôssemos capazes de confiar uns nos outros para que todos reconhecêssemos que a vida de cada um pertence exclusivamente a si mesmo. O exemplo do HOSPITAL nos demonstra que, algumas vezes, obtemos os melhores resultados – uma comunidade de pessoas que consegue viver bem em conjunto –, não porque todos buscamos um alvo ou um resultado comum, mas porque podemos confiar uns nos outros de modo que as pessoas se disponham a idear maneiras mutuamente benéficas de tratar conosco.

Para um pensamento utilitário estereotipado a respeito de TROLE, tudo o que importa são os números. Mas numa situação mais realista, dentro de um contexto institucional como HOSPITAL, intuitivamente apreendemos um significado mais fundamental, ou seja, se não levarmos os direitos e a personalidade de cada um a sério, não obteremos justiça; de fato, *nós nem sequer obteremos números melhores*.

Atos *versus* práticas

Uma teoria de amplas consequências precisa tratar alguns tópicos de uma forma que vá além do alcance dos cálculos utilitários. Os direitos podem agir como trunfos e dominar (não simplesmente excederem em peso) os cálculos utilitários, mesmo de uma perspectiva de amplas consequências. Por quê? Porque, a partir de uma perspectiva mais ampla, as consequências, naturalmente, têm importância e também porque, em termos empíricos, tem uma enorme utilidade poder tratar certos parâmetros como previamente estabelecidos, a ponto de nem sequer permitirem um raciocínio utilitário caso a caso.

Os maximizadores irrestritos, por definição, utilizam otimamente quaisquer recursos a que tenham acesso, incluindo os órgãos de seus vizinhos. Para obter bons resultados no mundo real, todavia, precisamos estar rodeados não por maximizadores irrestritos, mas por pessoas que respeitem direitos, dando-nos, assim, a possibilidade de elaborar um sistema de expectativas e de confiança, que permita a todos nós juntos transformar o nosso mundo em um mundo com maior *potencial* (um mundo em que as companhias de entregas de suprimentos estejam dispostas a enviar seus funcionários para fazer entregas em hospitais). Quando não podemos confiar em que os outros nos tratem como portadores de direitos e senhores de nossas próprias vidas individuais, passamos a viver em um mundo de potencial menor.

É famosa a observação de John Stuart Mill de que *é melhor ser um Sócrates insatisfeito do que ser um porco satisfeito*[3]. É claro que é melhor atingir uma situação ótima do que não, desde que todos os demais fatores permaneçam iguais. Por outro lado, a percepção de Mill é a de que os demais fatores não são iguais. Se nossa escolha oscila entre obter os melhores resultados de uma péssima situação e falhar em obter os melhores resultados de uma ótima situação, nós podemos preferir não obter os melhores resultados e continuar sendo, como outros tantos,"Sócrates"insatisfeitos. Mill, desejando que sua sociedade operasse no mais elevado grau de utilidade, considerava mais importante viver em um mundo que tivesse um teto mais elevado do que garantir que cada ação praticada atingisse o teto. Mill tinha razão[4].

Toda otimização é feita com respeito a um conjunto de restrições e oportunidades. Algumas de nossas restrições

---

3. Mill 1979, Capítulo 2.

4. De acordo com Geoffrey Sayre-McCord (1996), Hume insistia ainda mais fortemente que as consequências dos casos particulares não são o que importa como regra geral. De acordo com a teoria"Bauhaus"de Geoffrey Sayre-McCord, nós não endossamos moralmente traços de caráter com base em sua utilidade real ou mesmo esperada, mas considerando a utilidade que *tenderiam* a apresentar sob condições-padrão. Eis outra condição relacionada com esta: nossa atenção é normalmente limitada àquelas condições que normalmente poderiam interagir com uma pessoa que apresentasse essas características."Confinamos nossas vistas a esse círculo estreito, dentro do qual se move qualquer pessoa, a fim de formar um julgamento sobre seu caráter moral. Quando a tendência natural de suas paixões o leva a ser útil e prestativo dentro de sua esfera de ação, aprovamos seu caráter..." (Hume 1978, 602). Finalmente, a teoria dos valores de Hume é pluralista, dando lugar à incomensurabilidade, e não-agregativa, permitindo aos adeptos de Hume concordar com Rawls e Nozick de que existe um pressuposto no sentido de que não devemos sacrificar alguns pelo bem de outros. Geoffrey Sayre-McCord endossa a teoria de Hume interpretada neste sentido, como um relato daquilo com que concordamos e também como um relato daquilo que temos boas razões para apoiar. Eu estabeleci minha própria teoria moral em Schmidtz (1995). O que eu denomino de tendência institucional da moralidade é similar ao que propõe a teoria Bauhaus de Geoffrey Sayre-McCord. Ao longo dos anos, Geoff e eu tivemos tantas conversas em torno deste tópico, que dificilmente eu poderia determinar quanto de minha própria perspectiva eu devo a ele.

podem ser fatos reais determinados pelas condições do mundo externo, mas muitas delas serão, até certo ponto, autoimpostas, enquanto algumas refletirão nossas crenças sobre aquilo que é requerido pela moralidade. (Temos tempo limitado para procurar um apartamento, dinheiro limitado para gastar no jantar e existem coisas que não faremos por dinheiro.)[5] Podemos ser coagidos a não cometer assassinato – coagidos tanto por escolha como por fatores externos, como a presença do guarda-costas de José. Se as outras pessoas puderem confiar em que não pretendemos assassiná-las, novas possibilidades se abrem – oportunidades que essas pessoas não teriam de outro modo. Se, ao contrário, as pessoas *não puderem* ter confiança plena de que não as assassinaremos, então nosso ato homicida poderá ser o melhor possível dentro das circunstâncias – poderá atingir o teto da utilidade, mas esse teto será muito mais baixo do que teria sido caso a possibilidade de um assassinato realizado por nós tivesse sido descartada[6].

Quando os médicos aprovam uma proibição de retirar órgãos de pacientes saudáveis sem o seu consentimento, estão abrindo mão de oportunidades de otimização – atingir o teto da utilidade –, mas os *pacientes* ganham oportunidades de visitar os médicos em segurança. Eles ganham um mundo em que o teto de utilidade é mais elevado. Tal utilidade deriva do fato de que os médicos se recusam sequer a indagar se o assassinato de um paciente favoreceria a otimização.

Mas e se fosse o caso de que seu médico realmente pudesse salvar cinco pacientes, matando um outro? E se houvesse uma regra que permitisse a seu médico fazer isso,

---

5. Ver Schmidtz 1992 ou Schmidtz 1995 (Capítulo 2).
6. Alguém que diz que um utilitarista tomará tudo isso em consideração, está também dizendo que um verdadeiro utilitarista não se preocupará tanto com as consequências dos atos como com as consequências das práticas que permitem certos tipos de atos e não outros e que, por meio disso, autorizam os cidadãos a fazer certos tipos de planos e não outros. Concordo com isso. O argumento que quero demonstrar aqui é simplesmente que um verdadeiro utilitarista nesse sentido não é um utilitarista *de atos*.

apenas desta vez, que se demonstrasse a regra das melhores consequências? Compare esta com uma questão apresentada por Rawls: no jogo de beisebol, os batedores têm o direito de tentar rebater três vezes, mas e se houvesse um caso em que, só desta vez, fosse melhor que um batedor tivesse uma quarta chance?[7] Segundo a percepção de Rawls, esta questão presume tratar a regra das "três defesas" como se fosse uma regra de bolso, a ser considerada caso a caso. As regras de bolso são regras feitas "para serem quebradas". Mas acontece que, no jogo de beisebol, a regra das três defesas é uma regra costumeira, não uma regra de bolso. Se o juiz permitisse uma quarta defesa em circunstâncias excepcionais, o jogo de beisebol não poderia continuar do jeito que era antes.

Os utilitários do tipo "regra de bolso" podem dizer e até acreditar que respeitam a regra contra o assassínio, todavia eles tratam o dever de obedecer a regras como uma questão a ser decidida caso a caso. Em contraste, os utilitários do tipo "regra costumeira" se recusam sequer a *indagar* sobre a utilidade de ações particulares em casos particulares. Ao enfrentarem um caso em que a violação de uma regra teria maior utilidade, os utilitários que seguem as regras costumeiras declaram: "Nossa teoria classifica práticas alternativas, como três defesas em vez de quatro no beisebol, indagando qual delas teria maior utilidade como o tipo de prática que nem os árbitros têm o direito de avaliar caso a caso. Nossa teoria nos *proíbe* considerar as consequências de uma forma meramente específica ao caso. Não precisamos dizer por que, mas se disséssemos, diríamos que o fato de estarmos proibidos de considerar consequências específicas a casos é aquele que demonstra apresentar melhores consequências, porque dá às outras pessoas a opção de confiarem racionalmente em nós[8].

---

7. Ver "Two Concepts of Rules", reimpresso em Rawls (1999b).

8. Parece-lhe estranho que o utilitarismo segundo as regras decline aplicar seu princípio diretamente sobre prescrições de atos? Não, não é. O impe-

Mas, o que pensar de um caso semelhante ao descrito em HOSPITAL, em que temos certeza de que ninguém jamais saberá o que fizemos e, portanto, certeza de que nossa ação não irá solapar a confiança que depositam em nós? Talvez isso não tenha importância, uma vez que não estou falando de um mundo em que podemos ter certeza de que nunca ocorrerá aos responsáveis pela companhia de entrega de suprimentos indagar o que está acontecendo com todos os funcionários que eles continuam enviando ao hospital. Basta dizer que a moral do mundo real tem a forma que tem em parte porque existe a incerteza no mundo real.

Alguns utilitaristas consideram um mistério os motivos por que a moralidade incorporaria quaisquer restrições além de um requisito de ser feita qualquer coisa que maximize o bem comum[9]. Mas de uma perspectiva institucional, não existe nenhum mistério. As instituições morais restringem a busca do bem, porque o bem é perseguido por indivíduos. Se o bem deve ser realizado, então as instituições – tanto as legais, políticas, econômicas, como as instituições culturais – devem estabelecer as restrições corretas, de modo a colocar os indivíduos em uma posição tal que busquem a realização de seu próprio bem de uma forma conducente à produção do bem comum em geral.

Há paralelos entre agentes racionais e as instituições morais em termos de como eles operam perante a complexidade do mundo real. Por exemplo, os indivíduos adotam estratégias satisfatórias em sua busca de objetivos particulares. Eles impõem restrições sobre objetivos locais para que seus variados objetivos se harmonizem melhor uns com os outros e, desse modo, façam com que a vida, em seu conjunto, prossiga da melhor maneira possível[10]. De forma se-

---

rativo categórico de Kant prescreve máximas, não ações. O eudaimonismo prescreve virtudes, não ações. Historicamente, na filosofia moral, é o utilitarismo segundo os atos – não o utilitarismo segundo as regras –, que está em descompasso, pintando um quadro implausivelmente simplista da vida moral.

9. Ver Kagan 1989, pp. 121-27. Scheffler (1982, p. 129) expressa um ceticismo semelhante, a despeito de afastar-se do utilitarismo em outros aspectos.

10. Ver Schmidtz (1992).

melhante, as instituições morais obtêm seus melhores resultados, não tanto ao visar a esses melhores resultados, quanto ao impor restrições sobre as inclinações individuais para que os objetivos individuais se harmonizem melhor uns com os outros. As instituições (é o que fazem os hospitais, por exemplo) servem ao bem comum interferindo o menos possível – criando oportunidades para benefício mútuo e então confiando que os indivíduos buscarão tirar vantagens delas. É assim que (mesmo a partir de uma perspectiva utilitarista) as instituições possuem um mandato moral para servir ao bem comum que não entra em colapso, reduzindo-se à condição de um mandato para que os agentes morais ordinários maximizem a utilidade em seu próprio favor. Com efeito, o sentido anteriormente afirmado de que a utilidade institucional se baseia em confiança tem dois aspectos. Em primeiro lugar, as pessoas têm de ser capazes de confiar que sua sociedade as tratará como portadoras de direitos; em segundo, a sociedade, por sua vez, deve ser capaz de confiar que as pessoas usarão as oportunidades que lhes são conferidas como portadoras de direitos dentro da referida sociedade.

O tipo de consequencialismo que tenho em mente não nos pede para maximizar a utilidade, mas para respeitar os costumes e arranjos institucionais existentes que realmente demonstraram ter utilidade. Uma moralidade que reflita sobre as consequências não se refere a um *versus* cinco. Não se refere sequer a custos *versus* benefícios. Ela se interessa pela maneira como precisamos viver a fim de nos sentirmos satisfeitos por sermos vizinhos uns dos outros. Ela se interessa pela maneira como tocamos nossa vida em frente de modo que complemente, em vez de atrapalhar, os esforços de nossos vizinhos para tocarem sua própria vida em frente.

Experimentos teóricos

Os experimentos teóricos filosóficos tendem a se assemelhar mais com TROLE do que com HOSPITAL, todavia o mundo real se assemelha mais a HOSPITAL. Isto é um problema, porque as intuições extraídas de casos como TROLE não servem de orientação quando surgem casos como HOSPITAL. Quando pensamos a respeito de HOSPITAL, vemos que, neste mundo, as pessoas não têm necessidade de incerteza. Elas não precisam estar rodeadas por maximizadores irrestritos. Elas tampouco precisam de uma justiça perfeita. O que as pessoas realmente necessitam é da possibilidade de continuarem vivendo pacificamente. *Elas precisam saber o que podem esperar umas das outras*[11]. E quando estão tentando cooperar e, desse modo, coordenar esforços em vez de competir, também precisam que *as outras pessoas* saibam o que podem esperar *delas*. Os indivíduos *precisam* ser previsíveis. Este é um fato, aproximadamente no mesmo nível de se saber que as pessoas precisam ingerir vitamina C. Não pressupõe qualquer concepção de justiça. Ao contrário, é uma razão para que se venha a desenvolver uma concepção de justiça[12].

---

11. Quando eu digo que todos nós precisamos saber o que podemos esperar uns dos outros, não estou pensando em expectativas em si, mas em expectativas que nos ajudam a continuar vivendo juntos como indivíduos livres e responsáveis. Como observa Arthur Applbaum (*workshops* na Universidade Brown, 8 de maio de 2004), com avisos adequados nós podemos formar expectativas a respeito de impostos progressivos, do serviço nacional de saúde, de controles sobre o aumento de aluguéis, de convocações para o serviço militar, do retorno da escravidão ou da imposição de doação de órgãos. A ideia principal de Applbaum é a seguinte: *saber* que a taxa de aumento dos impostos é consequência de um futebol político não é a mesma coisa que saber que as percentagens de seus impostos são fixas e que não adianta você se preocupar com isso. Algumas expectativas nos permitem derramar nossas energias em jogos positivos de adição, enquanto outras nos ajudam a vencer jogos em que o somatório final é zero. É claro que, se nós de fato *estivermos* em um jogo que não dará lucro nem prejuízo em sua soma total, [portanto, de soma zero] é melhor estarmos informados disso, mas melhor ainda é saber que não estamos.

12. Uma das percepções-chave de Sayre-McCord (1996, pp. 280 e seguintes, ver também Nota 11) é a de que nossas intuições são válidas mesmo quando reconhecemos que as condições não são padronizadas e que a confiabilidade de nosso ser previsivelmente *ultrapassa* o "teste Bauhaus". Por quê? Porque a robustez de nossas intuições facilita o nosso entendimento e nos ajuda a saber o que podemos esperar uns dos outros e, portanto, nos ajuda a viver melhor em conjunto.

Uma coisa é catalogar intuições a respeito de casos específicos. Mas corremos o risco de perder o rumo quando teorizamos *por que motivo* sentimos as intuições que experimentamos (um risco que estou assumindo neste ponto). Todavia, a maioria das pessoas apresenta intuições diferentes com relação aos dilemas TROLE e HOSPITAL e isto não é devido a diferenças de números. Os números são os mesmos. Mas alguma coisa mais está se passando aqui. HOSPITAL nos diz que a maior parte do que consideramos bom a respeito de vivermos em comunidade não começa pela otimização, mas pelo simples fato de que somos capazes de confiar uns nos outros.

Uma reação "não-controlada"

Onde quer que eu vá, quer minha audiência consista de estudantes locais, de funcionários do Congresso ou de professores dos países pós-soviéticos, quando eu apresento o dilema de TROLE, indagando dos ouvintes se eles acionariam o desvio para fazer o *trole* trocar de linha, muitos deles exclamam: "Mas tem de haver outro meio!" A primeira reação de um professor de filosofia como eu é a de dizer: "Por favor, atenham-se ao assunto. Eu estou tentando ilustrar um ponto de vista por meio deste exemplo. Para entender esse ponto de vista, vocês precisam decidir o que fazer, no caso de não haver nenhum outro meio." Quando eu disse isso à minha classe de professores das antigas repúblicas soviéticas, todavia, eles conversaram brevemente uns com os outros e, depois, dois deles disseram tranquilamente, alternando as frases (enquanto todos os demais concordavam com a cabeça): "Sim, nós entendemos o que você quer dizer. Já escutamos isso antes. Durante toda a nossa vida nos disseram que a minoria deve ser sacrificada pelo bem da maioria. Sempre nos disseram que não existe outro meio. Mas isso que nos disseram era uma mentira. Sempre existe um outro meio."

Quanto mais eu pondero a respeito dessa reação, mais eu percebo o quanto está certa. O mundo real não estipula que não exista um outro meio. (Por acaso você, ou qualquer outra pessoa de seu conhecimento, já se encontrou em uma situação tão trágica como a descrita em TROLE? Por que não? Foi porque você teve uma sorte incomum?) De qualquer modo, eu vejo agora mais sabedoria na percepção não-controlada de que deve haver um outro meio diferente daquele que TROLE foi concebido originalmente para ilustrar[13]. Conforme nos dizem Rawls e Nozick (embora de formas diferentes), justiça significa respeitar a individualidade das pessoas. Se nos encontrarmos em uma situação que aparentemente determina o sacrifício de poucos pelo bem de muitos, justiça é descobrir uma terceira alternativa.

---

13. Uma boa parte do debate explorava diferenças entre atos e omissões. Uma parte do debate se referia à doutrina do efeito duplo: a diferença entre matar para se alcançar um fim (HOSPITAL) e matar alguém como uma consequência prevista, mas um efeito não-desejado de uma ação que é coercitiva por outras razões (TROLE). Ver Foot 1967. Para uma descrição geral dos efeitos de atos e omissões, ver Spector 1992. Para uma discussão clássica de casos do tipo descrito em HOSPITAL, ver Thomson 1976.

29. De que realmente necessitamos?

TESE: Uma concepção da justiça é uma concepção daquilo que é necessário para agirmos como bons vizinhos.

Uma economia desenvolvida

De que realmente necessitamos para que nossos filhos possam viver bem? Em linhas gerais, a primeira coisa de que necessitamos é de uma economia desenvolvida. As novas gerações tendem a gozar de mais bem-estar que as precedentes somente quando se tornam adultas dentro de uma economia desenvolvida. As novas gerações podem não perceber que estão vivendo melhor – cada geração imagina que a vida era mais simples no passado –, mas, de fato, as suas condições de vida são melhores.

Foi sugerido em um *workshop* que Tomás de Aquino não necessitou de grande riqueza material em sua época para florescer das formas que são mais importantes e que meu "fetiche" de viver em uma economia desenvolvida ignora este fato[1]. É um exemplo bastante curioso. Vamos concordar que a vida de Tomás de Aquino (1225-1274) tenha sido curta, mas doce. Todavia, Aquino se encontrava entre

---

1. No *workshop* de Chapel Hill sobre Capitalismo e Moralidade, em abril de 2004. Agradeço a Chris Morris pela resposta que se segue.

os mais privilegiados de sua sociedade, não entre os desprivilegiados. Uma coisa é dizer que o superior de um convento vive bastante bem dentro de uma sociedade materialmente pobre e outra, bem diferente, é declarar que *os menos privilegiados* vivem bastante bem dentro dela.

Uma cultura pacífica

Uma segunda coisa de que necessitamos ao chegar à vida adulta é que nossa cultura seja pacífica, cujo foco incida em onde podemos chegar a partir daqui e não em quem prejudicou quem (ou, pior ainda, quais ancestrais prejudicaram os ancestrais de quem) no passado. Devemos reconhecer que dois erros não podem ser considerados um acerto. Por quê? Porque o erro não termina com uma segunda ação: se cometermos a segunda, esta levará a uma terceira e assim por conseguinte. Todos os lados em uma vendeta sanguinária consideram que estão simplesmente acertando as contas entre si. Mas nossas histórias estão cheias de contas que jamais poderão ser acertadas. A não ser que reconheçamos que o importante é esquecer o passado e seguir em frente e não acertar as contas reais ou imaginárias, nós não conseguiremos progredir. Nem tampouco conseguiremos jamais acertar as contas.

Uma cultura em que a responsabilidade é pessoal

Uma terceira coisa de que necessitamos é nos tornarmos adultos em uma cultura em que a responsabilidade pessoal seja aceita. De acordo com a minha teoria, avaliamos uma sociedade não tanto indagando se as pessoas obtêm o que merecem como inquirindo se as pessoas fazem alguma coisa para merecer aquilo que recebem. A última questão nos convida a prestar menos atenção na metafísica da contabilidade e mais naquilo que as pessoas são capazes de fazer. De acordo com a minha teoria, as crianças têm necessidades que devem ser satisfeitas. Uma sociedade deve assumir esta responsabilidade ou tornar os pais responsáveis por cumprir tudo quanto seja necessário para satisfazer essas necessidades. De maneira semelhante, a sociedade deve favorecer normas de tratar a condição de adulto como uma realização que exige respeito e demarca o ponto em que as necessidades de um novo adulto passam a ser fundamentalmente de sua própria responsabilidade. Se encorajarmos nossos filhos a considerarem que têm direito de viver à custa de alguém mais, como nos poderemos surpreender se, a partir de dado momento, o encorajamento de tais expectativas lhes fizer mais mal do que bem?

Benevolência rudimentar

Se existe uma quarta coisa de que realmente necessitamos, talvez seja enfrentar os desafios da vida com uma benevolência rudimentar e, desse modo, pararmos de encarar a vida como um jogo que ninguém consegue vencer. Quando alguns se saem melhor do que outros, mesmo quando *todos os cidadãos* estão vendo duplicar sua expectativa de vida, algumas pessoas insistem em verem as desigualdades restantes como uma prova de que alguém está vencendo à custa dos outros. Rawls diz: "Parece claro que a sociedade não deve fazer o melhor que pode em favor daqueles que inicialmente já eram os mais privilegiados"[2], mas a interpretação caridosa aqui é a de que Rawls está pensando unicamente em casos nos quais fazer o melhor possível em favor dos mais privilegiados redundaria em prejuízo dos desprivilegiados. Pensar que tais casos sejam *a norma* é pensar em termos de somatório zero.

Ser um bom vizinho não é absolutamente um sacrifício.

---

2. Rawls 1999a, p. 88.

Nós não temos necessidade de alcançar a perfeição

A concepção de justiça de uma sociedade é igual a uma espinha dorsal humana – uma resposta funcional para um problema evolutivo. Se o desenho da coluna vertebral fosse um problema de engenharia, diríamos que, a partir de uma perspectiva funcional, a espinha dorsal humana não é absolutamente ótima. Se pudéssemos começar desde a prancheta, nós a projetaríamos de forma diferente. Mas não é possível projetar nenhuma parte de nosso esqueleto em uma prancheta.

Mesmo que pudéssemos começar desde o início, o problema resolvido por nosso novo desenho seria o problema que enfrentamos hoje, não o problema que teremos de enfrentar amanhã. Se um projeto se demonstrar ótimo aqui e agora, eventualmente *se tornará* subótimo. Se nós mesmos tivéssemos desenhado nossas espinhas dorsais para os problemas que nossos ancestrais enfrentavam quando viviam em árvores, nosso projeto seria subótimo nos dias de hoje, *mesmo que* tivesse sido ótimo para aquela época. Algumas vezes, o melhor que podemos fazer é deixar que as normas imperfeitas de nossa própria sociedade evoluam no mesmo passo que os problemas que têm de resolver. Sem dúvida, se nossas soluções para quaisquer problemas que nos estão incomodando agora não puderem evoluir ao mesmo tempo que o problema certamente evoluirá, então demonstrarão nunca terem sido soluções absolutamente adequadas.

No reino da biologia, os traços que tornaram uma população mais adequadamente adaptada para um nicho ecológico exclusivo tendem a desaparecer a partir do momento em que tal nicho ecológico deixar de existir. As características que persistem são aquelas que tendem a tornar a população mais flexível – capaz de se adaptar e ocupar novos nichos quando os antigos desaparecem. Eu suponho que o mesmo seja verdadeiro com relação às normas de justiça de uma sociedade. Não se trata de obter uma solução perfeita para os problemas que enfrentamos aqui e agora, mas de permitir que enfrentemos os problemas atuais sem criar expectativas que venham a prejudicar nossa adaptação a novos problemas e oportunidades. (Imagine uma lei dizendo que cada operário tem o direito de não ser demitido, mesmo que seu trabalho seja o de manufaturar chicotes para condutores de charretes de granja que não têm mais finalidade. Em um mundo no qual as possibilidades se acham em constante transformação, os trabalhadores devem mudar suas habilidades profissionais de acordo com os tempos, a fim de que seu trabalho possa continuar a ter uma finalidade legítima.)[3]

Algumas partes da justiça (do terreno, não do mapa) serão permanentemente fixas. Por exemplo, a justiça sempre se referirá àquilo que é devido às pessoas. E, uma vez que a justiça permanentemente se interessará por aquilo que é devido às pessoas, ela jamais se ocupará dos meios de punir os inocentes. Algumas partes da justiça podem não ser analiticamente transformadas em conceito e podem, portanto, não ser imutáveis, mas será difícil acreditar em uma teoria que as exclua. Até onde eu posso ver, a justiça sempre terá alguma coisa a ver com merecimento, reciprocidade, igualdade e necessidade[4].

---

3. As partes 2, 3 e 4 deste livro não focalizam a justiça como uma solução que evolui juntamente com o problema, parcialmente porque eu as escrevi antes desta. (Este livro esteve em preparação por um tempo longo o suficiente para ser considerado como um produto da evolução. Um problema com livros que levam tanto tempo assim para serem completados é o de que seus autores aprendem a ver as coisas de forma que suas personalidades mais jovens não haviam antecipado. Vira-se uma página e se descobre que termos básicos já estão sendo usados com sentidos diferentes, porque as duas páginas foram escritas com um intervalo de anos.)

4. Se as normas de justiça evoluem e se a analogia com a evolução biológica for alguma indicação nesse sentido, então a variedade de funções desempenhadas pelas normas de justiça podem ser tão ricas quanto a variedade de papéis exercidos pelos órgãos corporais. Em seu nível mais geral, todos os órgãos contribuem para a mesma função, a saber, a reprodução do organismo, mas ainda assim, executam funções diferentes. Devo este pensamento a Matt Bedke.

Conclusão

Explorei algumas perspectivas para uma teoria que não tenta explicar tudo e que emprega instrumentos variados para explicar aquilo que busca. Alguém poderá algum dia desenvolver uma grande teoria unificada da justiça que responda a todas as possíveis questões sobre a justiça. Eu não pretendo dispor de tal teoria e suspeito que a natureza da justiça seja um conceito plurívoco reunido de tal maneira a impedir que se elabore uma grande teoria unificada.

Argumentei que a justiça é mais do que uma única coisa e que os elementos que a compõem são, por sua vez, agregados de mais de uma coisa. Disse que podíamos avaliar as propostas que tentam fazer com que as instituições particulares operem de acordo com concepções particulares da justiça indagando o que acontece quando tais concepções recebem uma oportunidade de serem postas em prática. Eu não suponho que possamos concordar totalmente sobre o que desejamos que aconteça ou mesmo sobre o que *de fato* aconteceu quando determinada concepção *recebeu* sua oportunidade no passado. Podemos concordar, entretanto, que favorecer a prosperidade em oposição à miséria é um ponto positivo, um ponto suficientemente positivo para que investiguemos como nossas instituições de fato funcionam e não meramente teorizemos a respeito delas.

SEXTA PARTE
O direito de distribuir

30. Dívidas intelectuais

A agenda dos trabalhos filosóficos contemporâneos sobre a justiça, incluindo o presente livro, foi estabelecida na década de setenta por John Rawls e Robert Nozick. Nozick disse: "Os filósofos políticos devem agora ou trabalhar dentro da teoria de Rawls ou explicar por que não concordam com ela."[1] Existe verdade nesse elogio, todavia, no que tange a explicar por que não se devia concordar com ela, ninguém o fez mais do que o próprio Nozick.

Rawls passou as três décadas seguintes respondendo primeiro às críticas de Nozick e, depois, a uma barragem de críticas vindas de todas as direções. Em parte devido a isto, nenhum tratamento superficial pode apreender cada nuance da evolução da teoria de Rawls. Um recente livro sobre liberalismo, escrito por Jon Mandle, oferece uma "visão geral" da filosofia da justiça de Rawls abrangendo 133 páginas e indicando como é infrutífera e impossível a tarefa de tentar resumir o pensamento de Rawls dentro de uns poucos parágrafos[2]. Todavia, como se tornou óbvio a partir de trechos anteriores deste livro, minha própria teorização, como a de muitos outros que teorizam sobre a justiça nos dias que correm, é, em parte, uma resposta tanto a Rawls como a Nozick, de tal modo que o objetivo da Sexta Parte é, ao

---

1. Nozick 1974, p. 183
2. Mandle 2000.

contrário, uma consideração de como eles ajudaram a dar forma à tradição dentro da qual este livro funciona. É claro que a sabedoria, simplesmente transmitida de uma geração a outra e depois repetida como o faria um papagaio, deixa de ser sabedoria. Assim, eu trato tanto Rawls como Nozick como aquilo que eles foram: pensadores com importantes percepções, mas jamais deuses[3]. Toda geração deve reaprender e reinventar.

O Capítulo 31 reconstrói o núcleo intuitivo da teoria de Rawls. Conforme explica o Capítulo 32, Nozick percebeu que os filósofos haviam tacitamente presumido que os princípios de justiça deveriam ser "padronizados". Na teoria histórica alternativa de Nozick, os princípios de retificação exercem função preponderante. O Capítulo 33 elabora um pouco mais este tema. O Capítulo 34 explora as diferenças entre ser arbitrário e ser injusto. O Capítulo 35 indaga como poderíamos redesenhar a experiência teórica rawlsiana, caso nosso objetivo fosse o de expressar uma concepção da justiça puramente processual.

---

3. Devo este pensamento a Bill Edmundson.

31. Rawls

TESE: A maneira pela qual Rawls trabalhou com a filosofia – sua percepção daquilo que conta como argumento – é diferente da minha. Todavia, Rawls fez com que a disciplina avançasse. Ele fez progressos.

Uma alternativa ao utilitarismo

De acordo com Rawls, nós devemos pensar na sociedade como uma empresa cooperativa organizada para vantagens mútuas. A cooperação permite que todos nós floresçamos, porém cada um de nós deseja possuir uma parcela maior dos frutos da cooperação, de tal modo que a própria cooperação inevitavelmente envolve conflitos. Uma forma de resolver os conflitos é distribuir os frutos de modo a maximizar a utilidade geral. Todavia, esta proposta não reconhece que os indivíduos que participam de atividades cooperativas são pessoas diferentes, contribuindo para tais atividades em busca de suas próprias esperanças e sonhos legítimos. Faltar com o respeito a seus projetos e contribuições individuais é injusto[1]. Pode ser a injustiça *mais* fundamental de todas.

---

1. Exatamente até que ponto as pessoas se acham separadas entre si? Rawls presume que as pessoas sejam Robinsons Crusoés autossuficientes, como os comunitários e as feministas algumas vezes afirmam? Ver Andrew Jason Cohen 1999.

As formas padronizadas do utilitarismo permitem – de fato, requerem – que a minoria seja sacrificada em benefício da maioria (ou vice-versa também em certos casos) sempre que isso determine o aumento da utilidade agregada. Rawls, todavia, diz que, quando o ganho de uma pessoa se dá às expensas de uma outra, será difícil até começar a justificar esse tipo de trocas, meramente garantindo que alguns vencedores ganhem mais do que os perdedores perdem. Para Rawls, a justiça se assemelha menos ao resultado de um cálculo utilitário e mais ao resultado de um processo de barganha. Contratualistas racionais se encontram para negociar uma estrutura institucional que regula suas interações futuras, com o entendimento de que ninguém é obrigado a aceitar menos só para que outros possam prosperar. Eles querem um sistema que prometa benefícios para todos – um sistema que não precise sacrificar ninguém para se alcançar o bem maior.

Seja lá o que se venha a pensar da teoria geral de Rawls, seu sucesso em enunciar um problema fundamental (talvez *o mais* fundamental de todos) da ética utilitária foi uma contribuição real, do mesmo modo que o foi sua ideia de que as concepções da justiça devam responder a ideais de reciprocidade (de vantagem *mútua*), mais do que a um imperativo utilitarista destinado a maximizar apenas o valor agregado.

A justiça como equidade

Rawls procurou modelar a justiça como um tipo de equidade. Há muitas coisas que podem ser justas. Uma avaliação pode ser justa ou não. *As porções* podem ser justas ou não. A fim de ilustrar a intuição por trás da teoria de Rawls, Christopher Wellman imagina que você e eu temos de dividir uma pizza. Ninguém é dono da pizza, de modo que a única questão existente é se podemos concordar ou não com o que sejam porções justas. Intuitivamente pensamos que porções iguais são justas, mas qual será nosso procedimento para cortar a pizza? Uma resposta: eu corto em dois pedaços. Você escolhe um pedaço. Eu fico com o que sobrou. Conforme Wellman observa, você poderia perfeitamente ter escolhido o outro pedaço. Eu poderia ter dividido a pizza em outro sentido. É isso que torna o resultado justo: não que o tamanho de nossos pedaços seja idêntico – eles podem até não ser iguais –, mas o fato de que nenhum de nós tem razão para se queixar[2]. O processo não sofre de qualquer viés e isto é o mesmo que dizer que seja um processo justo.

Observe: se eu for um maximizador buscando meu próprio interesse, então meu objetivo é fazer com que o pedaço menor seja tão grande quanto for possível, uma vez que você provavelmente irá pegar o pedaço maior e deixar o menor para mim. Ora, justamente quando eu estou concluindo que o modo de fazer isso é cortar a pizza em duas porções exatamente iguais, você me surpreende com a revelação de que você é padeiro. Você não tem grande interesse em fazer mais pizzas para me favorecer, porém, já que sou eu que tenho a faca, você consente que eu corte para mim uma fatia de qualquer outra pizza que assar, com efei-

---

2. Wellman 2002, p. 66. Rawls descreve o processo de "eu corto, você escolhe" como ilustrativo de uma "perfeita" justiça processual. "A coisa essencial aqui é que existe um padrão independente para decidir qual resultado é justo e um procedimento que comprovadamente nos leve a ele. Uma justiça processual perfeitamente clara e perfeita é rara, se não impossível, na maioria dos casos de interesse prático" (1971, p. 85). Rawls contrasta uma justiça processual "perfeita" com a "pura" justiça processual. "Uma característica distintiva da pura justiça processual é a de que o procedimento para determinar o resultado justo *deve realmente ser executado*. Pois nesses casos, *não existe um critério independente*, com referência ao qual um resultado definido possa ser conhecido como sendo justo" (1971, p. 86, grifos nossos). Estas duas definições determinam que a teoria de Rawls era uma teoria de justiça processual *perfeita* e não uma *pura* justiça processual; todavia, Rawls também diz: "A posição original é definida de tal forma que seja um estado de coisas no qual quaisquer acordos acertados sejam tidos como justos. [...] Deste modo, a justiça como equidade é capaz de empregar a ideia de justiça puramente processual desde o início. É claro, então, que a posição original é uma situação puramente hipotética. Nada que se assemelhe a uma necessidade chega jamais a ocorrer..." (1971, p. 120).

to consentindo que eu trate o seu talento como se fosse um bem comum, desde que você receba uma recompensa decente por suas contribuições. Assim, eu lhe faço uma oferta. Se eu tivesse apenas uma pizza pronta, eu a cortaria em metades iguais e cada um de nós ganharia uma porção semelhante. Mas se você começar a fazer mais pizzas, todavia, e me der o dobro de pizzas para cortar, eu estarei disposto a ficar com apenas um terço do total. Nesse caso, eu ganho dois terços e você ganha quatro terços. Nós dois saímos ganhando. Se você concordar com minha proposta, nós apertamos as mãos e lançamos nossa sociedade como uma parceria cooperativa.

À guisa de sumário, inicialmente presumimos que tínhamos direito a partes iguais da pizza, mas percebemos que podemos tornar a pizza maior, se encorajarmos um ao outro a trabalhar um pouco mais. Encorajamos um ao outro recompensando os esforços para tornar maior a pizza: oferecendo igualmente uma quantidade maior de pizza para quem realizou a maior parte do trabalho. Com efeito, nós permitimos a presença de desigualdades se e quando agirmos dessa maneira resultar em maiores lucros para nós dois. Eu denomino este processo de "precursor".

> PRECURSOR: As desigualdades são arranjadas de modo a garantir vantagens para todos que forem por elas afetados. Todos deverão ganhar mais do que *teriam ganho* caso recebessem parcelas iguais em um esquema mais igualitário, porém menos produtivo.[3]

---

3. Ver Rawls 1971, pp. 60, 62. Além de entrar no argumento de Rawls como o precursor lógico do princípio da diferença, aquilo que eu chamo de "precursor" aparentemente também foi anterior de forma temporal, uma vez que surge nos escritos de Rawls desde 1958. Espantosamente, em sua primeira declaração publicada dos dois princípios, o segundo princípio não é o princípio da diferença! Está mais próximo daquele que eu chamo de precursor. Veja a passagem completa:

O conceito de justiça que eu quero desenvolver pode ser expressado na forma de dois princípios, como segue: primeiro, que cada pessoa que participe de uma prática, ou seja afetada por ela, tem igual direito à liberdade mais

Não obstante, o precursor nos deixa com uma questão sem resposta. Voltando ao exemplo da pizza, por que foi que eu propus uma divisão de um terço por dois terços? Eu poderia perfeitamente ter oferecido menos. Teria isso sido errado? Aquilo que eu denomino de precursor é "na melhor das hipóteses, um princípio incompleto para o ordenamento de distribuições."[4] Ele nos ensina que qualquer afastamento do padrão de parcelas iguais só é justo quando todos os envolvidos obtêm vantagens através desse processo. Todavia, "há um número indefinido de maneiras pelas quais todos podem obter vantagens quando o arranjo inicial de igualdade é tomado como padrão constante. Como então poderemos escolher entre todas essas possibilidades?"[5] Uma teoria completa deve especificar como os ganhos devam ser divididos.

A maneira de Rawls completar o precursor consiste em escolher como alvo uma determinada posição e maximizar as perspectivas das pessoas que se encontrarem nessa posição. Mas qual posição deverá ser a favorecida? Alguns escolheriam os padeiros. Rawls, não obstante, escolhe os que possuem menores vantagens – o grupo para o qual a vida foi de outro modo menos favorável. De uma forma geral, devemos transformar a menor das parcelas na maior possível. Chegamos assim ao princípio da diferença:

> PRINCÍPIO DA DIFERENÇA: As desigualdades devem ser arranjadas de tal modo que as maiores vantagens sejam conferidas àqueles que possuem menos vantagens.

---

ampla compatível com uma liberdade semelhante para todos; e, segundo, que as desigualdades são arbitrárias, a não ser que seja razoável esperar que elas funcionem em proveito de todos, desde que as posições e cargos aos quais elas se prendem ou a partir dos quais possam ser ganhas, sejam acessíveis a todos.

Ver o artigo de Rawls, "Justice as Fairness" [Justiça como equidade] (1999b, p. 48, publicado pela primeira vez em 1958). Ver também seu artigo: "Constitutional Liberty and the Concept of Justice" [A liberdade constitucional e o conceito de justiça] (1999b, p. 75, publicado pela primeira vez em 1963).

4. John Rawls, "Distributive Justice" [A justiça distributiva] (1999b, p. 135, publicado pela primeira vez em 1967).

5. Rawls 1971, p. 65.

A classe dos menos privilegiados

Quem são os menos privilegiados? Em primeiro lugar, Rawls nos diz que a expressão não se refere em particular a uma pessoa que obteve menos privilégios tomada como um indivíduo, mas a uma classe econômica que desfruta das menores vantagens. Em segundo lugar, esta classe é identificada por seu grau de prosperidade e faixa de renda e não por qualquer outro fator demográfico[6]. Na teoria de Rawls, "desprivilegiados" são, na prática, os representantes típicos da classe de renda mais baixa, nem mais nem menos[7]. Suas desvantagens e necessidades não são desusadas, em vez disso, porém, são estipuladas como estando "dentro do âmbito normal" da classe[8].

Por que Rawls emprega um designativo como "desprivilegiados" para se referir a pessoas que não são literalmente as menos privilegiadas? Rawls está tentando caminhar em uma corda bamba bem fina. Ele quer enunciar um senso de justiça que não somente corporifique a compaixão para com os menos afortunados, mas que também inclua um ideal de reciprocidade que possa distinguir sua teoria do utilitarismo. (Isto é, ele não somente quer dizer que o utilitarismo atribui uma importância pequena demais aos desprivilegiados, mas que a atribui pelas razões erradas.) "O primeiro problema da justiça se refere às relações entre aqueles que, no decurso diário das coisas, sejam participantes plenos e ativos da sociedade."[9] Por esta razão, Rawls imagina uma situação em que não exista nada parecido com uma classe de que as demais classes não necessitem. "A ideia intuitiva é a de que, uma vez que o bem-estar de to-

---

6. Isto pressupõe que os direitos básicos sejam assegurados para todos. Por exemplo, nenhuma classe pode ser considerada como menos privilegiada em virtude de ter sido escravizada. Rawls 2001, nota da página 59.

7 John Rawls, "Distributive Justice" [A justiça distributiva] (1999b, p. 139, também publicado em 1971, p. 98 e em 2001, p. 59).

8. Rawls 1999a, p. 83.

9. Rawls 1999a, p. 84.

dos depende de um esquema de cooperação, sem o qual ninguém poderia desfrutar de uma vida satisfatória, a divisão de vantagens deve ser tal que possa motivar a cooperação voluntária de todos os que fazem parte dessa sociedade, incluindo aqueles que se encontram menos bem situados dentro dela."[10] Os desprivilegiados, conforme Rawls os define, são *trabalhadores* menos privilegiados, não *pessoas* que nasceram com desvantagens. Eles exigem uma parcela do produto social, porque contribuem para sua produção, não porque precisem dele. "Os desprivilegiados não são, se tudo correr bem, os desafortunados e infelizes – que devem ser o objeto de nossa caridade e compaixão, muito menos aqueles que merecem nossa piedade –, mas sim aqueles a quem a reciprocidade é devida."[11]

Tensões do comprometimento

A classe desprivilegiada é a única que importa? Aceito pelo que aparenta ser, o princípio da diferença diz que (para tomar de empréstimo o exemplo de Rawls), se pudermos melhorar a situação econômica dos que possuem menores privilégios no valor correspondente a um centavo, devemos fazê-lo, mesmo que o custo para outros seja de um bilhão de dólares. Para dizer o mínimo, isto "parece extraordinário"[12]. Todavia, Rawls também diz: "O princípio da diferença não se destina a ser aplicado em possibilidades tão abstratas."[13]

---

10. Rawls 1971, p. 15.
11. Rawls 2001, p. 139. Ver também Stark 2004.
12. Rawls 1971, p. 157.
13. Rawls 1971, p. 157. Rawls oferece ainda mais duas respostas. Em primeiro lugar, evita-se que o princípio da diferença seja aplicado a tais questões pelos princípios da justiça lexicamente prioritários. Em segundo lugar, o problema não tende a surgir na prática, porque, "em uma economia competitiva (com ou sem propriedade privada) que apresente um sistema de classes abertas, as desigualdades excessivas não serão a regra. [...] Grandes disparidades não persistirão por muito tempo" (1971, p. 86).

Mas o fato de o princípio ser aplicado, entretanto, não tem nada a ver com a possibilidade ser abstrata ou não. Quanto a isso, o fato de o princípio ser aplicado ou deixar de sê-lo não tem nada a ver com a *intenção* de Rawls nesse sentido. Suponhamos que José afirme: "Não existem números primos com dois algarismos" e Maria lhe responda: "E o número onze?". Juca redargúi: "O princípio não se destina a ser aplicado a possibilidades tão abstratas." Obviamente, José precisa lhe dar uma resposta melhor. Rawls também, mas o fato é que respostas melhores são bem fáceis de encontrar.

Em primeiro lugar, Rawls não pretendia impor "tensões de comprometimento" excessivas[14]. Não podemos pedir tanto a ponto de uma concordância se tornar improvável. Rawls principalmente tem em mente não pedir demais aos desprivilegiados, mas é vital que o sistema não peça demais daqueles cujas contribuições sejam as mais vitais. Se os pressionar demais, eles deixarão o país e emigrarão – ou porque lhes tomamos um bilhão ou porque apenas um centavo chegou às mãos dos menos privilegiados –, uma consequência que seria ruim para todos, inclusive para os desprivilegiados.

Em segundo lugar, embora o princípio possa ser aplicado a muitas possibilidades "abstratas", não se aplica a uma redistribuição caso a caso. O princípio da diferença só se aplica a uma escolha da estrutura básica da sociedade. Esta restrição de âmbito é apenas temporária, como frequentemente afirmam os críticos de Rawls? Não, não é! E por que não? Porque a aplicação do princípio a cada decisão, como se José jamais pudesse ganhar ou gastar um dólar a não ser que fosse capaz de provar que, ao empregá-lo, estaria garantindo o maior benefício dos desprivilegiados, iria simplesmente engessar a economia e prejudicar a todos, inclusive os menos privilegiados. O princípio da diferença proíbe a existência de instituições que possam funcionar em

---

14. Rawls 2001, p. 104.

detrimento dos desprivilegiados, incluindo aquelas que possam *aplicar o princípio da diferença* com excesso de zelo em detrimento dos desprivilegiados. Não existe nada *ad hoc*, nada de temporário a respeito desta restrição. Ela deriva diretamente do próprio princípio da diferença.

Sob o véu da ignorância

Os princípios fundamentais da teoria de Rawls são os seguintes:

1. Cada pessoa tem igual direito à esfera de liberdade mais ampla que seja compatível com uma liberdade semelhante para todos.

2. As desigualdades sociais e econômicas devem ser arranjadas de tal modo que (a) se modifiquem para a maior vantagem dos menos privilegiados e (b) sejam ligadas a cargos e posições acessíveis a todos sob condições de justa igualdade de oportunidades[15].

Rawls diz que o primeiro princípio tem precedência, em que *precedência* "significa que a liberdade somente pode ser restrita em função da própria liberdade"[16]. Houve relativamente poucas discussões a respeito do primeiro princípio e poucos encontram alguma dificuldade em aceitá-lo[17]. A

---

15. Rawls 1971, p. 302. Rawls algumas vezes acrescenta à parte (a) uma qualificação de que o princípio da diferença deve ser coerente com um princípio de poupança justa.
16. Rawls 1971, p. 244.
17. Em uma passagem pouco conhecida, Rawls desmente a ideia de que seu primeiro princípio tenha prioridade "léxica". Ele afirma o seguinte: "Ainda que pareça claro que, de um modo geral, uma ordem léxica não possa ser estritamente correta, ela pode ser uma aproximação esclarecedora, dentro de certas circunstâncias especiais, porém significativas" (1971, p. 45). Rawls, de maneira semelhante, desmente a alegação de que o primeiro princípio exija literalmente um sistema de liberdade "mais amplo" e, de fato, chega ao ponto de dizer que "Nenhuma prioridade é atribuída à liberdade como tal, como se o exercício de alguma coisa chamada "liberdade" tivesse um valor proeminen-

controvérsia cerca o segundo, particularmente a parte (a), que é conhecida especificamente como o princípio da diferença.

É fácil antever que os operários *especializados* refutarão o princípio da diferença, dizendo: "Você pode imaginar que tenhamos negociado nossos termos de cooperação e depois concluir que *justiça* significa que alguém mais ganhe tanto quanto for possível? Nós nunca lhes pedimos que nos vissem como Robinsons Crusoés bem-sucedidos graças ao próprio esforço, somente que permitam que nosso crescimento dentro de "sua" sociedade não afete a nossa condição de pessoas independentes, sociedade essa que, em si mesma, não possui o mínimo direito de avaliação sobre as habilidades individuais que colocamos sobre a mesa de negociações."

Rawls, em essência, tem duas respostas para isto. Em primeiro lugar, conforme ele argumenta, os operários especializados estão equivocados em se verem como meros meios para alcançar os fins dos menos privilegiados. Os operários cometem este erro se considerarem suas habilidades e especializações como parte de si mesmos e não como acidentes que lhes ocorreram por acaso. Quando os operários especializados passarem a conceber a si próprios diferentemente, como vencedores sem mérito próprio de uma loteria genética e social, eles perceberão que a distribuição de habilidades constitui um bem comum. Eles não se encararão mais como pessoas que trazem *alguma coisa* individualmente para a mesa de negociações, exceto seus próprios interesses.

Em segundo lugar, Rawls afirma que os operários especializados não se queixariam se pudessem considerar o princípio da diferença como aquele que eles próprios escolheriam numa situação de barganha justa. O que seria en-

---

te..."Ver Rawls 1996, p. 291.Ver também Rawls 2001, p. 42. Para uma crítica do recuo de Rawls quanto à sua formulação maximalista original, ver Loren Lomasky 2005.

tão justo? Suponhamos que Joana tenha a possibilidade de avaliar distribuições alternativas por detrás de um *véu de ignorância*, sem saber qual a posição que ela mesma irá ocupar na cadeia de distribuição. Se Joana não faz ideia se é uma operária braçal ou uma gerente de nível intermediário, ela não tentará enviesar o arranjo em favor dos gerentes. Ela buscará uma opção que seja boa para todos[18].

Os "menos privilegiados" não constituem uma categoria rígida

Como eu disse anteriormente, se Joana não faz ideia de qual é sua posição social, se é operária ou gerente, ela não tentará enviesar os arranjos em favor dos gerentes. Ela buscará uma opção que seja boa para todos. Nesse caso, por que Joana iria escolher o princípio da diferença, que parece enviesado em favor dos operários, a não ser que Joana saiba que ela mesma é uma operária? Esta é uma questão que vem dividindo os estudiosos das ideias de Rawls[19].

Uma razão para encarar o princípio da diferença como sendo menos enviesado em favor de um determinado gru-

---

18. Em um ensaio posterior, Rawls adotou uma posição diferente, dizendo que a experiência teórica do contratualismo era uma heurística dispensável, destinada apenas a encarar o que aconteceria (em termos kantianos), se nos despíssemos de todas as nossas características fenomenais contingentes e escolhêssemos, em vez disso, nossos puros seres numenais. Uma vez que nossos seres numenais são idênticos – meros símbolos da essência da racionalidade –, a negociação é supérflua e o véu da ignorância agora modela como um único eu numenal escolheria. Isso evita problemas com barganhas hipotéticas, mas abandona o compromisso do contrato social de explicitamente transformar o respeito pelas diferenças individuais em fundamento da teoria. Veja John Rawls, "Kantian Constructivism in Moral Theory" [O construtivismo kantiano dentro da teoria da moral] (1999b, primeira publicação em 1980).

19. Muitos leitores acham difícil imaginar o princípio da diferença como sendo justo em qualquer sentido ou como sendo alguma coisa que um indivíduo racional escolheria. John Harsanyi (1955), que alguns consideram ter sido o verdadeiro inventor da experiência teórica do "véu de ignorância", sustentava que a escolha racional a ser feita por alguém por trás de um véu de ignorância seria, em vez disso, a de um princípio de utilidade.

po do que pode parecer, todavia, é a de que "os menos privilegiados" constituem uma categoria fluida. Se José começar a vida na posição social de um desprivilegiado, então um sistema que trabalhar corretamente em seu favor acabará colocando-o em uma posição melhor do que a ocupada por Joana, ponto em que o sistema começará a fazer o que puder em favor de Joana, até que ela se torne suficientemente próspera para dar a vez a uma outra pessoa e assim por diante.

Problema: essa fluidez é real? Sim, ou pelo menos seria real em uma sociedade que satisfizesse o princípio da diferença de Rawls. Quando Karl Marx redigia seus escritos na metade do século dezenove, a Europa estava dividida em classes sociais bastante rígidas, definidas em função do nascimento. Quando Rawls se pôs a escrever nos anos de 1950, o marxismo ainda era influente entre os intelectuais, mas o marxismo tendia a falar como se as coisas não se tivessem modificado no decorrer de um século. *Caso* nós vivêssemos em um sistema de castas sociais rígidas, em que os filhos de trabalhadores braçais estivessem destinados a ser apenas trabalhadores braçais (e no qual suas irmãs estivessem fadadas a ser somente esposas de trabalhadores braçais), então o melhor em que os trabalhadores poderiam apostar era lutar pelo estabelecimento de um salário mínimo o mais elevado possível sem que isso prejudicasse em demasiado o lucro de quem os contratasse.

Agora, suponhamos que um operário tenha uma alternativa: ele pode emigrar para uma sociedade fluida, em que o trabalho braçal receba um pagamento menor do que seria desejável, mas em que seus filhos e filhas tenham a oportunidade de frequentar uma universidade e ascender socialmente. Ele fica no país de origem ou embarca? Será que o pensamento dos pobres sobre o que querem da vida deve afetar o nosso próprio pensamento sobre aquilo que lhes trará maiores vantagens?

Eis aqui uma característica interessante de um mundo mais fluido: as classes de renda mais elevada podem consistir substancialmente de pessoas (ou seus pais) que em determinada época foram trabalhadores braçais. As classes de renda mais alta, de acordo com este quadro, podem consistir substancialmente de pessoas privilegiadas *porque* elas cresceram em um mundo no qual as pessoas nascidas pobres – como elas mesmas um dia foram – têm oportunidade de ascender socialmente.

Em uma sociedade verticalmente móvel, haverá uma grande diferença entre os trabalhadores não especializados que têm as características necessárias para impulsioná-los para cima na escala social e aqueles outros trabalhadores, também não especializados, que, por um motivo ou outro, não apresentam essas características. Mas observe que esta é uma grande diferença *somente* em uma sociedade verticalmente móvel. Por detrás do véu da ignorância, nós ainda não escolhemos criar uma sociedade verticalmente móvel; dentro de um arcabouço rawlsiano, estes subgrupos apresentam perspectivas semelhantes *até que decidamos modificar nossa escolha*. Por trás do véu da ignorância, nós *decidimos* se os jovens talentosos devem ou não ser impedidos de ascender por acidentes de sexo ou de classe social.

Mas não é esta fluidez que Rawls tinha em mente. Rawls não estava contemplando mentalmente um mundo em que José Operário pode adquirir especializações que o tornarão rico em um período posterior de sua vida. Mas se esse mundo fluido é o melhor para José, então Rawls tem razão: aquilo que funcionar para o bem de José Operário irá funcionar para o bem de todas as classes, porque, nesse mundo, as classes de renda mais elevada conterão números substanciais de pessoas que começaram (ou cujos pais começaram) na mesma posição em que José se encontrava inicialmente e aproveitaram o melhor possível as oportunidades que acharam em seu caminho. Se a mobilidade de renda beneficia jovens que agora ganham menos, então, de forma semelhante, ela *beneficiou* pessoas mais velhas que, em determinada ocasião, também recebiam baixos salários e depois subiram na escala social. (Os críticos de Nozick querem retratá-lo como o defensor dos ricos, mas, no seu próprio modo de pensar, Nozick, que também nascera pobre, estava defendendo a legitimidade do sonho dos pobres de ter uma vida melhor.)

Tudo se reduz a uma questão: justiça e segurança são a mesma coisa? Caso não o sejam, então o princípio da diferença deverá se preocupar primariamente com a justiça ou com a segurança? Suponhamos que a resposta seja a justiça. Nesse caso, se indagarmos qual estrutura básica é melhor para os menos privilegiados, podemos descobrir que é aquela que garanta o mais alto salário mínimo possível. Ou o melhor sistema pode, sem que garanta muito de qualquer desses dois aspectos, oferecer às pessoas as melhores chances para desenvolver suas habilidades e, por meio delas, ganhar mais do que teriam jamais ganho em um sistema com salários mínimos ainda mais elevados, porém com menor mobilidade vertical ascendente. Esta questão pode ser resolvida melhor pela experiência do que pela teoria. O que a teoria estabelece, aos olhos de Rawls, é que elevar o padrão de vida dos desprivilegiados é o resultado que devemos buscar quando avaliamos as sociedades.

Por fim, há também alguma coisa a dizer em favor da insistência de Rawls de que devemos falar de classes e não de indivíduos. Existe um ditado: a maré alta levanta todos os barcos. Este clichê, como Rawls sabia muito bem, não é literalmente verdadeiro, mas as boas sociedades o tornam quase verdadeiro. Rawls via que, mesmo no sistema que ele próprio favorecia, haveria pessoas que iam cair por entre as fendas. A maré nunca irá beneficiar literalmente todas as pessoas, mas boas instituições podem e realmente tornam verdadeiro que a maré erga *todas as classes de renda*. (Mesmo isto é difícil de garantir, contudo. Rawls está sendo realista quando diz que, mesmo dentro de seu sistema favorecido, podemos apenas "esperar que uma classe subordinada não venha a existir; ou que, no caso de existir tal classe, ainda que pequena, que seja o resultado de condições sociais que não sabemos como modificar".)[20] Mesmo a classe mais desprivilegiada partilha da maré dos benefícios da saúde (crescimento da expectativa de vida, água tratada, vacinações) e dos benefícios da riqueza (eletricidade, roupas, sapatos) que foram criados por meio da cooperação. Quer dizer, se tudo andar bem. Se o princípio da diferença de Rawls (ou o seu precursor) for satisfeito, então classes inteiras não serão deixadas para trás pela maré que as pessoas criam quando contribuem com seus talentos para empreendimentos cooperativos dentro de uma sociedade livre.

Até aqui eu não estive tratando o princípio da diferença como um princípio de distribuição. Os leitores frequentemente o interpretam dessa forma, mas o próprio Rawls pretendia avaliar as estruturas básicas em termos do grau de bem-estar desfrutado de fato pelos menos afortunados. Na leitura mais canônica de Rawls, se os desprivilegiados (sistematicamente) apresentam um maior grau de bem-estar no sistema X do que no sistema Y, então o sistema X é mais justo à luz do princípio da diferença. Isto ocorre assim, mesmo quando em X o governo não faz quaisquer promessas oficiais, enquanto em Y o governo oficialmente promete mundos e fundos.

Podemos imaginar que Rawls diga que Y é justo somente se seu governo oficialmente se dedique a satisfazer os princípios de Rawls[21]. Mas isso seria refutado pelo mesmo argumento por meio do qual Rawls refuta o igualitarismo estrito, a saber, que se o sistema X fosse melhor para todos, então os agentes racionais o escolheriam de preferência a Y, não importando se o sistema X fosse menos igualitário, fizesse menos promessas ou apresentasse uma declaração de objetivos diferente.

---

20. Rawls 2001, p. 140.
21. Rawls quase chega a dizer exatamente isso em 2001, pp. 137, 162. Ver também Brennan 2004.

O princípio de máxima liberdade igual para todos deve ter prioridade?

Muitos que rejeitam as ideias de Rawls o fazem com base no fato de que (segundo eles pensam) a teoria de Rawls deixa muito pouco espaço para o primado da liberdade. Aqueles que abraçam suas ideias tendem de igual modo a dar pouca ênfase a seu primeiro princípio. Eis aqui uma razão, todavia, para levar a sério a ideia de que o primeiro princípio de Rawls realmente está em primeiro lugar e que as liberdades não devem ser sacrificadas mesmo em favor dos menos privilegiados. Suponhamos que descobrimos que as "leis Jim Crow" funcionem para a maior vantagem dos menos privilegiados[22]. Tal resultado tornaria difícil acreditar no princípio da diferença, pelo menos se a nossa teoria procurasse as consequências do princípio da diferença para resolver este tipo de questões. Mas, e se a nossa teoria, em vez disso, procurasse a resposta em um princípio de máxima liberdade igual? Nessa teoria – ou seja, a teoria de Rawls –, o primeiro princípio descarta as leis Jim Crow desde o começo. Na teoria de Rawls, *não é importante* que essas leis satisfaçam o princípio da diferença. E *esse* parece ser o resultado correto.

De acordo com a verdadeira teoria de Rawls, a liberdade é primária, isto é, fundamental. Além disso, tornar primário o princípio da diferença acabaria por ferir os menos

---

22. As "leis Jim Crow" se referem a um conjunto de leis promulgadas nos estados do sul dos Estados Unidos e destinadas a manter a segregação entre as raças. Assim, por exemplo, o parágrafo 369 das Leis de Segregação Racial da cidade de Birmingham (Alabama) declara: "Será ilegal dirigir um restaurante ou outro estabelecimento que sirva alimentos dentro do perímetro urbano, em que pessoas brancas e pessoas de cor sejam servidas na mesma sala, a não ser que tais pessoas brancas e de cor sejam efetivamente separadas por uma divisão sólida que se estenda desde o assoalho até em cima a uma altura de 2,15 metros ou mais e também a não ser que uma entrada separada desde a rua seja provida para cada compartimento." (Fonte: cortesia do Instituto de Direitos Civis da cidade de Birmingham.)

privilegiados. *Não é* de seu melhor interesse que o exercício de sua liberdade se ache nas mãos dos politicamente privilegiados – o tipo de legisladores que são capazes de aprovar leis discriminatórias do tipo Jim Crow. Os menos privilegiados devem ter certeza de que sua liberdade não será objeto de um futebol político, nem uma instituição que os legisladores possam sacrificar em busca de objetivos paternalistas (por exemplo, benefícios que tornem os remédios gratuitos) que, na prática, sempre parecem muito mais urgentes e concretos do que os ideais de liberdade[23].

Segundo a teoria de Rawls, o princípio da diferença não dita quanta liberdade devemos ter. É justamente o oposto. Um compromisso com a máxima liberdade que possa ser igual para todos dita o escopo de que os legisladores dispõem para arranjar as estruturas básicas que possam redundar no máximo de benefício para os menos afortunados. No mundo político, onde os planos mais bem arquitetados são desarticulados na maior parte das vezes, é assim que deveria ser, especialmente a partir da perspectiva dos mais vulneráveis. Mais uma vez, por mais crítica que uma pessoa possa ser com relação à teoria geral de Rawls, esta é uma realização real. Ou antes, uma constelação de realizações: Rawls teve a percepção de que (a) a sociedade em seu melhor aspecto é um empreendimento cooperativo para vantagem mútua; (b) nenhuma classe de barcos deve ser deixada para trás pela maré crescente do aumento de riqueza dentro de uma economia moderna, nem sequer a classe dos menos afortunados; e (c) a liberdade é uma precondição desde o início para que possa surgir tal maré econômica crescente, especialmente o tipo de maré econômica capaz de elevar o nível de vida de *todas* as classes.

---

23. Rawls diz: "Numa sociedade justa, as liberdades de cidadãos iguais são consideradas como estabelecidas. Os direitos assegurados pela justiça não podem estar sujeitos a barganhas políticas" (1971, p. 4).

O estabelecimento de um consenso

Antes de examinar a resposta de Nozick a Rawls, devemos repetir que os seguidores mais próximos de Rawls discordam, algumas vezes ferozmente, sobre a melhor maneira de interpretar e defender as ideias de Rawls. Hoje em dia, existem centenas de teorias sobre como compatibilizar todos os argumentos de Rawls e sobre quais deverão ser descartados a fim de que os restantes possam constituir um todo internamente consistente. Em seus últimos anos, Rawls começou a encarar seu próprio trabalho não como uma prova de que seus dois princípios sejam verdadeiros, e sim como uma maneira de enunciar crenças que ele considerava implícitas na estrutura das democracias ocidentais contemporâneas[24].

Muitos dos seguidores de Rawls sentiram-se ressentidos com o que lhes pareceu ser um recuo colossal. Todavia, a interpretação tardia do próprio Rawls estava precisamente correta. Rawls nos legou uma visão, uma visão de grandeza, mesmo que ela não possa resistir a um escrutínio como prova dedutiva, tal como algumas pessoas queriam que ela fosse. Rawls estava dizendo que, a despeito das diferenças em nossos pontos de vista morais abrangentes, existe, acima dessas diferenças, um consenso implícito na nossa forma de convivência nas democracias ocidentais.

Portanto, nossa tarefa não é a de nos imiscuirmos nos detalhes, mas refletir em que medida nós compartilhamos desta magnífica visão: (a) primeiro vem a liberdade que (sob circunstâncias normais) não deve ser sacrificada em favor de coisa alguma; (b) julgamos uma sociedade perguntando se ela é boa para todos nós, se realmente é uma terra de oportunidades e examinando a qualidade de vida que pode ser alcançada por seus membros não-privilegiados; final-

---

24. Esse ponto de vista é desenvolvido em seu artigo "Justice as Fairness: Political, not Metaphysical" [A justiça como equidade política, não metafísica] (Rawls 1999b, primeira publicação em 1985).

mente (c) acreditamos que é isto o que escolheríamos caso fizéssemos uma escolha imparcial. O argumento central e claramente irrefutável da filosofia de Rawls é o de que uma sociedade livre não é um jogo de resultado zero. É um empreendimento cooperativo para vantagens mútuas. É por isso que, quando têm escolha, as pessoas quase sempre preferem viver em comunidade. Sentem que vivem melhor em conjunto. Nozick critica Rawls, como eu também o faço e como o fazem muitos autores que estudaram Rawls. Mas, afinal de contas, não existe alguma coisa fundamentalmente certa (e até mesmo bela) nessa visão grandiosa?

Problemas

1. Acabei de descrever como "claramente irrefutável" a afirmação de Rawls de que a sociedade não é um jogo de somatório zero. Por que então, tanta gente considera uma parte tão grande da vida como uma soma zero? Como você explicaria essa mentalidade de soma zero?[25]
2. Se a sua universidade tiver de enfrentar uma redução orçamentária, como você deveria alocar os recursos escassos? Você deveria proteger os centros de excelência já existentes e cortar os orçamentos dos departamentos mais fracos? Ou o seu processo orçamentário deveria esforçar-se para beneficiar mais os departamentos mais fracos (seja lá o que isso significar na prática)? Por quê? A estrutura básica de uma universidade é relevantemente diversa da estrutura social básica?
3. Imagine os negociadores da posição original chegando a um impasse e concordando em resolver a questão jogan-

---

25. Vou lhe dar uma possível resposta: as pessoas dão importância às *parcelas* de renda. Parcelas de renda somam cem por cento. Nenhuma parcela pode aumentar, a não ser que a parcela de uma outra pessoa diminua. Desse modo, não existe nada parecido com um progresso geral. A soma de todas as partes nunca passa de 100%, de modo que seguramente surgirá uma estagnação.

do uma moeda para o ar. Suponhamos que queremos projetar o experimento teórico de tal modo que produza uma conclusão desejada, a saber, que os negociadores escolham o princípio X e assim imaginemos que a moeda, ao cair, mostre a face que determinará a adoção de X. Este experimento teórico justifica o princípio X? É claro que não, mas por que não? O resultado não é processualmente injusto, portanto, qual é o problema?[26] O que devemos acrescentar a esta história para que ela passe a ser considerada uma razão para se acreditar que X seja um princípio de justiça?

4. Os animais devem ser representados na posição original? Se os negociadores não pudessem saber que tipo de animal eles estariam, no final das contas, representando, eles dariam um jeito de arranjar as desigualdades para a maior vantagem da classe de animais menos privilegiada? Se quiséssemos, poderíamos projetar a posição original de tal modo a nos convencermos de que os negociadores racionais teriam o direito de decidir nesse sentido. Isso nos daria uma razão para considerar esse princípio como um princípio de justiça? Se a resposta for não, por que não?

---

26. Eu explico por que o problema dos argumentos de consentimento hipotético se torna pior à medida que tentamos fazê-lo convergir para uma determinada conclusão em Schmidtz 1990a.

32. Nozick

TESE: Existe um problema importante com relação ao que Nozick denomina princípios *baseados no que existe num determinado momento* (*time-slice principles*); todavia, nem todos os princípios *padronizados* são princípios desse tipo.

A história e os padrões

Nozick distingue entre princípios de justiça históricos e padronizados. A distinção superficialmente parece simples, porém, no momento em que se chega ao fim da discussão de Nozick sobre este tema, as duas categorias se tornaram pelo menos três, talvez quatro e não podem ser mantidas separadas facilmente. Algumas das declarações de Nozick são difíceis de interpretar, mas a análise abaixo é aproximadamente aquela que Nozick pretendia[1].

Os *princípios de justiça baseados no que existe num determinado momento* avaliarão uma determinada distribuição em um momento dado. Olhamos para um conjunto de resultados. Não importa a quem esses resultados sejam atribuídos. Por exemplo, em um princípio igualitário baseado

---

1. Agradeço a Richard Arneson por me sugerir como eu deveria estabelecer as distinções. Sigo suas sugestões até certo ponto, mas não perto o bastante para que ele possa ser responsabilizado pelos meus resultados.

na situação em determinado momento, se os resultados forem desiguais, isso é tudo que precisamos conhecer para saber que existe alguma injustiça. Nós não precisamos saber quem recebeu qual resultado ou como esse resultado lhe foi atribuído. A história é totalmente irrelevante.

Os *princípios baseados no estado final* dizem algo semelhante, mas sem estipular que os resultados finais são cortes transversais de um processo. Assim, por exemplo, um princípio igualitário baseado no estado final poderia afirmar que analisamos a renda auferida durante uma vida inteira; se as rendas de uma vida inteira forem desiguais, isso é tudo que precisamos saber. A diferença entre os princípios baseados num momento e os de estado final é esta: suponhamos novamente (conforme o Capítulo 22) que dois grupos de trabalhadores, denominados "Silva" e "Oliveira" tenham o mesmo tipo de emprego na mesma fábrica, mas que os Oliveira tenham três anos a mais de serviço, ou seja, começaram a trabalhar três anos antes e continuamente receberam aumentos de salário em virtude de seu tempo maior de serviço, chegando a um patamar salarial em que os Silva não conseguirão chegar por mais três anos. Em momento algum os salários são iguais, todavia suas rendas ao final da vida serão as mesmas. Temos aqui uma injustiça segundo um princípio igualitário baseado no momento, mas um princípio igualitário baseado no estado final pode olhar além do tempo e concluir que a igualdade requerida pela justiça acabará por ser alcançada.

Os *princípios padronizados* incluem os dois acima como subconjuntos ou exemplos, mas dentro da classe mais ampla se encontram padrões que não se classificam nem como cortes de momento, nem como estados finais. "Pagamento igual por igual trabalho" é um exemplo de um princípio igualitário que é padronizado, mas não depende nem da análise de um momento isolado, nem de um resultado final: ele prescreve o que os resultados devem *identificar*, neste caso a qualidade e/ou quantidade de serviços prestados, mas não prescreve que os resultados devam ser perfeitamente iguais.

Os *princípios históricos* dizem que aquilo que importa é o processo pelo qual os resultados são determinados. Os princípios históricos são complexos porque, não obstante a intenção de Nozick de estabelecer um contraste, os princípios padronizados podem conter um elemento histórico e vice-versa. "Pagamento igual por igual trabalho" é um princípio tanto padronizado como histórico; isto é, ele prescreve resultados que identificam um padrão daquilo que as pessoas já fizeram.

Um problema com os padrões

Nozick classifica o princípio da diferença de Rawls como padronizado, mas não histórico (prescreve uma distribuição, embora não atribua nenhum peso a quem produziu os bens que deverão ser distribuídos). Em contraste, o que Nozick denomina *teoria da titularidade* (a ser discutida na próxima seção) é histórico, mas não é padronizado.

O problema com os princípios padronizados é que, de acordo com as próprias palavras de Nozick, a liberdade perturba os padrões. "Nenhum princípio de estado final ou princípio de justiça distributiva padronizado pode ser continuamente posto em prática sem interferir continuamente na vida das pessoas."[2] Para ilustrar essa afirmação, Nozick pede que você imagine que a sociedade atinge um padrão de perfeita justiça à luz de qualquer princípio que você preferir. Então alguém oferece a Wilt Chamberlain um dólar pelo privilégio de assistir uma partida de basquetebol em que ele jogue[3]. Antes de nos darmos conta disso, milhares de pessoas também estão pagando um dólar cada uma a Wilt, cada vez que ele dá um espetáculo. Wilt fica rico. A dis-

---

2. Nozick 1974, p. 163.
3. Nozick 1974, pp. 161-164. Wilt Chamberlain foi o principal jogador de basquetebol em sua época e certa vez (em 1962) marcou cem pontos em uma única partida.

tribuição não é mais igual, mas ninguém se queixa. Além disso, todos nós somos um pouco parecidos com Wilt. Cada vez que ganhamos ou gastamos um dólar, estamos mudando o padrão. Esta é a questão de Nozick: se a justiça for um padrão, alcançável em um dado momento, o que acontece se alcançamos a perfeição? Você deveria então proibir tudo – é proibido consumir, é proibido criar, comerciar ou até mesmo *dar* – para que o padrão perfeito não seja mais perturbado? Observe: Nozick nem argumenta nem presume que as pessoas tenham o direito de fazer o que quiserem com suas propriedades. O argumento de Nozick é: se existir *absolutamente qualquer coisa* que as pessoas possam fazer – mesmo que a única coisa que elas tenham liberdade de fazer seja dar uma moedinha a qualquer pessoa que as divirta –, então mesmo essa diminuta liberdade vai, com o passar do tempo, perturbar o padrão[4]. É um erro, conclui Nozick, pensar que os princípios de estado final deem às pessoas o mesmo que os princípios de titularidade lhes dão, somente distribuído de melhor maneira. Os princípios de titularidade reconhecem a existência de espaços de escolha que os princípios de estado final não podem reconhecer. Nenhum dos recursos governados pelos princípios de estado final jamais poderia estar à disposição de uma só pessoa (ou mesmo de uma nação inteira)[5].

---

4. Nozick 1974, pp. 161-164. Ver também Feser 2004, p. 71.

5. Nozick 1974, p. 167. A réplica de Rawls: "A objeção de que o princípio da diferença é alterado por contínuas correções de distribuições particulares e interferências caprichosas de transações privadas baseia-se em um erro de interpretação." Na página seguinte, Rawls esclarece: "Mesmo quando todo mundo agir regularmente consoante é definido pelas regras, desde que seja não só razoável mas também prático impô-las aos indivíduos, o resultado de muitas transações separadas acabará solapando a justiça básica. Isto se torna óbvio a partir do momento em que encararmos a sociedade, tal como devemos, como envolvendo cooperação entre as gerações. Desse modo, mesmo numa sociedade bem organizada, ajustes em sua estrutura básica sempre serão necessários" (1996, pp. 283-284). O esclarecimento torna difícil ver o que foi que Nozick interpretou mal. (Agradeço a Tom Palmer por esta observação.) Seja como for, um desafio na construção de uma democracia constitucional é o de limitar "os ajustes necessários", porque são estes que assinalam aos cida-

Embora Nozick esteja certo em identificar um imenso problema nos princípios de períodos de tempo, nem todos os princípios padronizados são prescrições para períodos de tempo. Há passagens em que Nozick parece presumir que, ao argumentar contra os princípios de períodos de tempo ou princípios de estado final, ele se acha na posição de solapar, de um modo geral, todos os princípios padronizados. Mas não é assim. Nem todos os padrões são os mesmos e nem todos requerem importantes interferências. Nozick está certo no sentido de que, ao enfocarmos períodos de tempo, estamos enfocando momentos isolados e tomando esses momentos demasiadamente a sério, quando o que realmente importa não são os padrões manifestados em um determinado momento, mas os padrões de como as pessoas se tratam mutuamente ao longo do tempo. Mesmo diminutas liberdades devem perturbar o padrão de um momento estático, mas não há razão por que a liberdade deva perturbar um padrão permanente de tratamento justo.

Um princípio moral que proíba a discriminação racial, por exemplo, não prescreve nenhum estado final em particular. Esse é o tipo de princípio que Nozick denomina de princípio fracamente padronizado, sensível tanto à história como aos padrões e que prescreve um ideal de como as pessoas devem ser tratadas, sem prescrever uma distribuição de estado final[6]. Ele *afeta* o padrão (tal como o afetaria mesmo um princípio puramente histórico), mas sem *prescrever* um padrão (ou, mais precisamente, sem prescrever um estado final). E, se um princípio que proíba a discriminação racial se desenvolve dentro de uma sociedade por meio de progresso cultural e não de intervenção legal, não precisa envolver qualquer interferência, seja de que tipo for.

Se atingimos uma sociedade em que o sonho de Martin Luther King se concretiza, em que seus filhos são julga-

---

dãos que sua renda é o resultado de um futebol político e que, até esse ponto, eles são governados por homens e não pela vigência da lei.

6. Nozick 1974, p. 164.

dos, não pela cor de sua pele, mas pelo conteúdo de seu caráter, o que nós atingimos é um padrão fluido e em evolução que acompanha o mérito, em vez de considerar a cor da pele. Ao longo desse processo, a sociedade passa a exigir *um grau menor* de intervenção do que a sociedade segregada e inflexivelmente coerciva a partir da qual evoluiu. Assim, embora Nozick algumas vezes fale como se sua crítica se aplicasse a todos os padrões, deveríamos levar a sério seu reconhecimento de que os padrões "fracos" são compatíveis com a liberdade. Alguns deles podem até promover a liberdade, dependendo de como são introduzidos e mantidos. O problema não se encontra nos princípios padronizados em geral, porém mais especificamente nos princípios de estado final e, especialmente, nos princípios referentes a períodos de tempo.

Um ponto fraco da crítica a Rawls feita por Nozick, então, é a seguinte. Nozick está certo em supor que os princípios de períodos de tempo permitem uma interferência imensa, constante e intolerável sobre a vida diária, mas será que Rawls está defendendo tal procedimento? Em seu primeiro artigo, Rawls disse: "Nós não podemos determinar a justiça de uma situação simplesmente quando a examinamos em um único momento dado."[7] Anos mais tarde, Rawls acrescentou: "É errado focalizar a atenção sobre as variadas posições relativas dos indivíduos e requerer que cada mudança, considerada como uma única transação vista isoladamente, seja justa em si mesma. É o arranjo da estrutura básica que deve ser julgado e, mesmo então, julgado a partir de um ponto de vista geral."[8] Assim, para Rawls, a função da estrutura básica não é a de fazer com que cada transação funcione para a vantagem da classe operária, muito menos para cada *membro* dessa classe. Rawls era bem mais realista. Em vez disso, a tendência de toda uma

---

7. John Rawls, "Outline of a Decision Procedure for Ethics" (1999b, p. 14; primeira publicação em 1951).
8. Rawls 1971, pp. 87-88.

sociedade ao longo do tempo deve beneficiar o operariado *como classe*. Naturalmente, Rawls era uma espécie de igualitário, mas não um igualitário comprometido com um princípio baseado num estado momentâneo ou no estado final. O padrão que Rawls pretendia inserir no tecido geral da sociedade era um padrão de posições sociais igualitárias, aplicado não tanto a uma distribuição, como a um relacionamento permanente[9].

Seria um erro, todavia, inferir que a crítica de Nozick estava destituída de razão. Nozick demonstrou como uma teoria alternativa poderia parecer, retratando Wilt Chamberlain como um indivíduo independente em um sentido mais robusto do termo (não sobrecarregado por nebulosas dívidas à sociedade) do que Rawls poderia aceitar. Para Nozick, as vantagens desfrutadas por Wilt Chamberlain não são aquelas que Wilt *já encontra* dispostas sobre a mesa. E respeitar o que Wilt traz para a mesa de negociações constitui a exata essência de respeitá-lo como uma pessoa diferente das demais[10].

Em parte graças a Nozick, os igualitários contemporâneos estão percebendo agora que qualquer igualdade dig-

---

9. Agradeço a Alyssa Bernstein pela discussão apresentada sobre este ponto.

10. É claro que Rawls queria que os desprivilegiados tivessem oportunidade de fazer coisas e não meramente experimentar coisas já existentes. Todavia, a posição original de Rawls corporifica um compromisso de tratar como arbitrário, de um ponto de vista moral, aquilo que os negociadores tinham feito antes de chegarem à mesa de negociações. Recorde como o Capítulo 10 comparou a posição original de Rawls à máquina de experiência de Nozick. Se concordarmos que os princípios de justiça devem respeitar o que as pessoas menos aquinhoadas *fazem*, estaremos concordando não somente em respeitar o que as pessoas menos privilegiadas fizerem *a partir de agora*, pois o respeito por elas vem em favor de seus interesses. Estaremos escolhendo respeitar também aquilo que elas vêm fazendo desde sempre. Para lhes prestar o respeito que vem em favor de seus interesses, devemos reconhecer aquilo que elas merecem e que mereceram desde sempre. Caso contrário, nossa atitude com relação a elas é uma mera simulação de respeito paternalista, que denota nossa própria superioridade e não um respeito real. Com efeito, Rawls respeita nossas diferenças como consumidores, enquanto Nozick respeita nossas diferenças como produtores.

na de ser aspirada se focalizará menos na justiça como uma propriedade de uma distribuição em um período dado de tempo e mais na maneira como as pessoas são tratadas: na maneira como elas são recompensadas por suas contribuições e *capacitadas*, ao longo do tempo, para fazer novas contribuições dignas de serem recompensadas. Isso é progresso.

Voluntarismo

Nozick diz que os princípios de uma teoria da titularidade se distribuem em três categorias. Em primeiro lugar, vêm os princípios de *aquisição inicial*, que explicam como uma pessoa ou um grupo legitimamente podem adquirir alguma coisa que não tinha proprietário anterior[11]. Terras sem prévia ocupação constituem um exemplo historicamente central, do mesmo modo que invenções e outras propriedades intelectuais. Em segundo lugar, os princípios de *transferência* explicam como a propriedade é legitimamente repassada de uma pessoa (ou de um grupo) para outra. Finalmente, os princípios de *retificação* especificam o que deve ser feito a respeito de casos de aquisição ou transferência ilegítimas.

Nozick favorece uma versão da teoria da titularidade que é baseada em um ideal de voluntarismo. Nozick diz que uma distribuição é justa se surge por meio de etapas justas a partir de uma posição inicial justa, em que o paradigma de uma etapa justa é a troca voluntária. Como um exemplo do tipo de sociedade que concordaria com seu modelo da teoria da titularidade, Nozick oferece o ideal de uma sociedade civil e libertária de livre mercado que seja governada por um estado de abrangência mínima (aproxi-

---

11. A justificativa da aquisição inicial feita por Nozick chama a atenção de muitos como sendo o ponto mais fraco de sua teoria; ver, no entanto, Schmidtz 1994.

madamente um governo que se restrinja a manter a paz interna e a defender as fronteiras). Em tal sociedade, na qual as pessoas interagem por consentimento e por meio de termos mutuamente satisfatórios, haverá um "entrelaçamento" de padrões; as pessoas acumularão riqueza proporcionalmente à sua capacidade de oferecer bens a preços que favoreçam o bem-estar de seus clientes. Os empregados tendem a receber promoções quando seus talentos e esforços merecem promoção e assim por diante. Todavia, embora a sociedade passe a ser meritocrática até certo ponto, esse padrão será somente um entre muitos. Existirão heranças e filantropia, também, conferindo bens a recipiendários que podem não ter feito nada para merecer tais presentes[12]. Isso constitui um problema? Não para Nozick. Aqui Nozick se junta a Rawls ao negar que o mérito seja um princípio perante o qual a distribuição (e as transferências) devam responder. A questão, diz Nozick, é simplesmente se as pessoas tratam umas às outras de forma pacífica e consensual.

Rawls diz: "Um traço característico da justiça puramente processual é o de que o procedimento para determinar o resultado justo deve de fato ser realizado, pois, nesses casos, não existe um critério independente com referência ao qual um resultado definido possa ser conhecido de antemão como sendo justo."[13] Por meio desta definição, a teoria de Rawls demonstra não ser uma teoria de justiça puramente processual, mas a de Nozick o é. Para Nozick, a questão é se os procedimentos adequados foram seguidos. No que diz respeito à justiça, isso é tudo. Não há nenhuma outra questão.

Em resumo, a teoria de Nozick é a de que não precisamos pré-ordenar um resultado. Não precisamos saber quais padrões surgirão a partir de trocas voluntárias. O que resultar de uma justa distribuição realizada por meio de

---

12. Nozick 1974, p. 158.
13. Rawls 1971, p. 86.

etapas justas também é justo. Se as pessoas quiserem pagar a Wilt Chamberlain pela emoção de o verem jogar basquetebol e se isso resultar em que Wilt terá mais dinheiro que as pessoas que o cercam, que assim seja.

Uma coisa que podemos dizer em defesa do direito de Wilt de viver do modo como vive e do nosso direito de pagar para que ele possa viver dessa maneira é que Wilt, como todos nós, é dono de si mesmo. Afinal de contas, não é à toa que falamos dos talentos das pessoas como sendo os *seus* talentos[14]. De uma forma ou de outra, alguém decide como devem ser usadas as habilidades atléticas de Wilt. Quem, senão Wilt, tem o direito de tomar essa decisão?

De acordo com G. A. Cohen, a essência do liberalismo é que as pessoas são donas de si próprias. São donas de sua própria vida, podem viver como melhor lhes aprouver, desde que vivam de maneira pacífica. Da maneira como Cohen define o termo, os liberais de direita como Nozick acreditam que as pessoas podem adquirir direitos semelhantes sobre objetos externos, ao passo que os liberais de esquerda não concordam com isso. Como deveríamos então classificar Rawls? Cohen diz que:

> Rawls e Dworkin são comumente considerados como liberais, mas aqui eles devem ser chamados por algum outro nome, tal como socialdemocratas, porque eles não são liberais no sentido tradicional recém-definido, uma vez que eles negam que as pessoas sejam proprietárias de si mesmas em uma faceta importante. Dizem que, uma vez que é questão de pura sorte que as pessoas nasçam com os talentos que possuem, seus talentos, moralmente falando, não lhes pertencem, mas são, se forem propriamente considerados, recursos de que a sociedade como um todo pode legitimamente dispor.[15]

---

14. Feser (2004, p. 43) considera o argumento de que as pessoas são donas de si próprias como o argumento principal da teoria de Nozick.

15. G. A. Cohen 2000a, p. 252. Esta análise é demasiadamente exagerada? Rawls rejeita uma interpretação de "igualdade liberal" de seu princípio da diferença em favor de uma interpretação de "igualdade democrática" (1971,

Tanto Rawls como Nozick reconhecem que há uma lacuna entre (1) dizer que Joana possui seus talentos e (2) dizer que Joana é dona do valor em dinheiro daquilo que ela produz quando coloca em uso seus talentos. Todavia, Nozick achava que considerar Joana seriamente como uma pessoa diferente das demais pressupõe o seu direito de fazer e executar planos próprios, incluindo planos que envolvam o mundo externo. Dizer que Joana pode fazer o que quiser, precisando de nossa permissão *somente* quando ela quiser alterar o mundo externo, seria fazer da posse de si próprio uma piada. Assim, enquanto Rawls *adotou* a lacuna entre (1) e (2), Nozick estava lutando para *criar uma ponte* quando acenava para uma teoria segundo a qual nós adquirimos partes do mundo externo que até então não eram de propriedade de ninguém quando trabalhamos com elas[16]. Eu disse"acenava"porque Nozick não sabia ao certo como essa teoria funcionava nos seus limites. O trabalho deve acrescentar valor? Para isso, o trabalho deve ser exaustivo? Se eu derramar o meu suco de tomate no oceano, por que eu não passo a possuir o oceano por meio desta contribuição?[17]

---

pp. 73 ss.). Rawls (2001, pp. 75-6) também diz que"são as próprias pessoas que possuem seus dotes naturais", o que parece uma assertiva liberal, mas observa a seguir que"O que deve ser considerado então como um bem comum é a distribuição dos dotes naturais com que se nasce, isto é, as diferenças que caracterizam as pessoas. Essas diferenças não apenas consistem na variação de talentos do mesmo tipo (variações de força física, de imaginação e assim consecutivamente), porém na variedade de talentos de diversos tipos."A posse de si mesmo, no sentido *liberal,* Cohen poderia corretamente insistir, inclui os aspectos de nosso caráter que nos distinguem uns dos outros.

16. Nozick tomou esta teoria de empréstimo a John Locke 1960 (*Second Treatise* [Segundo Tratado], capítulo 5).

17. Cohen diz:"A pretensão que as pessoas podem ter sobre os frutos de seu próprio trabalho é a base mais forte para a desigualdade de distribuição, e essa pretensão é difícil de rejeitar enquanto a posse de si mesmo não for negada" (2000a, p. 253). Com efeito, segundo diz Cohen, o liberalismo de esquerda não é viável. Ou negamos a posse de nós mesmos, abandonando o liberalismo de esquerda em favor do socialismo, ou abraçamos as desigualdades resultantes do livre emprego de talentos desiguais pelas pessoas que os possuem e, desse modo, abandonamos o liberalismo de esquerda em favor do liberalismo de direita.Ver também G. A. Cohen 2000b, pp. 273-4.

Com candura semelhante, Nozick admite não ter certeza do que poderia dizer a respeito de um caso em que, sem que isso seja culpa de ninguém, nossa cidade somente possui agora uma única fonte de água e José é o único proprietário dela. O resultado surgiu por meio de um processo que não violou os direitos de ninguém, conforme presumimos, mas isso torna o resultado correto? No começo, José poderia vender sua água por qualquer preço que seus clientes estivessem dispostos a pagar. Mas depois que José, acidentalmente, se tornou um monopolista, entretanto, Nozick não tem mais tanta certeza. Não podemos dar como certo nenhum conceito de propriedade aqui. Temos de indagar para que serve uma comunidade, como os direitos de propriedade (e os meios específicos de estabelecer juridicamente esses direitos, incluindo formas mais ou menos ritualistas de agregação do trabalho às coisas) permitem a uma comunidade atender ao seu propósito e como a função dos direitos de propriedade a serviço desse propósito é derrogada em condições extraordinárias. Talvez, em condições extraordinárias, alguma coisa mais sirva para cumprir esse propósito. Há fios de padrões em funcionamento aqui, cada um deles carregando mais peso do que a história simples de Nozick sugere.

Direitos

Na teoria de Nozick, os direitos são trunfos ou *restrições colaterais* e não meramente contrapesos a outras considerações. Desse modo, o que justifica as restrições colaterais? Nozick algumas vezes é acusado de não dispor de fundamentação, de simplesmente presumir coisas que ele precisaria provar. Por melhor ou pior que seja, no entanto, Nozick tomou de empréstimo a fundamentação de Rawls, aceitando a premissa deste a respeito da individualidade e inviolabilidade das pessoas e dizendo que "a ideia fundamental, a saber, que existem indivíduos diferentes com vidas privadas e que, assim, ninguém pode ser sacrificado pelo bem dos outros, subjaz à existência de restrições morais colaterais".[18] Se isto não for uma fundamentação, então Rawls tampouco possui qualquer fundamentação. O ponto de partida de Nozick foi indagar se, quando afirmamos que as pessoas têm direito à mais ampla esfera de liberdade compatível com uma liberdade semelhante para todos e que este direito assume prioridade sobre quaisquer outros interesses, o que acontece quando realmente quisermos dizer isso?

Uma outra resposta (à questão do que justifica as restrições colaterais) é que alguns direitos são pré-requisitos em uma sociedade que seja um empreendimento cooperativo para a obtenção de vantagens mútuas, parcialmente porque alguns direitos capacitam as pessoas a conhecer o que podem esperar umas das outras e a planejar suas vidas de acordo com esse conhecimento. De acordo com este ponto de vista, o que dá *fundamentação* aos direitos também limita seu âmbito. Por que temos direitos? Resposta: não poderemos viver bem em comunidade a não ser que tratemos uns aos outros como detentores de direitos. Por que nós temos direitos *limitados?* Resposta: não poderemos viver bem em comunidade a não ser que tratemos nossos direitos como limitados. É por isso que sabemos que o direito de Wilt de desfrutar de suas propriedades em paz não inclui o direito de construir armas biológicas em sua garagem dentro de um bairro que de outro modo seria perfeitamente normal.

Também é por isso que sabemos que o direito que tem Wilt de comprar um carro esporte não inclui o direito de dirigir em áreas escolares na velocidade que melhor lhe agrade[19]. Em determinado ponto, uma comunidade, guiada pelo princípio de que os motoristas devem ter permissão para ir aonde precisarem desde que não imponham riscos indevi-

---

18. Nozick 74, p. 33. Ver também Lacey 2001, pp. 25ss.
19. Nozick 1974, p. 171.

dos aos pedestres, conclui que algo entre quinze e trinta quilômetros por hora é um limite razoável e então escolhe um valor dentro desse âmbito. Depois que uma comunidade aplicar um limite, digamos de vinte e cinco quilômetros horários, os motoristas não mais têm direito de julgar por si mesmos se a velocidade de trinta quilômetros por hora é razoável ou não. A partir desse ponto, os pedestres passam a ter *o direito* de que os motoristas obedeçam ao limite que foi fixado.

Tal direito é uma verdadeira restrição colateral. Os motoristas normais, em circunstâncias normais, não têm o direito de julgar por si mesmos se a restrição foi excessiva ou não. Quando essas restrições são aplicadas, elas são aplicadas de forma decisiva. Podem, entretanto, apresentar um âmbito limitado. Por exemplo, a comunidade pode decidir que a lei do limite de velocidade não se aplica a ambulâncias. Se um motorista comum está passando por uma emergência, tal como levar sua esposa grávida ao hospital e estiver disposto a infringir algumas leis para chegar lá mais depressa, ele é passível da penalidade que acompanha a infração da lei, embora um tribunal, por clemência, possa suspender a penalidade. Se, ao contrário, o motorista estiver conduzindo uma ambulância, ele não necessita da leniência do tribunal. Se a lei não se aplica a ambulâncias, então ele está dentro de seus direitos.

Suponhamos que você zombe do que chamam de direitos naturais. Como Jeremy Bentham, você diz que não passam de tolice. Mesmo assim, você deseja viver em uma sociedade que respeite direitos? Suponhamos que você investigue e conclua que as sociedades que respeitam o direito à liberdade (isso coloca o primeiro princípio de Rawls em primeiro plano) são mais livres, mais ricas, menos invejosas, mais abertas a um enriquecimento multicultural, mais respeitosas daquilo que os indivíduos produzem e assim por diante. Você conclui que prefere viver em uma sociedade que respeite a liberdade. Este é um argumento de que devemos agir como se as pessoas tivessem direitos, ou de que as pessoas *realmente* têm direitos? Qual é a diferença?

Problemas

1. Nozick sugere, pouco à vontade, que os direitos não nos impedem de fazer qualquer coisa que seja necessária para evitar uma horrível catástrofe moral. Onde, então, se situa o limite entre pôr de lado os direitos a fim de evitar catástrofes e ignorar os direitos a fim de promover eficiência?
2. Nozick encara a formação de laços e o trabalho para tornar o mundo um lugar melhor como partes do que sempre fizemos para dar significado à vida. Nozick também pensa que não precisamos compelir as pessoas à realização de atos nobres; as pessoas, quando deixadas em paz, historicamente vêm contribuindo para sua comunidade. Nozick está certo? Sob que condições? E se não tivermos certeza disso? Nozick pode ter razão: nossos vizinhos podem ser dotados de sentimentos tão nobres quanto Nozick espera que tenham. Todavia, não existem garantias. Para falar a verdade, não estamos seguros disso. O que nossa incerteza nos autoriza, se é que autoriza alguma coisa, a fazer uns aos outros?
3. Como foi observado, nossos vizinhos não podem construir armas biológicas em suas garagens. Não podem dirigir embriagados. E por que não? Não é exatamente por estarem nos prejudicando, mas porque estão nos pondo em risco. Estão fazendo *o tipo de coisa que tende* a ferir pessoas.

   É claro que dirigir dentro dos limites de velocidade também impõe riscos. A diferença é que o risco imposto pelos que dirigem muito rápido ou embriagados é excessivo ou desnecessário demais. Por um lado, imaginemos uma situação extrema em que seja certo atirar contra as pessoas, desde que se tome o cuidado de não acertá-las (se não houve dano, não há infração). Por outro lado, imaginemos uma situação extrema em que não podemos nos arriscar a vender café muito quente porque as pessoas podem derramá-lo e se queimar. Poucas pessoas acreditam em qualquer destes extremos, mas onde é que traçamos o limite? Deveríamos esperar então ser capazes de traçar uma linha exata no que se refere a princípios de justiça? E serão os princípios (em oposição aos costumes, ao direito consuetudinário ou às normas que evoluem dentro das comunidades) sempre o instrumento correto que nos indica como traçar esses limites?

33. Retificação

TESE: Se é importante saber como surgiram as propriedades atuais, então a justiça é, nessa medida, histórica, caso em que surgem questões sobre como retificar as injustiças do passado. Se já for tarde demais para punir os infratores ou indenizar as vítimas, a retificação terá de significar alguma coisa diferente do que simplesmente desfazer os erros.

**Nozick tem ou deveria ter
uma teoria de distribuição justa?**

Conforme foi observado, o que Nozick denomina de teoria da titularidade incorpora princípios de aquisição inicial, transferência e retificação. A versão da teoria da titularidade defendida por Nozick abraça um ideal de voluntarismo. Uma distribuição é justa se surgir por meio de etapas justas (paradigmaticamente, através de trocas voluntárias) a partir de uma posição inicial justa.

Eu não tenho certeza de que Nozick deveria ter dito isso, pois estabelece um patamar muito elevado. O que pode uma teoria histórica dizer a respeito de um mundo em que poucos títulos de propriedade têm uma história imaculada? Ou talvez se deva encarar os fatos simplesmente como são; queiramos ou não, não existe um caminho que conduza daqui até um mundo em que a distribuição dos bens seja justa. De qualquer maneira, Nozick pode ter-se equivocado ao imaginar que está tratando do tópico da justiça distributiva, uma vez que sua teoria pretende ir em uma direção diferente. Isto significa que sua teoria da justiça se refere à maneira como tratamos uns aos outros e não a uma justiça capaz de limpar do mundo os vestígios da distribuição do pecado original.

Em outras palavras, o núcleo da teoria de Nozick não é aquele que foi previamente declarado. A alegação real de Nozick não deveria ser a de que uma distribuição é justa se surgir por meio de etapas justas a partir de uma posição inicial justa. Quando Nozick disse isso, ele obscureceu sua contribuição real. Na verdade, Nozick tem uma teoria de *transferência* justa, não uma teoria de *distribuição* justa. De um modo geral, uma transferência de uma pessoa para outra é totalmente justa se for totalmente voluntária. A teoria, em última análise, não é tão simples, mas esta é a sua verdadeira essência.

A transferência voluntária não pode purificar um título maculado pelo pecado original, mas qualquer injustiça que se identifique no resultado terá sido preexistente e não *criada* pela transferência. Estamos condenados a viver em um mundo cheio de injustiças passadas, todos nós descendemos tanto de vítimas como de algozes, de tal modo que uma virtude da teoria de Nozick é que ela não pretende que possamos atingir a justiça perfeita se apenas formos capazes "de acertar as contas". Todavia, ainda permanece possível para agentes morais, vivendo vidas normais, concordar com o princípio da transferência justa de Nozick e, nessa medida (admitidamente imperfeita), conservar suas mãos limpas.

Nozick afirma que a questão contra os princípios padronizados é se uma distribuição resulta de cooperação pacífica ou não. Mais acuradamente, para evitar o encorajamento de nossa tendência autodestrutiva de guardar rancores em função de injustiças históricas, Nozick poderia ter dito que a questão é se as *mudanças* em andamento das distribuições resultam ou não de uma cooperação pacífica.

Em resumo, Nozick queria oferecer o voluntarismo como a base de uma teoria de transferências justas. Ele acenou com ideias sobre como trazer recursos sem proprietário prévio para o âmbito daquilo que poderia ser voluntariamente transferido. Ele também acenou com a ideia de que uma parte da justiça dever-se-ia referir à retificação de transferências erradas. Entretanto, de acordo com a opinião manifestada por Nozick, a razão de desfazer uma transferência errada é pura e simplesmente desfazer tal transferência errada e não fazer com que as propriedades atuais venham a se encaixar em algum padrão preferencial.

Por exemplo, algumas vezes justiça significa devolver uma carteira roubada à pessoa de quem foi roubada. Mas por que se deveria devolver a carteira a essa pessoa? Não para restaurar um padrão de justiça anterior, mas simplesmente para devolver a carteira à pessoa de quem foi roubada. Algumas vezes, justiça significa *devolver* uma carteira e não *distribuir* seu conteúdo. A história da carteira apresenta um trunfo que derrota quaisquer ideias sobre como seu conteúdo poderia ser mais bem distribuído.

A liberdade como um jogo de resultado zero

G. A. Cohen vê a existência de um problema para qualquer pessoa que, como Nozick, acredita que existem direitos de propriedade com base na justificativa de que corporificam um compromisso com a cooperação pacífica. Esta seção explicará o problema; a seguinte exporá o que a percepção de Cohen nos revela sobre os limites de nosso direito a retificar injustiças históricas.

O ponto de vista de Cohen é o de que a manutenção dos direitos de propriedade pela força é tão coercivo como o roubo. Os direitos de propriedade requerem o não-uso da força. Os governos apoiam esse requisito com uma ameaça do uso de força, mas essa simples ameaça já introduz o uso da força.

Eu quero, digamos assim, erguer uma tenda nos fundos da grande horta que está plantada atrás de sua casa, talvez simplesmente para aborrecê-lo ou, quem sabe, pela razão mais substancial de que eu não tenho moradia nem terra de minha propriedade, mas arranjei uma tenda, por meios legítimos ou não. Se eu agora fizer isso que pretendo fazer, é provável que o governo intervenha em seu favor. Caso ele o faça, eu estarei sofrendo uma restrição de minha liberdade.[1]

Para Cohen, "a verdade banal é a seguinte: se o Estado me impede de fazer alguma coisa que eu quero fazer, então impõe uma restrição sobre minha liberdade."[2] Seu "ponto de vista geral é o de que incursões contra propriedades particulares que *reduzem* a liberdade dos proprietários, transferindo direitos sobre recursos para os não-proprietários, *aumentam* por meio disso a liberdade destes últimos. Sem entrar em maiores discussões, o resultado final sobre a liberdade da transferência do recurso é indeterminado"[3].

Não há como negar o ponto básico de Cohen: mesmo quando o Estado está tentando proteger nossa liberdade, seus métodos são coercivos. Todavia, estaríamos errados em inferir a partir disso que a quantidade líquida de liberdade não se modifica ou mesmo que teremos dificuldade em discernir a mudança, caso ela exista. O exemplo de Cohen se refere à sua horta. E se ele estivesse indagando a respeito do controle, não de sua horta, mas de seu corpo – inquirindo se eu poderia escravizá-lo? Será que a sua escravização por mim me tornaria mais livre e você menos livre, com um resultado final indeterminado?[4] Cohen pode-

---

1. Cohen 1995, p. 56.
2. Cohen 1995, p. 55.
3. Cohen 1995, p. 57.
4. Cohen às vezes parece estar usando a palavra "livre" para se referir (1) a uma ausência de impedimentos externos. Este é um sentido perfeitamente correto, mas há outros tipos de liberdade: a liberdade (2) como uma ausência de impedimentos *causados* por outras pessoas; (3) uma ausência de impedimentos *deliberadamente* causados por outras pessoas; (4) uma ausência de impedimentos *removíveis*, ou seja, impedimentos que não foram causados por outros, mas que outros têm o poder de remover; (5) uma ausência de compro-

rá concordar que, neste caso, a resposta é "não", mas então recordar-nos que estava falando a respeito da horta que você tem nos fundos da casa e não sobre seu corpo. Além disso, ele nunca disse que não haveria um resultado final, somente que precisaríamos de uma maior discussão a fim de discernir qual seria o resultado final. Assim, se supusermos que o argumento de Cohen abrange somente bens externos, tais como o direito de propriedade de sua horta, que tipo de argumentação ulterior tornaria o resultado final sobre a liberdade mais fácil de discernir?

Eis uma sugestão: e se nós tratarmos a pretensão de Cohen não como uma análise conceitual, mas como uma hipótese que possa ser empiricamente testada e então comparar os países em que os títulos de propriedade são estáveis com outros países em que eles não o são?

Em Zimbabwe, Robert Mugabe e seu exército estão erguendo tendas em qualquer lugar que lhes agrade e qualquer um que tiver o azar de encontrar o sr. Mugabe em sua horta dos fundos prefeririria estar em algum outro lugar. Ninguém que conheça a catástrofe que se está desenrolando em Zimbabwe poderia acreditar que, à medida que os direitos de propriedade em Zimbabwe desmoronam, uma liberdade está simplesmente sendo trocada por outra, com um resultado final indeterminado.

Mais perto de casa, minha liberdade de cruzar a esquina quando a luz estiver verde será exercida a custo de sua liberdade de cruzar a esquina quando a luz do semáforo estiver vermelha. Existe alguma coisa indeterminada a respeito do resultado final? De modo algum. Os direitos de propriedade administram bem o tráfego de nossas posses aproximadamente da mesma maneira que as luzes de trânsito administram bem o tráfego por nossas ruas. Ambos os

---

missos autoimpostos (por exemplo, não fazer quaisquer promessas e, por analogia, ser livre para escolher como passar o resto da vida). Os filósofos discutem qual destas é a "verdadeira" liberdade, mas a verdade é que cada sentido serve a uma finalidade diferente.

sistemas nos ajudam a formar expectativas sobre o comportamento das demais pessoas e a planejar nosso próprio procedimento de acordo com isso. Um bom sistema de regulamento do trânsito faz com que todos se tornem mais livres para ir aonde quiserem, mesmo aqueles que, em um dado momento, se deparam com o sinal vermelho. É claro que o sinal vermelho com que as pessoas se deparam se torna verde de tempos em tempos. Mais do que isso, aqueles que esperam devem estar alertas o suficiente para perceber quando as luzes passam para o verde. Se fosse pedido às pessoas que esperassem para sempre ou mesmo que pensassem que estavam esperando indefinidamente, logo o sistema entraria em colapso.

As leis de trânsito nos ajudam a permanecer fora do caminho dos outros. As leis de propriedade nos permitem fazer mais ainda: são elas que nos permitem comerciar, com o resultado de que nosso trânsito (mesmo o transporte e as trocas) deixa nossos companheiros de viagem não só desimpedidos como também enriquecidos. O trânsito de uma economia saudável é uma bênção, não somente alguma coisa a ser tolerada.

Cohen diz que falta de dinheiro é falta de liberdade[5]. Cohen também diz que possuir dinheiro é como ter um tíquete que podemos trocar por várias coisas. E, acrescenta ele, possuir um tal tíquete é uma liberdade. Vamos deixar claro, entretanto, que segundo a análise de Cohen, a liberdade consiste em acesso à *verdadeira* riqueza e não somente a pedaços de papel oferecidos como símbolo de valores armazenados. Um governo não pode criar mais lugares em um estádio simplesmente imprimindo mais entradas para os jogos e, de forma semelhante, não pode criar mais riqueza pela simples impressão de mais papel-moeda. É o trabalho que cria a riqueza e esta não é somente uma possibilidade teórica mas, em vez disso, nossa história real, onde

---

5. Cohen 1995, p. 58.

quer que os direitos de propriedade permaneçam estáveis. Se Cohen está certo em igualar riqueza e liberdade (e se Cohen não está inteiramente certo a respeito disso, ele tampouco está inteiramente errado), então um mundo em que os direitos de propriedade são estáveis não corresponde a um somatório zero. Onde os direitos de propriedade são tratados com respeito, acabamos por descobrir que quase todos se acham mais prósperos – ou, em outras palavras, mais livres, no sentido adotado por Cohen – do que seus avós eram[6].

Os limites da retificação

É no contexto da justiça retificadora que a alegação de Cohen (de que proteger os direitos de propriedade é uma coerção) tem real importância. Quando vítimas e algozes já estão mortos há muitos anos e nada mais pode ser feito a não ser transferir a propriedade de um descendente inocente para um outro igualmente inocente, esse é o momento em que a proteção de direitos através da retificação de uma história antiga de transferências injustas realmente começa a parecer uma introdução do uso de força.

Cohen não pretendia que seu ponto de vista fosse aplicado mais especialmente a este aspecto da proteção dos direitos, mas esta é, não obstante, sua aplicação mais pungente e plausível. Deveremos proteger os direitos de propriedade de vítimas mortas há décadas contra pessoas que não empregaram a força e que, por sua vez, também des-

---

6. Talvez eu tenha lido Cohen literalmente demais. Talvez ele não estivesse realmente falando sobre o resultado final indeterminado da polícia não impedir que você tomasse posse dos fundos de minha horta para seus próprios objetivos. Talvez ele estivesse simplesmente falando de construir um sistema de propriedade alternativo que legalizasse ou mesmo administrasse tais invasões. Ele teria insistido que seu sistema favorito, protegido pela ameaça de força, seria tão coercivo como um assalto a mão armada? Realmente, não sei.

cendem de vítimas, se retrocedermos o suficiente na investigação do passado?[7]

Richard Epstein diz: "Qualquer sistema de propriedade olha para trás no tempo, a fim de determinar a "sucessão de titularidade" que deu origem às propriedades atuais. Mas isto não se deve a qualquer fetiche com relação ao passado, mas principalmente à percepção profunda de que uma estabilidade nas transações é necessária para um planejamento sensato do futuro."[8] Insistir em demasia no passado é errado pela mesma razão que ignorar totalmente o passado é errado: o excesso em *qualquer* dessas direções reduz a estabilidade das transações e, assim, torna mais difícil prosseguir em paz. Uma investigação rotineira de títulos de propriedade ao se comprar uma casa (a fim de verificar se a posse da escritura pelo vendedor é de fato incontestável) é uma coisa; mas retroceder muitos séculos atrás desde quando a terra foi ocupada é outra muito diferente.

Assim, se precisamos devolver uma carteira que foi roubada de um proprietário anterior, devemos também descobrir se o proprietário anterior não havia roubado a carteira antes? Nozick visualiza uma sociedade civil e libertária na

---

7. Chandran Kukathas diz que as pessoas não podem ser consideradas culpadas por injustiças cometidas antes que elas nascessem; elas não são responsáveis. Nem a sociedade é responsável. A sociedade como tal não escolhe como agir, portanto não constitui o tipo de entidade a que se possa atribuir culpabilidade. Todavia, rejeitar toda a responsabilidade pelo passado quase equivale a rejeitar a própria justiça. Assim, conforme argumenta Kukathas, nós precisamos de uma terceira opção e, de fato, dispomos de uma. Mesmo que as pessoas que vivem hoje não sejam responsáveis, as associações a que algumas delas pertencem podem ser consideradas como responsáveis, porque foram as associações *que praticaram os atos*. "Sem entrar nos detalhes da história dos aborígenes desde a colonização, basta observar que há evidência mais do que suficiente para confirmar que muitas injustiças foram cometidas pelo governo nos vários estados da Austrália. Em menor extensão, os pecados da Igreja também foram registrados. Nessas circunstâncias, a atribuição de responsabilidade por injustiças passadas não é um problema: pode ser colocada diretamente na porta dessas associações, que ainda existem e que, na época, as cometeram." (2003, p. 183.)

8. Epstein 2003, p. 130.

qual prosseguimos em paz a partir do ponto em que nos encontramos. Todavia, não podemos prosseguir em paz a não ser que haja um limite para nossa obrigação de desfazer o passado. Desse modo, que tipo de limite seria filosoficamente respeitável?

Aqueles que não conseguem esquecer o passado, estão condenados a repeti-lo[9]

Há lugares em que as pessoas vêm "acertando as contas" há séculos e o ciclo de destruição mútua não vai parar até que as pessoas *objetivem* deixar o passado para trás. Linda Radzik diz que a verdadeira retificação significa a reparação, por vítimas e algozes (ou por seus descendentes) de seus relacionamentos e a preparação do cenário para um futuro pacífico[10].

O objetivo é desculpar-se e fazer reparações, mas para que desculpas e reparações alcancem sucesso é necessário que haja total aceitação: as vítimas e seus descendentes, para seu próprio bem, têm de abraçar o objetivo de colocar um ponto final nesse ciclo. Os descendentes das vítimas, para seu próprio bem, devem aceitar que a culpa não é uma arma a ser usada para sempre contra os descendentes de um perpetrador.

Não há futuro em acertar as contas. Temos histórias de injustiças impossíveis de serem corrigidas, contas que jamais poderão ser pagas. Quando se pratica vingança contra descendentes inocentes, cada ato de vingança se transforma em uma outra conta que precisa ser acertada com os descendentes inocentes de uma outra pessoa[11].

---

9. O título desta seção foi tomado de empréstimo de um trocadilho criado por Brian Barry (2005, p. 254) [a partir da citação original atribuída a George Santayana].
10. Radzik 2004.
11. Sher (1997) argumenta que as alegações de antigas injustiças necessariamente vão desaparecendo com o tempo.

Num outro sentido, todavia, acertar uma conta é realmente possível: a saber, no sentido defendido por Radzik, em que concebemos um acerto de contas não como um ato de desfazer transferências errôneas, nem o de tirar vingança de ninguém, mas como um ato de pedir desculpas e fazer reparações. Um ciclo de vingança infligido a descendentes inocentes só poderá terminar quando as pessoas estabelecerem como objetivo alguma coisa diferente, alguma coisa com uma oportunidade real de preparar o cenário para um futuro mais pacífico.

É como o sr. Mandela nos diz: "Nós podemos ter prosperidade ou nós podemos ter vingança. Mas não podemos ter os dois. Vamos ter de escolher."[12] Isto sugere o ponto em que podemos encontrar um limite para nosso dever de desfazer o passado. Quando indagamos até que ponto devemos investigar o passado, a resposta esquemática, porém instrutiva é: até o ponto em que tivermos de chegar a fim de reparar os relacionamentos que foram rompidos. O objetivo é chegar a uma conclusão definitiva entre as pessoas que têm o objetivo de colocar um ponto final no ciclo. (Nem todas querem, é claro; assim nós também precisamos garantir que não tomaremos parte no jogo das pessoas viciadas em jogar a carta da culpa. Uma retificação bem-sucedida não é uma muleta.) Como observa Charles Griswold, nosso objetivo é viver construtivamente em um mundo que reconhecemos ser profundamente maculado; parte daquilo que é definido como *reconciliação* consiste em chegar a bons termos com a vida tal como ela é em um mundo imperfeito[13].

De um ponto de vista semelhante ao de Radzik, o objetivo de desfazer transferências erradas não é o de saldar as contas, mas o de pôr fim a uma história de transferências erradas. Deste modo, a Comissão Sul-Africana para a Ver-

---

12. Diversas pessoas citaram esta declaração durante conversações comigo por ocasião de minha primeira visita à África do Sul, em 1999.
13. Comunicação pessoal, 2003.

dade e a Reconciliação dedicou-se em 1995 a documentar as violações de direitos humanos ocorridas entre 1960 e 1994. Parte de seu mandato era conceder anistia àqueles que cooperarem com a documentação de fatos relevantes. Acontece que estes não eram crimes antigos. Não se tratava de uma situação em que pessoas inocentes estavam sendo intimadas a pagar pelos crimes de seus ancestrais. Muitos dos responsáveis pelo *apartheid* estavam bem vivos nessa época e, de forma alguma, fora do alcance da lei. Todavia, mesmo assim, o objetivo de Mandela (assim como o de Desmond Tutu) era a reconciliação e não a vingança. Ele queria evitar que o legado do *apartheid* continuasse a pairar sombriamente sobre as gerações futuras.

Preparamos o cenário para prosseguir descobrindo o que realmente aconteceu, reconhecendo, pranteando e então nos devotando a fazer tudo quanto estiver a nosso alcance para garantir que a história jamais se repita. O futuro é importante, por mais que o passado não possa ser desfeito. Não há injustiça em estarmos dispostos a seguir em frente[14]. Ou mesmo quando alguma coisa não estiver totalmente certa em nosso desejo de seguir em frente, sempre será um mal menor do que um ciclo infindável de vingança.

Outro exemplo: nipo-americanos inocentes foram encarcerados durante a Segunda Guerra Mundial. Alguém tinha de tentar fazer reparações. Por sua vez, as vítimas nipo-americanas (e seus descendentes) tinham de decidir que tipo de gesto de reparação poderiam aceitar. Ao decidir o que aceitar, elas tinham de ser sensíveis ao fato de que as pessoas que estavam fazendo o gesto de reparação não eram culpadas, mas meramente se achavam representando os culpados, talvez simplesmente por serem da mesma raça. Quando o Presidente Reagan assinou a Lei das Liberdades Civis de 1988, que incluía uma verba de um bilhão e duzentos e cinquenta milhões de dólares (mais tarde aumentada pelo

---

14. Agradeço a Chris Griffin e a Cindy Holder as conversações em torno deste tópico.

Presidente Bush) a ser destinada como reparação aos internados e a seus descendentes e depois, em 1999, quando o Presidente Clinton formalmente desculpou-se em nome da nação e colocou a pedra fundamental em um monumento nacional, já era tarde demais e o crime fora enorme demais para reparar o que fora feito às vítimas[15], mas as vítimas ou os seus descendentes ainda tinham de decidir se aceitariam tal gesto ou não. Todas as partes envolvidas tiveram de retirar o foco das compensações pelo passado e transferi-lo para a cura de um relacionamento permanente, estabelecendo as bases para respeito mútuo doravante e então seguindo em frente com suas próprias vidas.

---

15. Como observa Jeremy Waldron, a questão da destinação das verbas "era sinalizar – através de alguma coisa que é importante nos Estados Unidos – um claro reconhecimento público de que essa injustiça realmente tinha ocorrido, que tinha sido infligida pelo povo dos Estados Unidos e pelo seu governo e que as pessoas favorecidas se encontravam entre suas vítimas" (1992, p. 7).

34. Dois tipos de arbitrariedade

TESE: As injustiças históricas requerem retificação, mas a arbitrariedade da distribuição natural não é injusta e não precisa ser retificada.

Quando temos o direito de distribuir?

Nozick achava que uma predisposição contra o respeito às pessoas como indivíduos se esconde dentro da própria ideia de justiça *distributiva*. Essa ideia induz as pessoas a considerar que a distribuição inicial dos bens se deu por meio de um mecanismo pelo qual nós somos responsáveis. Nozick acredita que, de um modo geral, não existem nem tal mecanismo, nem tal tipo de responsabilidade. "Não há mais razão para distribuir bens ou para a distribuição de parcelas do que há para a distribuição de parceiros sexuais em uma sociedade na qual as pessoas escolhem com quem pretendem se casar."[1]

---

1. Nozick 1974, p. 150. Agradeço a Jerry Gaus por me recordar da seguinte observação de David Gauthier: "Se houvesse um distribuidor de bens naturais, ou se a distribuição de dons particulares resultasse de uma escolha social, então poderíamos racionalmente supor que, na medida em que as porções possíveis fossem iguais, ou que uma porção maior e não igual somente pudesse ser justificada como um meio necessário para o benefício de todos [...] e embora concordando com Rawls no sentido que a sociedade é um em-

A lição: Se temos autorização para distribuir X, então devemos distribuir X com equidade e Rawls nos apresentou uma teoria indicando como isso deveria ser feito. Entretanto, não dispomos de uma autorização para distribuir parceiros sexuais. Deste modo, assim como não temos o direito de distribuir parceiros injustamente, tampouco está em nossas mãos o direito de distribuir parceiros com justiça. Não cabe a nós distribuí-los.

E quanto às desigualdades? Aplica-se o mesmo argumento. A não ser que uma desigualdade em particular dependa de nós para ser corrigida, as teorias sobre o que seria justo permanecem discutíveis. De uma forma mais geral, para demonstrar que eu tenho o direito de distribuir X de acordo com um determinado plano, precisaremos, em determinado estágio, demonstrar que o plano que estou seguindo é *justo*; porém, antes disso, precisamos demonstrar que a distribuição de X se encontra dentro de minha jurisdição. Deste modo, efetivamente, os princípios de Rawls não partem do começo. Os princípios oferecidos por Rawls nos dizem de que maneira distribuir X, desde que a distribuição de X seja realmente nossa função. Mas esta última parte não é absolutamente evidente por si mesma.

A palavra "arbitrário" apresenta dois significados

Rawls fala em mitigar os efeitos arbitrários da sorte manifestada pela loteria natural[2]. Existe alguma diferença entre uma loteria que Joana ganha por pura sorte de ter acertado os números que saíram e uma loteria preparada para garantir que Joana seja a vencedora? Há alguma diferença

---

preendimento cooperativo para a obtenção de vantagens mútuas, devemos discordar de seu ponto de vista de que os talentos naturais devam ser considerados como um bem comum. Os dois pontos de vista oferecem concepções antitéticas tanto do ser humano individual como da sociedade encarada como um todo." (1986, pp. 220-21).

2. Rawls 1971, pp. 74-5.

entre o fato de que José demonstra ser menos habilidoso do que Joana e uma situação em que José deliberadamente é prejudicado para *garantir* que Joana desenvolva melhores habilidades? Como uma forma de motivar seus dois princípios, Rawls diz:"Assim que decidirmos procurar uma concepção de justiça que *anule* os acidentes que concederam as aptidões naturais e as contingências das circunstâncias sociais, [...] seremos levados a esses dois princípios. Eles expressam o resultado de pôr de lado aqueles aspectos do mundo social que parecem arbitrários."³

Arbitrários? A palavra tem dois significados. A distribuição de dotes naturais pode ser arbitrária, no sentido de *aleatória*. Ou escolhas podem ser arbitrárias, no sentido de *caprichosas*. No primeiro caso, nenhuma escolha foi feita. No segundo, foi feita uma escolha contrária aos princípios da moral⁴. Há uma diferença. Em loterias justas, os vencedores são escolhidos de forma totalmente casual. Uma loteria *fraudada* é injusta. Por quê? Porque *deixa de ser* arbitrária no bom sentido. É por *deixar de ser* arbitrária no bom sentido que *passa a ser* arbitrária, no mau sentido. Qual é o caso da "loteria natural", então? A loteria natural é arbitrária no bom sentido, mas de que modo ela se torna injusta da mesma forma que escolhas caprichosas são injustas?

De modo nenhum. Rawls diz:"Intuitivamente, a injustiça mais óbvia do sistema de liberdade natural é que permite que a distribuição de parcelas seja impropriamente influenciada por esses fatores, que são tão arbitrários quando considerados sob uma perspectiva moral."⁵ Todavia, quando "arbitrário" significa "aleatório", justamente o significado que possui nesta passagem, não existe nenhuma ligação entre ser arbitrário e ser inapropriado. A escolha capricho-

---

3. Rawls 1971, p. 15, grifo nosso.
4. Quando nós declaramos que uma escolha foi arbitrária, implicamos não somente que foi injustificada, não somente que foi errada, mas que exibe uma certa arrogância. Por exemplo, como resultado da atitude de uma pessoa que poderia dizer abertamente: "Eu posso fazer o que eu quiser."
5. Rawls 1971, p. 72.

sa traz a impropriedade em seu bojo; a loteria natural não a traz. Se a mãe de José tivesse conferido a Joana todo o talento de que dispunha, deixando deliberadamente José sem nenhum, poderíamos, no mínimo, nos perguntar por quê. Todavia, o fato é que a mãe de José não lhe conferiu menos talento. Isso simplesmente aconteceu por mero acaso, não por capricho.

Encare a coisa desta forma: o segredo da vida é jogar com as cartas que você recebeu. Receber um jogo de cartas ruim não é a mesma coisa que jogar com um trapaceiro que preparou o baralho. Um baralho está preparado somente quando o carteador deliberadamente o prepara, porque não pretende deixar o resultado da vaza à escolha arbitrária do acaso.

A "loteria natural"

Diz Rawls: "Somos levados ao princípio da diferença, caso queiramos arranjar a estrutura social básica de tal modo que ninguém ganhe (ou perca) em função de sua sorte na loteria natural dos talentos e das habilidades ou por causa de sua posição inicial na sociedade sem dar (ou receber) vantagens compensatórias em troca."[6] É interessante notar que Rawls se deu ao trabalho de colocar "ou perca" entre parênteses, assinalando que, a seu ver, ganhar é o principal problema. Mas e se uma mutação capaz de prolongar a vida surgir entre uma determinada população, deveríamos então arranjar a estrutura básica para que ninguém pudesse obter qualquer vantagem a partir dessa mutação? Claro que não. Ganhar é bom. Existe um problema se Joana ganhar à custa de José, mas, nesse caso, o problema ainda está em perder, não em ganhar.

---

6. Rawls 1999a, p. 140. Estritamente, esta consideração nos leva somente ao Precursor. Recebemos o princípio da diferença somente depois que Rawls decidiu "completar" a teoria e, desse modo, rejeitou outras maneiras que poderia ter escolhido para completá-la.

Para Rawls, "Não é justo que alguns tenham menos *a fim de que* outros possam prosperar."[7] Concordo. Contudo, tal como já foi notado antes, uma loteria natural não é um baralho preparado; além disso, mesmo que alguém *tivesse* preparado o baralho, deliberadamente conferindo a José uma personalidade preguiçosa e nenhum talento, a razão disso não teria sido para que "outros pudessem prosperar". O fato de José não ser talentoso não ajuda ninguém. Ao contrário, a fim de conferir a José um grau de talento que ajudasse outros a prosperar, precisaríamos conceder a José *mais* e não menos talento. Se José se tornasse um prestador de serviços de alta qualidade, ele ajudaria outros a prosperar por meio de seu trabalho e, deste modo, apresentaria uma razão real para que fosse compensado.

Uma forma (a única forma que conheço) de racionalizar a ideia de que o fato de *Joana* ser mais talentosa dá a *José* direito a alguma forma de compensação é supor que a vida se assemelha a um jogo de pôquer de resultado zero, em que, quanto mais talentosa Joana for, tanto menos chances José terá de vencer a partida. Se Joana tem mais talento, Joana é capaz de se apoderar de um pedaço maior da pizza à custa de José. Todavia, o argumento de Rawls, afinal de contas, é o de que a sociedade não é um jogo de cartas de resultado zero, mas um empreendimento cooperativo em que o tamanho da pizza é variável. Quase todas as pessoas podem viver melhor juntas do que poderiam viver sozinhas e a razão é simples: são os talentos das outras pessoas que enriquecem nossa própria vida e fazem com que todos prosperem. Os padeiros talentosos não *se apoderam* da pizza, eles a *fabricam*[8]. O restante de nós pode comer mais e não menos pizza, quando as pessoas talentosas põem seus talentos em ação.

A loteria natural não tem resultado zero. Quando um bebê nasce com lábio leporino, isso não acontece "para que

---

7. Rawls 1971, p. 15, grifo nosso.
8. É desnecessário dizer que até mesmo os melhores padeiros tem auxiliares. Ver Capítulo 16.

outros possam prosperar". Quando o bebê seguinte nasce perfeitamente saudável e não necessita de nenhum cuidado especial, a saúde do segundo bebê não foi obtida à custa da imperfeição do primeiro[9]. Rawls diz que é injusto que alguns tenham menos para que outros possam prosperar, mas o primeiro bebê não nasceu com um lábio leporino para que o segundo bebê pudesse prosperar.

Rawls diz: "A distribuição natural não é justa nem injusta; não é injusto que as pessoas nasçam dentro de uma sociedade em qualquer posição social particular. Estes fatos são simplesmente naturais. O que é justo ou injusto é a maneira como as instituições lidam com estes fatos."[10] Se Rawls estiver certo, então quando as instituições "lidam com fatos naturais", não estão desfazendo erros.

A questão real

Uma distribuição de talento não é um problema em si mesmo, seja ele passível ou não de solução. Mas mesmo que, como diz Rawls, não exista injustiça em uma distribuição natural, ainda pode haver um problema. Nascer com um lábio leporino é um problema. O problema não é que um lábio leporino seja injusto, mas que é ruim. É o fato de ser uma coisa ruim que nos dá uma razão para intervir e resolver o problema.

Mas observe qual é a questão real: não estamos aqui tentando resolver uma *distribuição desigual* de lábios leporinos. Estamos tentando operar quem nasce com eles.

---

9. Se outros se queixarem, então é como Cohen diz a respeito de apropriar-se de um pouco de água em um mundo em que esta é abundante: "Sua resposta mais eficaz é dizer que ninguém tem motivo algum para se queixar de você ter-se apropriado da água, já que ninguém foi adversamente afetado por isso." (1995, p. 75). Ver também Wellman 2002, p. 66.

10. Rawls 1971, p. 102.

35. Justiça processual *versus* justiça distributiva

TESE: Podemos reconsiderar a posição original de Rawls, perguntando como a poderíamos ter projetado, caso realmente pensássemos que não dispúnhamos de critérios independentes para obter os resultados corretos.

Como chegar ao princípio da diferença

Se imaginarmos negociadores ocultos por trás de um véu de ignorância, sem saber qual a posição final que ocuparão, isso torna a situação justa, mas (como Rawls sabia muito bem) o que é suficiente para tornar uma situação justa não é suficiente para garantir que os negociadores vão escolher o princípio da diferença. De acordo com uma justiça puramente processual, tal como a define Rawls, isto deve ser imaterial, uma vez que "a pura justiça processual sempre impera quando não há critérios independentes para a obtenção do resultado certo: em vez disso, há um procedimento correto ou justo, tal que o resultado seja de modo igual correto ou justo, seja ele qual for, desde que os procedimentos tenham sido adequadamente seguidos".[1]

Todavia, como Rawls reconheceu, ele realmente queria atingir uma conclusão em particular, de tal modo que esta-

---

1. Rawls 1971, p. 86.

beleceu novos pressupostos a fim de fazer com que um procedimento de outro modo puro convergisse para aquele que ele considerava ser o resultado correto. Por exemplo, os negociadores não somente não sabem qual é a posição que ocupam: eles tampouco sabem quais são as habilidades que possuem ou quais habilidades são mais apreciadas por sua sociedade. Eles não sabem o que eles pessoalmente creem a respeito da justiça e, desse modo, não têm bases para escolha, a não ser os seus cálculos daquilo que possa acarretar seu próprio interesse. Eles não sabem quais as probabilidades que devem anexar às perspectivas de estarem na situação mínima e, desse modo, não têm bases para reduzir riscos improváveis. O que os negociadores *de fato* sabem é que estão escolhendo os parâmetros para uma sociedade fechada. Ninguém entra nela, salvo por nascimento; e ninguém sai dela, exceto quando morre[2].

Rawls diz que os negociadores estão sendo "direcionados" por uma regra "maximínima" (de acordo com a qual escolhe-se o caminho cujo pior resultado possível seja melhor que os piores resultados possíveis das alternativas). Por que eles são "direcionados" pela "maximínima"? A resposta de Rawls: porque eles não se importam com quanto ganham acima do mínimo, desde que saibam que:

1. o mínimo provido dentro de uma regra maximínima será "completamente satisfatório"; e
2. os mínimos de sociedades que se desenvolvam em alternativas à maximínima estão significativamente abaixo desse nível e poderão ser completamente intoleráveis[3].

---

2. Rawls 1996, p. 12. Rawls diz que a pressuposição de uma sociedade fechada nos permite focalizar certas questões livres de detalhes que nos possam distrair, acrescentando que ele irá discutir a justiça entre "os povos" mais tarde. A justiça entre "os povos" não é o detalhe que realmente pode distrair aqui, entretanto. O detalhe *perturbador* é que, em sociedades abertas, as pessoas de talento *emigram* quando permanecer no próprio país se torna desvantajoso.

3. Rawls 2001, p. 98.

Quanto mais pressupostos acrescentarmos, entretanto, tanto piores serão as tensões do compromisso, quando erguermos o véu da ignorância e retornarmos ao mundo real[4]. Por exemplo, se uma sociedade teria de ser fechada para que o princípio da diferença fosse uma escolha racional dentro dela e se, de fato, vivemos em sociedades abertas, das quais as pessoas de talento saem quando podem viver melhor em outra parte, onde isso deixa o princípio da diferença?[5] Conforme diz Rawls, "os negociadores não devem raciocinar a partir de falsas premissas. O véu da ignorância não viola esta ideia, uma vez que ausência de informação não é desinformação"[6]. Dois pontos: primeiro, o véu da ignorância não somente *retira* das pessoas os conhecimentos de que dispõem no mundo real; ele lhes *concede* conhecimentos (por exemplo, das condições (1) e (2) apresentadas acima) que nenhum negociador real possui. Segundo, parte dessa informação (por exemplo, de que vão participar de uma sociedade fechada), na realidade, nada mais é que desinformação[7].

---

4. Rawls nos previne de que a posição original "não é uma reunião de todas as pessoas reais ou possíveis. Conceber a posição original em qualquer uma destas duas formas é forçar demais a imaginação: a concepção cessaria de ser um guia natural para a intuição" (1971, p. 139). Por quê? "Forçar" a imaginação desta forma não a tornaria menos realista do que já é, então, qual é o problema? Como cessaria de ser um guia natural para a intuição? Intuição de quem? O problema real: entre "todas as pessoas reais ou possíveis" encontram-se os tetraplégicos e a intuição de Rawls é a de que justiça significa diminuir as desigualdades para a maior vantagem não dos tetraplégicos, mas dos pobres da classe operária.

5. John E. Roemer diz: "O benefício do artifício do véu da ignorância é que ele nos força à objetividade ou à imparcialidade. Mas o custo é que deveremos tomar decisões com uma grande dificuldade – descartamos informações imensamente importantes que se encontram facilmente disponíveis para nós no mundo real" (2002, p. 183).

6. Rawls 1971, p. 153.

7. De forma semelhante, inserida na categoria de desinformação imensamente importante é a ideia de que os negociadores geralmente não se importam com o que vão ganhar acima do mínimo.

Por que uma sociedade fechada?

É curioso que Rawls teorize a respeito de justiça em sociedades fechadas, uma vez que, conforme os registros históricos, os desprivilegiados sempre viveram melhor em sociedades abertas, sociedades em que as pessoas têm liberdade de movimentos para buscar melhores oportunidades. Se estamos teorizando a respeito de que tipo de sociedade é melhor para os menos privilegiados – se essa é a conclusão desejada –, então existe alguma coisa mais fundamental do que a liberdade de movimentos? Sem dúvida, por que não considerar que a liberdade de movimentos se encontra no núcleo do *primeiro* princípio, que então se leria: todos têm o direito de viver em uma sociedade maximamente aberta, uma sociedade onde ninguém é obrigado a ficar, se preferir mudar-se para outro lugar?

Como alcançar a solução desejada

Do mesmo modo que ocorre com outras questões de interpretação do pensamento de Rawls, não existe um consenso no que se refere ao que Rawls tinha em mente quando repetidamente dizia: "Nós queremos definir a posição original a fim de que possamos alcançar a solução desejada."[8] Ele queria dizer definir a posição original a fim de poder chegar a seus dois princípios?[9] Seja como for, não estou argumentando que o projeto seja ilegítimo. A posição original de Rawls ainda pode ser um teste justo (mesmo que não seja exclusivamente justo) de concepções rivais e os dois princípios de Rawls podem ser capazes (ainda que não exclusivamente capazes) de passar com sucesso por esse teste.

---

8. Rawls 1971, p. 141.
9. Um agradecimento especial a David Estlund e a Alex Kaufman por me haverem ajudado a ver diferentes aspectos desta questão.

O DIREITO DE DISTRIBUIR

Como decidiríamos se a posição original é um teste justo? (Eis uma questão diferente: Como decidiríamos se a posição original é um teste para justiça?) Considere que a posição original colocaria os negociadores, caso fosse real, em uma posição tal que não poderiam desviar as negociações em benefício próprio. Não saber qual é a posição que ocupam força negociadores reais a negociar imparcialmente. Mas se é *esta* a característica que define a posição original como justa – pelo menos é o que eu acredito –, então outras características (por exemplo, a pressuposição de que a sociedade é fechada) são totalmente dispensáveis. Ou, pelo menos, seriam totalmente dispensáveis se nosso único objetivo fosse "estabelecer um procedimento justo, de tal modo que todos os princípios com que se concordasse seriam igualmente justos"[10].

Suponhamos que nós não sabemos quais sejam as conclusões que desejamos

Bem, então suponhamos que não exista uma "solução desejada" e que busquemos simplesmente enunciar um ideal de pura justiça processual, sem tentar fazer com que a trilha do procedimento se torne qualquer padrão independente. Suponhamos que simplesmente queremos preservar a imparcialidade (e, por conseguinte, a justiça) da posição original. Qual procedimento poderíamos, então, estabelecer?

Eis uma sugestão: Suponhamos que nós, os teóricos, coloquemos *a nós mesmos* por detrás de um véu de ignorância. Imaginemos que somos nós que estamos tentando construir um jogo de negociações justas, *sem conhecermos as nossas próprias concepções de justiça*. Suponhamos que *nem sequer sabemos* qual é a solução que desejamos e, assim, diferentemente de Rawls, não possamos "definir a posição

---

10. Rawls 1971, p. 36.

original de modo a atingir a solução desejada". O que faríamos, então? Presumiríamos que os negociadores não se importam com o fato de quem trouxe o quê para a mesa de discussão: eles se importam somente com o que irão conseguir e todavia não se importam muito com o que possam conseguir acima do mínimo?[11] Estabeleceríamos a existência de graves riscos no caso de se buscar obter ganhos acima do mínimo? Presumiríamos que as pessoas deficientes não seriam representadas na mesa de negociações? Imaginaríamos a nós mesmos escolhendo regras para o funcionamento de uma sociedade fechada? Presumiríamos que os negociadores começam os trabalhos com pretensões iguais (à distribuição) das vantagens apresentadas por cada um dos outros, concebidas como um bem comum?

Eu penso que não faríamos nada do que foi exposto acima. Poderíamos presumir que os negociadores não conhecem sua posição na distribuição final, uma vez que, intuitivamente, isso tem alguma coisa a ver com imparcialidade que, intuitivamente, tem alguma coisa a ver com justiça. Mas se nós não conhecermos nossa própria concepção de justiça – se, apesar de tudo o que sabemos, temos possibilidade de ser tanto elitistas como igualitários –, então nós não poderíamos projetar a situação de tal modo que convergisse para uma concepção em particular. Nós esperaríamos que negociadores dentro de tais parâmetros tentassem escolher princípios que fossem bons para todos, mas não teríamos qualquer razão para predizer qualquer coisa mais específica. Nós *esperaríamos* que grupos diferentes de negociadores convergissem para diferentes conclusões.

Além disso, esse cenário não perturbaria grandemente aqueles que levam a sério a ideia de justiça processual. Den-

---

11. Thomas Nagel (1989, p. 12) expressa a preocupação: "Tendo em mente que as partes da posição original não sabem o estágio de desenvolvimento de sua própria sociedade e que, portanto, não sabem que tipo de mínimo lhes será garantido por uma estratégia de maximínima, é difícil entender como um indivíduo pode saber que 'ele se preocupa muito pouco, se é que se preocupa, com aquilo que possa obter acima do mínimo'."

tro de uma concepção processual, concluímos que se, após deliberações justas, as pessoas concordaram em se ligar umas às outras de uma forma particular, então, por esse mesmo fato, elas *já estão* ligadas umas às outras dessa maneira. Se outras pessoas, depois de deliberações igualmente justas, concordarem em se ligar sob diferentes termos, então elas já estarão ligadas pelos diferentes termos com que concordaram. À luz da justiça processual, a ideia de que diferentes grupos de pessoas poderiam interligar-se de maneiras diferentes (e que teorizar filosoficamente não é suficiente para nos dizer como pessoas particulares se interligaram – precisaríamos conhecer para isso suas histórias reais) não constitui em absoluto um problema.

Quando não se sabe se porções iguais são o padrão

Suponhamos que alguns dos negociadores digam:"Nós não viemos à esta mesa para conversar sobre como distribuir essas coisas que estão em cima dela. Nós viemos porque essas coisas são nossas. Viemos aqui simplesmente para pegar tudo de volta." Será que uma experiência teórica como a minha teria alguma importância em um mundo no qual as pessoas têm pretensões prévias sobre os bens que se acham sobre a mesa? Pode ser que não e talvez esta seja uma boa objeção. Mas, nesse caso, não devemos concluir que é nossa função rejeitar *esta* experiência teórica, mas que devemos rejeitar *todos* os experimentos desse tipo. Todos os experimentos teóricos desse tipo pressupõem que podemos nos concentrar na distribuição de bens, como se os bens se estivessem apresentando perante nós em um estado mais ou menos sem proprietário anterior – como se tivéssemos plena liberdade de os distribuir de qualquer maneira que nos pareça justa. Se essa pressuposição é errada, então todas essas discussões são inúteis.

Eu gostaria de conhecer uma variação sobre o tema da posição original que apresentasse estas três vantagens:

1. Minha posição original ideal evitaria dar a parcelas iguais ou a qualquer outro esquema de distribuição uma posição de privilégio imerecido em um debate sobre como a distribuição deveria ser feita.
2. Minha posição original ideal evitaria preconceitos sobre a *amplitude* dos bens que os negociadores foram autorizados a distribuir. Não presumiria que os negociadores estão arranjando uma distribuição de talentos ou de desigualdades ou de parceiros sexuais; em vez disso, presumiria que os negociadores se reúnem para distribuir seja lá o que for que até o presente ainda não foi reivindicado por ninguém. Os negociadores ideais não pressuporiam que tivessem o direito de distribuir bens que historicamente já pertencessem a alguém mais. Poderiam ficar sabendo, em casos particulares, que a história de um item é semelhante à de uma carteira que foi roubada e que deve ser restituída a seu dono anterior, mas eles saberiam que, em tais casos, o que estão fazendo é desfazer transferências erradas e não distribuição de qualquer tipo.
3. Da mesma forma, minha posição original ideal desentranharia questões de justiça distributiva e retificadora. Rawls diz que o princípio da compensação afirma "que desigualdades imerecidas exigem correção [...] A ideia é corrigir o viés das contingências na direção da igualdade."[12] Rawls acrescenta: "Sejam quais forem os outros princípios que defendemos, as reivindicações de compensação devem ser levadas em conta."[13] Mas não é assim. Ninguém aceita o que Rawls denomina de princípio da compensação a não ser que tenha aceitado previamente que as desigualdades imerecidas sejam injustas

---

12. Rawls 1971, p. 100.
13. Rawls 1971, p. 101. Alguns dizem que o princípio de compensação *é* o princípio da diferença. Rawls afirma que não, mas diz que o fato de o princípio da diferença atribuir um certo peso ao princípio da compensação é um ponto em favor do princípio da diferença.

(e que a compensação consista em um movimento da desigualdade imerecida na direção de uma *igualdade* imerecida, ao invés de, digamos, de uma desigualdade *merecida*. Precisamos estabelecer que a justiça requer X antes que tenhamos permissão para dizer que qualquer afastamento de X requer uma compensação[14]. Na posição original, contudo, espera-se que os negociadores estejam *decidindo* aquilo que deva ser corrigido. Desigualdades imerecidas? *Igualdades* imerecidas? Ou transferência não-consensual?

Não consigo imaginar uma versão da posição original que apresente todas estas vantagens, mas qualquer versão que não as apresente está fugindo à questão de uma maneira ou de outra[15]. Alguém poderá algum dia imaginar uma versão da posição original que incorpore todas estas virtudes, mas até esse dia, eu prevejo que um progresso ulterior na teoria política não terá nada a ver com experiências teóricas sobre a posição original.

---

14. Rawls diz: "A distribuição natural não é justa nem injusta; nem é injusto que as pessoas nasçam em uma sociedade em alguma posição particular. Estes são simplesmente fatos naturais. O que é justo ou injusto é a maneira como as instituições lidam com esses fatos" (1971, p. 102). Assim, se uma distribuição não for injusta, o que é que precisa ser corrigido? Anteriormente, na mesma passagem, Rawls diz: "O princípio da diferença atribui algum peso a considerações destacadas pelo princípio da compensação. Este é o princípio que postula que desigualdades imerecidas demandam uma compensação." (ibid.). É crucial que as desigualdades que exigem correção sejam imerecidas? Se não o é, então por que não dizer simplesmente que as *desigualdades per se* (ou ao longo de certas dimensões?) exigem correção? Ou, se a noção de merecimento é central aqui, então as *igualdades* imerecidas exigem semelhantemente uma correção?

15. Rawls não estava fugindo à questão quando ele demonstrou que, se nós *realmente* concedermos à igualdade uma posição de privilégio imerecido, nós *ainda* acabamos partindo racionalmente do conceito da igualdade. Fugimos à questão quando usamos a premissa de que "parcelas iguais são o padrão" em argumentos *a favor* da igualdade, embora seja esta a maneira como a maior parte das pessoas a emprega hoje.

Aquilo de que precisamos é uma teoria incompleta

Recorde o princípio precursor: uma desigualdade é permitida somente se a instituição que a permite trabalha em favor da vantagem de todos. Conforme foi observado, Rawls se preocupava com o fato de que esse princípio estava incompleto. Nós já consideramos como Rawls procedeu até conseguir completá-lo.

Mas por que nós precisamos de que uma teoria esteja "completa"? Poderíamos suspeitar de que só precisamos de uma teoria que diga o que é injusto e que o precursor é completo o bastante para nos informar isso. Ele descarta a possibilidade de sacrificar pessoas para alcançar o bem geral e, desse modo, cultua o respeito pelo princípio de individualização das pessoas.

Sem dúvida, poderíamos concluir que nem sequer *queremos* uma teoria "completa". Quando indagamos o que queremos da estrutura básica, percebemos que *precisamos* de que a teoria seja incompleta.

Ou talvez o ponto principal seja o de que precisamos de princípios e não somente de regras, mas que erroneamente pensamos que um princípio se encontre incompleto até que tenha sido convertido de princípio em regra. Seja como for, Rawls esboça quatro maneiras de "completar" uma teoria e diz que os negociadores escolheriam dentre elas o seu princípio da diferença, mas jamais reconhece que escolher entre as quatro pode não ser a função de uma teoria e, de fato, pode não ser a função de uma estrutura básica. Talvez qualquer uma das quatro, livremente escolhida por pessoas que se submeterão a serem regidas por ela, se qualificasse como justa. (Rawls reconhece que isso acontece nas relações internacionais: nós nem precisamos nem queremos ter uma teoria completa, porque encaramos a autodeterminação como um bem fundamental para "os povos".)[16]

---

16. Rawls 1999c, p. 85.

A função de uma estrutura básica é a de levantar uma comunidade política do chão, permitindo que eleitores e legisladores definam e refinem as normas da comunidade à medida que a sociedade se desenvolve. As comunidades cujas estruturas básicas evoluem em direção à completude de tais formas que todos os seus membros sejam beneficiados, conforme requer o princípio precursor, serão justas, ou mais ou menos justas. A sentença final da revisão geral da filosofia de Rawls por Jon Mandle diz que quando "o projeto da estrutura básica está em jogo", os cidadãos se baseiam "em princípios que todas as pessoas racionais possam compartilhar"[17]. Uma vez que o princípio precursor é mais aberto que o princípio da diferença, está mais próximo de ser aquilo que se possa esperar ser compartilhado por pessoas racionais, permitindo aos redatores do contrato social inaugurar uma comunidade, ao mesmo tempo em que deixam sua elaboração permanente a cargo dos legisladores e dos eleitores. De qualquer modo, partir do precursor para um princípio da diferença totalmente desenvolvido não é fácil. Podemos imaginar alguma coisa semelhante ao precursor tornando-se parte de um consenso superposto entre pessoas racionais vivendo no mundo real. Mas já não podemos dizer o mesmo com referência ao princípio da diferença[18].

---

17. Mandle 2000, p. 151.

18. David Miller relata experiências laboratoriais em que grupos de cinco participantes eram colocados em situações projetadas para imitar o véu de ignorância. Ao fazerem uma escolha, 4% dos indivíduos e *nenhum* dos grupos escolheu a maximínima dentre uma lista de opções. Quase um quarto escolheu maximizar uma remuneração média, enquanto três quartos preferiram maximizar a remuneração média, sujeita à garantia de um mínimo. Os grupos queriam que os ganhos acima do mínimo fossem distribuídos proporcionalmente às contribuições dos participantes da experiência. A preocupação com os menos favorecidos "expressou-se em apoio de um piso salarial e não pelo princípio da diferença" (1999, pp. 80-1). Miller diz que os participantes preferiram que nem sequer o piso salarial fosse incondicional. Os participantes queriam que as pessoas fizessem o possível, não somente para ganhar recompensas acima do piso, mas para se qualificarem para ganhar o próprio piso salarial.

Algumas vezes Rawls diz que tudo quanto fazemos em nível de teoria é escolher uma moldura: são as sociedades que lhe atribuem os detalhes[19]. E esta é a coisa certa a dizer. A maior parte daquilo que torna liberal uma sociedade não pode ser garantido por sua estrutura básica, mas se encontra, em vez disso, nas mãos do povo e das comunidades que elaboram seus próprios destinos dentro das estruturas básicas[20].

Considerações finais

Teorizar a respeito da justiça objetiva enunciar princípios de justiça, mas os princípios de justiça são isso mesmo: princípios e não regras. As regras existem para *determinar* nosso pensamento sobre aquilo que devemos fazer; os princípios se destinam a *guiar* nosso pensamento. No nível normativo, minha teoria diz que há quatro tipos básicos de princípios, talvez mais, porém que não existe nenhum tipo desses a que os demais possam ser reduzidos e que eles não se adicionam para formar um procedimento decisório.

Teorias não são meramente alguma coisa parecida com mapas. São extremamente semelhantes a mapas. Uma implicação: não existe uma maneira exata de representar com deve ser uma teoria da justiça: se ela no nível normativo deve especificar dois princípios, ou quatro elementos ou até que ponto os princípios devem se assemelhar a um procedimento decisório[21]. As teorias apresentam uma verdade sobre o terreno que está sendo mapeado, mas quando a questão se refere à maneira de *representar* o terreno, a resposta

---

19. Rawls 1996, p. 377.
20. Ver Tomasi 2001 para uma versão mais desenvolvida desta ideia.
21. Devo parte deste raciocínio a Jason Brennan. Brennan 2005 classifica minha teoria como sendo, segundo seus termos, antirrealista no sentido global e realista no sentido local, significando que existem fatos básicos sobre a justiça, mas nenhuma verdade superabrangente e exclusiva sobre como uma teoria deva representar esses fatos básicos.

é que temos de escolher. É possível cometer erros – representar o terreno de forma equivocada ou pouco útil. Entretanto, não existe nenhuma maneira exclusivamente certa de fazer isso. Além do mais, *qualquer* representação é, pelo menos potencialmente, equivocada ou um tanto inútil.

Um mapa é um salto no escuro e um ato de confiança da parte do cartógrafo, do mesmo modo que qualquer tentativa de se comunicar com leitores. Um mapa pode ser verdadeiro no sentido de estar apto para dar aos usuários (presumindo que estes tenham boa-fé e possuam alguma habilidade na leitura de mapas) uma impressão do terreno que seja acurada o bastante para os propósitos que os levam a consultar referido mapa. Todavia, essa verdade não se encontra no mapa propriamente dito; ela está, ao contrário, na inter-relação entre o mapa e o usuário.

REFERÊNCIAS

ACKERMAN, Bruce A. 1980. *Social Justice in the Liberal State*. New Haven, Connecticut: Yale University Press.
——. 1983. "On Getting What We Don't Deserve", *Social Philosophy & Policy* 1: 60-70.
ANDERSON, Elizabeth S. 1999. "What Is the Point of Equality?", *Ethics* 109: 287-337.
ARISTÓTELES. *Politics*. Livro III, Capítulo 12, p. 1282b.
ARNESON, Richard J. 1999. "Arneson on Anderson", Brown Electronic Article Review Service (BEARS), que se acha disponível no endereço eletrônico http://www.brown.edu/Departments/Philosophy/bears/9904arne.html
——. 2003. "Equality, Coercion, Culture, and Social Norms", *Politics, Philosophy, and Economics* 2: 139-63.
ARROW, Kenneth J. 1971. "A Utilitarian Approach to the Concept of Equality in Public Expenditures", *Quarterly Journal of Economics* 85: 409-15.
BAKER, Edwin. 1974. "Utility and Rights: Two Justifications for State Action Increasing Equality", *Yale Law Journal* 84: 39-59.
BARRY, Brian. 2005. *Why Social Justice Matters*. Cambridge: Polity.
BECKER, Lawrence C. 1980a. "The Obligation to Work", *Ethics* 91: 35-49.
——. 1980b. "Reciprocity and Social Obligation", *Pacific Philosophical Quarterly* 61: 411-21.
——. 1986. *Reciprocity*. Nova York: Routledge & Kegan Paul.
——. 1998. "Afterword: Disability, Strategic Action, and Reciprocity", in Silvers, Wasserman e Mahowald, organizadores. *Disability, Difference, Discrimination*, pp. 293-303. Lanham, Maryland: Rowman & Littlefield.

BECKER, Lawrence C. 2003. "Reciprocity (But I Repeat Myself)", manuscrito inédito. Apresentação oral perante a Associação Filosófica da Virgínia.
BEITZ, Charles. 1979. *Political Theory and International Relations*. Princeton, Nova Jersey: Princeton University Press.
BOSKIN, Michael, Ellen Dulberger, Robert Gordon, Zvi Griliches e Dale Jorgensen. 1996. "Toward a More Accurate Measure of the Cost of Living: Final Report to Senate Finance Committee" [Para uma mensuração mais acurada do custo de vida: relatório final para a Comissão de Finanças do Senado], disponível atualmente em formato digital no *site* www.socialsecurity.gov
BRAYBROOKE, David. 1987. *Meeting Needs*. Princeton, Nova Jersey: Princeton University Press.
BRENNAN, J., 2004. "Rawls's Paradox", Universidade do Arizona, manuscrito inédito.
——. 2005. "The Best Moral Theory Ever", Universidade do Arizona, manuscrito inédito.
BROCK, Gillian. 1999. "Just Deserts and Needs", *Southern Journal of Philosophy*, 37: 165-88.
BROOME, John. 1991. *Weighing Goods: Equality, Uncertainty, and Time*. Oxford: Blackwell.
BUCHANAN, Allen. 1990. "Justice as Reciprocity versus Subject-Centered Justice", *Philosophy and Public Affairs* 19: 227-52.
BURTLESS, Gary. 1990. *A Future of Lousy Jobs? The Changing Structure of U.S. Wages*. Washington, Distrito Federal: Brookings Institute.
CARTER, Alan. 2001. "Simplifying Inequality", *Philosophy and Public Affairs* 30: 88-100.
CHRISTIANO, Thomas. 2005. *The Constitution of Equality*. Nova York: Oxford University Press.
COHEN, Andrew Jason. 1999. "Communitarianism, Social Constitution, and Autonomy", *Pacific Philosophical Quarterly*, 80: 121-135.
——. 2004. "What Toleration Does and Does Not Require From Liberalism", manuscrito inédito.
COHEN, G. A. 1995. *Self-Ownership, Freedom, and Equality*. Cambridge: Cambridge University Press.
——. 2000a. "Self-Ownership, World-Ownership, and Equality", in Vallentyne e Steiner, orgs. *Left-Libertarianism and Its Critics*, 247-70, Nova York: Palgrave.
——. 2000b. "Self-Ownership, World-Ownership, and Equality", in Vallentyne e Steiner, orgs. *Left-Libertarianism and Its Critics*, 271-89, Nova York: Palgrave.

COWEN, Tyler. 1998. *In Praise of Commercial Culture*. Cambridge, Massachusetts: Harvard University Press.
——. 2000. *What Price Fame?*. Cambridge, Massachusetts: Harvard University Press.
COX, W. Michael e Richard Alm. 1995. "By Our Own Bootstraps", Federal Reserve Bank of Dallas annual report.
DANIELS, Norman. 1978. "Merit and Meritocracy", *Philosophy and Public Affairs* 7: 206-223.
DUNCAN, Greg, Johanne Boisjoly e Timothy Smeeding. 1996. "How Long Does It Take for a Young Worker to Support a Family?". Northwestern University Policy Research Website.
EASTON, Lloyd D. e Kurt H. Guddat (orgs.). 1967. *Writings of the Young Marx on Philosophy and Society*. Garden City, Nova York: Anchor Books.
EPSTEIN, Richard. 2003. *Skepticism and Freedom*. Chicago: University of Chicago Press.
FEINBERG, Joel. 1970. *Doing & Deserving*. Princeton, Nova Jersey: Princeton University Press.
——. 1984. *Harm to Others*. New York: Oxford University Press.
FELDMAN, Fred. 1995. "Desert: Reconsideration of Some Received Wisdom", *Mind* 104: 63-77.
FESER, Edward. 2004. *On Nozick*. Toronto, Canadá: Wadsworth.
FOLBRE, Nancy e Julie A. Nelson. 2000. "For Love or Money – Or Both?", *Journal of Economic Perspectives* 14: 123-140.
FOOT, Philippa. 1967. "The Problem of Abortion and the Doctrine of Double Effect", *Oxford Review* 5: 5-15.
FRANKFURT, Harry. 1987. "Equality as a Moral Ideal", *Ethics* 98: 21-43.
FRIED, Barbara H. 2005. "Begging the Question With Style: *Anarchy, State, and Utopia* at Thirty Years", *Social Philosophy and Policy*, 22: 221-54.
GALBRAITH, James K. 2000. "Raised on Robbery", *Yale Law & Policy Review*, 18: 387-404.
GALSTON, William A. 1980. *Justice and the Human Good*. Chicago: University of Chicago Press.
GAUS, Gerald F. 2000. *Political Concepts and Political Theories*. Boulder, Colorado: Westview Press.
GAUTHIER, David. 1986. *Morals by Agreement*. Oxford: Oxford University Press.
GOTTSCHALK, Peter e Sheldon Danziger. 1999. "Income Mobility and Exits from Poverty of American Children, 1970-1992", Boston College Working Papers in Economics Website, 430.

GRIFFIN, James. 1986. *Well-Being: Its Meaning, Measurement, and Moral Importance*. Oxford: Clarendon Press.
HARE, R. M. 1982. "Ethical Theory and Utilitarianism", in Sen e Williams, orgs. *Utilitarianism and Beyond*. 23-38. Cambridge: Cambridge University Press.
HARMAN, Gilbert. 1998. "Ethics and Observation", in Geoffrey Sayre-McCord, orgs. *Essays on Moral Realism*. 119-24. Ithaca, Nova York: Cornell University Press.
HARSANYI, John C. 1955. "Cardinal Welfare, Individualistic Ethics and Interpersonal Comparisons of Utility", in *Journal of Political Economy* 63: 309-21.
HART, H. L. A. 1961. *The Concept of Law*. Oxford: Clarendon Press.
HAYEK, F. A. 1960. *The Constitution of Liberty*. Chicago: University of Chicago Press.
HINDERAKER, J. H. e Scott W. Johnson. 1996. "Wage Wars", in *National Review*, 22 de abril: 34-8.
HOLMGREN, Margaret. 1986. "Justifying Desert Claims: Desert and Opportunity", *Journal of Value Inquiry*. 20: 265-78.
HUBBARD, R. Glenn, James R. Nunns e William C. Randolph. 1992. "Household Income Mobility During the 1980s: A Statistical Assessment Based On Tax Return Data", *Tax Notes* Website (1º de junho).
HUGO, Victor. 1888. *Les Misérables*. Paris: Hetzel.
HUME, David. 1978 [1740]. *Treatise of Human Nature*. Oxford: Oxford University Press.
KLEINIG, John. 1971. "The Concept of Desert", *American Philosophical Quarterly* 8: 71-8.
KUKATHAS, Chandran. 2003. "Responsibility for Past Injustice: How to Shift the Burden" in *Politics, Philosophy, and Economics* 2: 165-90.
KUMMER, Hans. 1991. "Evolutionary Transformation of Possessive Behavior", in *Journal of Social Behavior and Personality* 6: 75-83.
LACEY, A. R. 2001. *Robert Nozick*. Princeton, New Jersey: Princeton University Press.
LERMAN, Robert I. 1996. "The Impact of the Changing U.S. Family Structure on Child Poverty and Income Inequality", in *Economica* 63: 119-39.
LERNER, Abba. 1970. *The Economics of Control*. Nova York: Augustus M. Kelley.
LEVITAN, Sar A. 1990. *Programs in Aid of the Poor*. Baltimore, Maryland: Johns Hopkins University Press.

LOCKE, John. 1960 [1690]. *Two Treatises of Government*. Cambridge: Cambridge University Press. [Trad. bras. *Dois tratados sobre o governo*, São Paulo, Martins Fontes, 1998.]
LOMASKY, Loren. 2001. "Nozick on Utopias", Schmidtz, David, org. *Robert Nozick*. 59-82. Nova York: Cambridge University Press.
———. 2005. "Libertarianism at Twin Harvard", *Social Philosophy and Policy*. 22: 178-99.
LOUDEN, Robert B. 1992. *Morality and Moral Theory*. Nova York: Oxford University Press.
MANDLE, John. 2000. *What's Left of Liberalism?* Lanham, Maryland: Lexington.
MASLOW, Abraham. 1970. *Motivation and Personality*. Nova York: Harper & Row.
McCLOSKEY, Deirdre. 1985. *The Rhetoric of Economics*. Madison, Wisconsin: University of Wisconsin Press.
McCONNELL, Terrance. 1993. *Gratitude*. Philadelphia, Pennsylvania: Temple University Press.
McKERLIE, Dennis. 1989. "Equality and Time". *Ethics* 99: 475-91.
McMURRER, Daniel P., Mark Condon e Isabel V. Sawhill. 1997. *Intergenerational Mobility in the United States*. Washington, Distrito Federal: Urban Institute.
McNEIL, John. 1998. "Changes in Median Household Income: 1969 to 1996". Website do Ministério do Comércio dos Estados Unidos, *Current Population Reports, Special Studies*, p. 23-196. Washington, Distrito Federal: U. S. Government Printing Office.
MILL, John Stuart. 1974 [1859]. *On Liberty*. Harmondsworth: Penguin.
———. 1979 [1861]. *Utilitarianism*. Indianápolis, Indiana: Hackett. [Trad. bras. *A liberdade/Utilitarismo*, São Paulo, Martins Fontes, 2000.]
MILLER, David. 1976. *Social Justice*. Oxford: Oxford University Press.
———. 1999a. *Principles of Social Justice*. Cambridge, Massachusetts: Harvard University Press.
———. 1999b. "Justice and Global Inequality", in Hurrell e Woods, orgs. *Inequality, Globalization, and World Politics*. 187-210. Oxford: Oxford University Press.
MILLER, Fred D. 2001. "Sovereignty and Political Rights", in Otfried Höffe, org. *Aristoteles Politik*. 107-19. Berlin: Akademie Verlag.
MILLER, Richard W. 1992. "Justice as Social Freedom", in Beehler, Szabados e Copp, orgs. *On the Track of Reason: Essays in Honor of Kai Nielsen*. 37-55. Boulder, Colorado: Westview.
MILLER, Richard W. 2002. "Too Much Inequality", *Social Philosophy and Policy*. 19: 275-313.

MORRIS, Christopher. 1991. "Punishment and Loss of Moral Standing", *Canadian Journal of Philosophy*. 21: 53-79
——. 1998. *An Essay on the Modern State*. Cambridge: Cambridge University Press.
NAGEL, Thomas. 1989. "Rawls on Justice", in Daniels, org. *Reading Rawls*. 1-16. Stanford, Califórnia: Stanford University Press.
——. 1991. *Equality and Partiality*. Oxford: Oxford University Press.
——. 1997. "Justice and Nature", *Oxford Journal of Legal Studies*. 2: 303-21.
NARVESON, Jan. 1994. "Review of Temkin's *Inequality*". *Philosophy and Phenomenological Research*. 56: 482-86.
——. 1995. "Deserving Profits", in Cowan e Rizzo, orgs. *Profits and Morality*. 48-97. Chicago: University of Chicago Press.
——. 1997. "Egalitarianism: Baseless, Partial, and Counterproductive". *Ratio* 10: 280-95.
NIETZSCHE, Friedrich. 1969 [1887]. *On the Genealogy of Morals*. Nova York: Vintage Books.
NORRIS, Floyd. 1996. "So Maybe It Wasn't the Economy". *New York Times*, 1º de dezembro.
NOZICK, Robert. 1974. *Anarchy, State, and Utopia*. Nova York: Basic Books. [Trad. *Anarquia, Estado e Utopia*, São Paulo, Martins Fontes, no prelo.]
OLSARETTI, Serena. 2004. *Liberty, Desert, and the Market*. Cambridge: Cambridge University Press.
PIKETTY, Thomas e Emmanuel Saez. 2004. "Income Inequality in the United States, 1913-2002". Atualização eletrônica de "Income Inequality in the United States, 1913-1998", *Quarterly Journal of Economics* 118 (2003): 1-39.
PRICE, Terry L. 1999. "Egalitarian Justice, Luck, and the Costs of Chosen Ends", *American Philosophical Quarterly* 36: 267-78.
RACHELS, James. 1997. "What People Deserve", in *Can Ethics Provide Answers?* 175-97. Lanham, Maryland: Rowman & Littlefield.
RADZIK, Linda. 2004. *Making Amends*. Texas A&M University. Manuscrito inédito.
RAKOWSKI, Eric. 1991. *Equal Justice*. Oxford: Oxford University Press.
RAWLS, John. 1971. *A Theory of Justice*. Cambridge, Massachusetts: Harvard University Press. [Trad. bras. *Uma teoria da justiça*, São Paulo, Martins Fontes, 3ª ed., 2008.]
——. 1996. *Political Liberalism*, Nova York: Columbia University Press.

RAWLS, John. 1999a. *A Theory of Justice*. Edição revista. Cambridge, Massachusetts: Harvard University Press.
——. 1999b. *Collected Papers*. S. Freeman, org. Cambridge, Massachusetts: Harvard University Press.
——. 1999c. *Law of Peoples*. Cambridge, Massachusetts: Harvard University Press. [Trad. bras. *O direito dos povos*, São Paulo, Martins Fontes, 2001.]
——. 2001. *Justice as Fairness: A Restatement*. Cambridge, Massachusetts: Harvard University Press. [Trad. bras. *Justiça como equidade*, São Paulo, Martins Fontes, 2003.]
RECTOR, Robert e Rea S. Hederman. 1999. "Income Inequality: How Census Data Misrepresent Income Distribution". *Report of the Heritage Center for Data Analysis*. Washington, Distrito Federal: Heritage Foundation.
ROEMER, John E. 2002. "Egalitarianism Against the Veil of Ignorance", *Journal of Philosophy*. 99: 167-84.
ROSE, Carol. 1985. "Possession As the Origin of Property", *University of Chicago Law Review* 52: 73-88.
ROVANE, Carol A. 1998. *The Bounds of Agency: An Essay in Revisionary Metaphysics*. Princeton, Nova Jersey: Princeton University Press.
SAMUELSON, Paul. 1973. *Economics*, 9.ª edição, Nova York: McGraw-Hill.
SANDERS, John T. 2002. "Projects and Property", in Schmidtz, David, org., *Robert Nozick*. 34-58, Nova York: Cambridge University Press.
SAYRE-McCORD, Geoffrey. 1996. "Hume and the Bauhaus Theory of Ethics", *Midwest Studies*. 20: 280-98.
SCHEFFLER, Samuel. 1992. "Responsibility, Reactive Atitudes, and Liberalism in Philosophy and Politics", *Philosophy and Public Affairs* 21: 299-323.
SCHMIDTZ, David. 1990a. "Justifying the State", *Ethics* 101: 89-102.
——. 1990b. "When Is Original Appropriation *Required?*", *Monist* 73: 504-18.
——. 1992. "Rationality Within Reason", *Journal of Philosophy* 89: 445-66.
——. 1994. "The Institution of Property", *Social Philosophy & Policy* 11: 42-62.
——. 1995. *Rational Choice and Moral Agency*. Princeton, Nova Jersey: Princeton University Press.
—— e Elizabeth Willott, orgs. 2003. "Reinventing the Commons: An African Case Study", *University of Califórnia at Davis Law Review* 36: 206-32.

SEN, Amartya. 1992. *Inequality Reexamined*. Cambridge, Massachusetts: Harvard University Press.
SHER, George. 1987. *Desert*. Princeton, Nova Jersey: Princeton University Press.
——. 1997. "Ancient Wrongs and Modern Rights" in *Approximate Justice* 15-27. Lanham, Maryland: Rowman and Littlefield.
SHUE, Henry. 2002. "Global Environment and International Inequality", in Schmidtz e Willott, orgs. *Environmental Ethics: What Really Matters, What Really Works*. 394-404. Nova York: Oxford University Press.
SIMMONS, A. John. 1979. *Moral Principles and Political Obligations*. Princeton, Nova Jersey: Princeton University Press.
SMITH, Adam. 1982 [1759]. *The Theory of Moral Sentiments*. Indianapolis, Indiana: Liberty Fund. [Trad. bras. *Teoria dos sentimentos morais*, São Paulo, Martins Fontes, 1999.]
SPECTOR, Horacio, [1992] *Autonomy and Rights*. Oxford: Oxford University Press.
STARK, Cynthia A. 2004. "How To Include the Severely Disabled in a Contractarian Theory of Justice". University of Utah, manuscrito inédito.
TAYLOR, Charles. 1985. "Atomism", in *Philosophy and the Human Sciences: Philosophical Papers, vol. 2*. Cambridge, Massachusetts: Cambridge University Press.
——. 1995. *Philosophical Arguments*. Cambridge, Massachusetts: Cambridge University Press.
TEMKIN, Larry S. 1993. *Inequality*, Nova York: Oxford University Press.
THOMSON, Judith. 1976. "Killing, Letting Die, and the Trolley Problem", *Monist* 59: 204-17.
TOMASI, John. 2001. *Liberalism Beyond Justice*. Princeton, Nova Jersey: Princeton University Press.
U. S. Census Bureau. 2005. "Poverty Thresholds: 2004", *January Current Population Survey*. Washington, Distrito Federal: U.S. Government Printing Office.
U. S. Census Bureau. 2003. *Current Population Reports, P60-221, Income in the United States: 2002*. Washington, Distrito Federal: U.S. Government Printing Office.
U. S. Department of the Treasury, Office of Tax Analysis. 1992. "Household Income Changes Over Time: Some Basic Questions and Facts", *Tax Notes*, 24 de agosto de 1992. Washington, Distrito Federal: U.S. Government Printing Office.

WALDRON, Jeremy. 1989. "The Rule of Law in Contemporary Liberal Theory", *Ratio Juris* 2: 79-96.
——. 1992. "Superseding Historic Injustice", *Ethics* 103: 4-28.
——. 1995. "The Wisdom of the Multitude: Some Reflections on Book 3, Chapter 11 of Aristotle's *Politics*, *Political Theory* 23: 563-84.
WALZER, Michael. 1983. *Spheres of Justice*. Nova York: Basic Books.
WELLMAN, Christopher Heath. 1999. "Gratitude as a Virtue", *Pacific Philosophical Quarterly* 80: 284-300.
——. 2002. "Justice", in Simon, org. *The Blackwell Guide to Social and Political Philosophy*. 60-84. Malden: Blackwell.
WILLIAMS, Bernard. 1985. *Ethics and the Limits of Philosophy*. Cambridge, Massachusetts: Harvard University Press.
WILLOTT, Elizabeth. 2002. "Recent Population Trends", in Schmidtz e Willott, orgs. *Environmental Ethics: What Really Matters, What Really Works*. 274-83, Nova York: Oxford University Press.
WITTGENSTEIN, Ludwig. 1958. *Philosophical Investigations*. 3.ª edição. Tradução de Anscombe. Nova York: MacMillan.
YOUNG, Iris Marion. 1990. *Justice and the Politics of Difference*. Princeton, Nova Jersey: Princeton University Press.
ZAITCHIK, Alan. 1977. "On Deserving to Deserve", *Philosophy and Public Affairs*: 6: 370-88.

ÍNDICE REMISSIVO

Ackerman, Bruce, 162-3, 165-6, 228, 234
alienação, 132, 134, 225
　das transações do mercado, 135
　entre grupos, 135
Alm, Richard, 194, 200
análise, 6
　da justiça, 9
　do cão, 6
　e condições necessárias e suficientes, 31, 42
Anderson, Elizabeth, 170-1, 179, 226
Aquino, Tomás de, 266
arbitrariedade moral, 53-4, 160
arbitrário. Ver também arbitrariedade moral
　significados do, 326-8
árbitro de jogo, 13
Arneson, Richard, 174, 297
Arrow, Kenneth, 219-20
atividade das pessoas, 106. Ver também separação entre as pessoas
atomismo; 134, 226. Ver também Crusoé, Robinson

Badhwar, Neera, 61
Baker, Edwin, 211
Barry, Brian, 321
Becker, Lawrence, 113, 128, 131, 136, 150-1
Beitz, Charles, 101
benevolência rudimentar, 268
bens públicos, 153-4
Big Bang [Grande Explosão], 52-8, 96, 101
boa ou má sorte, 52, 68. Ver *também* loteria natural
　e falta de oportunidades, 81
　meramente ter tido sorte, 53, 61, 70, 81-2
　pelas qualidades do caráter, 21
　por circunstâncias sociais, 21
　por ter habilidade no trabalho, 20-1
　por ter nascido com a disposição para esforçar-se, 53
　por ter nascido como ser humano, 59
　por ter nascido com talentos, 20

por vantagens naturais e de posição social, 48-9, 58, 81-2, 100-1
Boisjoly, Johanne, 200
Boskin, Michael, 198
Brennan, J., 291, 342
Brock, Gillian, 53, 91
Buchanan, Allen, 111-2, 122, 142-4
Burtless, Gary, 196

cactos, *hedgehog* [ouriço-cacheiro] *versus pincushion* [alfineteiro], 39
caráter
   como arbitrário, 93
   e sorte, 52-4
carteiras roubadas, 315, 320, 338
ceticismo, quanto ao merecimento, 51-7, 64
Chamberlain, Wilt, 100-5, 299, 306
Christiano, Thomas, 176
codificabilidade, 39-41
   com relação ao julgamento, 40
Cohen, Andrew Jason, 277
Cohen, G. A., 306, 315-7
Comissão para promover a verdade e a reconciliação (África do Sul), 322-3
competição com os outros. *Ver* igualdade
comunidade, 132
conceitos da justiça
   a escolha entre vários, 12-3, 16, 25, 84, 253, 271, 334-5
   ambiguidade dos, 14
   por trás do véu da ignorância, 335
consenso, e teorização, 6-7
consentimento hipotético, 149

consequencialismo, 88-90, 257
construção do merecimento, *ver* merecimento, bases do
contextualismo, 18, 24-6, 245
   e contraexemplos, 27-8
   e princípios, 34-5
contraexemplos, 27-8, 33-4
contratualismo, 229, 278
Cowen, Tyler, 183, 190
Cox, W. Michael, 194, 200-1
Crusoé, Robinson, 226, 277, 286
Cruz Vermelha, 127
culpa, 320-21
   e cura, 324
cultura pacífica, 267

Daniels, Norman, 179
Danziger, Sheldon, 203
definições. *Ver* análise.
descendentes inocentes, *ver* retificação
desfazer transferências erradas, 315
desprivilegiados [menos privilegiados], 14, 27, 86-8, 93, 188, 208, 267, 282-91, 303, 334
   considerados como classe, 288-91
   definição, 282
   e a primazia da liberdade, 292-3
   em uma sociedade de castas rígidas, 288
   em uma sociedade verticalmente móvel, 288-9
   o desejo de segurança *versus* o desejo de ter oportunidades, 290-1
   o desejo de ser merecedor, 85-6

ÍNDICE REMISSIVO

dever imperfeito. *Ver* reciprocidade, transitiva
Dickinson, Emily, 182, 184
dinheiro, 135, 318
direitos de propriedade e liberdade, 315-7
discriminação, e princípios fracamente padronizados, 301
distribuição
 de parceiros sexuais, 325, 338
 de recompensas, 22-3
dons naturais. *Ver* sorte
Duncan, Greg, 200-1

economia. *Ver também* mercado e viver bem, 266
Edison, Thomas, 139, 151, 184, 227
entidades coletivas
 e reciprocidade, 128
 responsabilidade das, 320
enunciação do código, 39-41
Epstein, Richard, 320
especulação em torno da reciprocidade. *Ver* reciprocidade
estagnação de salários, 197-9
estatísticas, 188-9, 207
estatísticas sobre a pobreza, 198
estrutura básica, 49, 86, 142-4, 246, 284, 290, 302, 328, 340-2
 avaliação baseada na reciprocidade, 143-5
 como garantia, 143
estrutura de classes, *ver* igualdade.
evolução, dos conceitos de justiça, 42, 269-71
excelência de corredores, em função de dedicação, 97
exemplo da bicicleta, 159, 168

exemplo da carona para o trabalho, 116
exemplo da doação de sangue, 127
exemplo da fonte de água, 308
exemplo da multa de trânsito, 47
exemplo das metades de pizza, 279-80
exemplo do candidato a emprego, 66-8, 71-3
exemplo do cortador de grama, 241, 249
exemplo do hospital, 256-7, 262-5,
exemplo do lábio leporino, 329-30
exemplo do tribunal, 111, 122
exemplo do trole, 255-7, 262-5
expectativa de vida, 139, 197, 209, 268
experimentos [experiências] teóricos, 262-4, 337
externalidade
 negativa, 14-5
 positiva, 14, 186-7

favores, aceitar em comparação com receber, 147-50
Feinberg, Joel, 60, 89, 94
Feldman, Fred, 65, 78
Feser, Edward, 300, 306
filhos
 criação e perspectivas de vida, 188
 direitos dos, 28-30
 e a arte de agir decentemente como pais, 29
 e distribuição de acordo com as necessidades, 248
 e indústrias que manufaturam necessidades, 23

em famílias com pais ou
  mães solteiros ou
  separados, 207
e parcelas iguais, 165
e reciprocidade como valor,
  129-31, 154-6
e renda familiar, 203, 206
filhos adultos, 28-9
mobilidade de renda dos,
  206-7
necessidade dos, 22, 28-30
filosofia analítica, 28
Foot, Philippa, 265
Frankfurt, Harry, 214
funcionalismo, 25
funcionalismo contextual, 24.
  Ver também contextualismo;
  pluralismo.
furto em lojas, 9-10

Galston, William, 179, 246
ganhar
  bases do ganho, 77-8
  comparado com merecer, 77-80
Gaus, Gerald, 5, 171, 325
Gauthier, David, 48, 134, 325
Glannon, Walther, 126
Gottschalk, Peter, 203
Grand Canyon, 55
Griffin, James, 242
Griswold, Charles, 322

habilidades, como um bem
  comum, 286
Hare, R. M., 211
Harman, Gilbert, 26
Hart, H. L. A., 250
Holmgren, Margaret, 85-7
humanitarismo, 169-70. *Ver
  também* igualitarismo

igualdade, 20
competição com os outros,
  173, 175-6, 202, 209
dimensões da, 19, 134, 170-1
e a estrutura das classes
  sociais, 160, 171, 175, 179,
  195, 206-7, 288
e reciprocidade, 134
política, 171
quando requerida pela
  justiça, 167
igualitarismo, 160, 164, 168, 172,
  225, 303
argumento utilitarista
  contrário ao, 216-7, 223
argumento utilitarista
  favorável ao, 211, 216-7
comparado com o
  humanitarismo, 169-71
e meritocracia, 178-9, 182
e mundos que já têm
  história, 228-9
e opressão política, 174, 176
refutação de Rawls do, 291
impostos e taxas, 20, 136, 150,
  154
índice de preços ao consumidor,
  198
integridade, 41
intuições, 263-4
inversão de padrões, 299-301

jogo de resultado zero, 102,
  234-5, 268, 295, 315, 328-9
Johnson, Ben, 96
jurisdição, 8. *Ver também*
  preferencial
justiça. *Ver também* concepções
  da justiça, justiça processual
  como equidade, 278
  conceito básico de, 11-2

ÍNDICE REMISSIVO

conceito *versus* concepções, 11
considerada como panaceia, 14
dar às pessoas aquilo que lhes é devido, 10-2, 15, 18
e discordância, 13
evolução da, 269-70
não é uma panaceia, 134
o que é devido às pessoas, 269
ponto principal [razão] da, 14, 16-7
princípios da, 18-9, 25-8
tratamento de casos iguais da mesma maneira, 9-11
justiça como equidade
  e segurança, 290
  e preparação do baralho, 329
justiça distributiva, e licença para distribuir, 325-6
justiça processual, 278-80, 335
  pura, 279, 305, 331
justiça retificadora, 338
  e emprego da força, 319

King, Martin Luther, 93, 185, 301
Kukathas, Chandran, 320

Lacey, A. R., 309
lei dos contratos, 153
leis Jim Crow, 292
Lerman, Robert, 193
Lerner, Abba, 211
liberalismo, 226
liberdade, 292-3, 316
  de religião, 8
  e dinheiro, 318
  e leis do trânsito, 318
Lomasky, Loren, 226, 286
loteria natural,
  como preparação do baralho, 329
  como um jogo de resultado zero, 328-9
  fora do âmbito da justiça, 326, 330
Louden, Robert, 36

Mackie, Gerry, 159
maná, 164, 228
Mandela, Nelson, 322-3
Mandle, Jon, 341
mapas. *Ver também* teorias,
  como mapas bidimensionais e tridimensionais, 36
  Projeção Homolósina de Goode, 37
  Projeções de Mercator, 37
  Projeções de Peters, 37
  propósitos dos, 31, 35
máquina de experiências [Nozick], 88-90, 303
Marx, Karl, 48, 132, 225, 288
Maslow, Abraham, 245
McCloskey, Deirdre, 189
McConnell, Terrance, 148
merecimento. *Ver também* ganhar
  bases do, 48, 51, 54, 80, 91, 102
  como efeito da sorte, 21, 52, 59
  como justificativa da desigualdade, 102-3
  como não-comparativo, 102-3
  como o maior desafio moral da vida, 58
  como princípio justificativo baseado em necessidades, 91-2
  como princípio justificativo baseado na argumentação kantiana, 92-3

como princípio justificativo baseado nas consequências, 89-90
comparado com a necessidade, 91
desempenho anterior como prova de, 70-2
e a condição de ser uma pessoa física, 52-4
e a Grande Explosão [Big Bang], 52, 56, 58
e a proporcionalidade, 89-90
e aqueles que não têm oportunidade de se desempenhar, 75
e as não-pessoas [pessoas jurídicas], 55-6, 62
e destino, 56
esforços construtivos como bases do merecimento, 90
fazer jus a oportunidades recebidas, 80-1
merecer crédito por esforço ou caráter, 102
merecer tornar-se catedrático, 68
merecer uma oportunidade [chance], 67-70, 81
o caráter como base do, 77
olhando para trás, 60-6
pré-institucional, 95-9
pretensões de, 67
princípios do, 19
meritocracia, 178-9, 305
centralmente planejada, 184
e mercados, 182-5
Michelangelo, 243-5
Mill, John Stuart, 258
Miller, David, 60, 98-101, 167, 183-4
Miller, Fred, 35, 65

Miller, Richard, 85, 181
mobilidade vertical, 289-90
monismo, 123
Morris, Christopher, 52, 226, 266
Mugabe, Robert, 317

Nagel, Thomas, 83, 210, 212-3, 222
Narveson, Jan, 52-3
necessidade, 21
autoinspeção da, 248
como regra de reconhecimento, 251-3
como teste para princípios distributivos, 248
e ingresso na faculdade de medicina, 254
objetividade da, 246-7
princípios da, 19
sentidos da, 244
vaga, 244-5
necessidades
comparadas com desejos, 243-4
desenvolvimento da capacidade de satisfazê-las, 249-50
e distribuição pelo merecimento, 183
e seus propósitos, 246
e votação, 18
importantes comparadas com urgentes, 245-6
urgentes, 213, 245-6
nipo-americanos, 323
normas
percepção *versus* formulação verbal, 39
Nozick, Robert, 4, 86, 88, 147-8, 153, 275, 297, 311, 313-5, 325

órbitas planetárias, 5

padrão do homem razoável, 39
parábola da dívida, 136-7
parcelas [partes, porções] iguais, 278-9
  benefícios das, 163
  como padrão de procedimento, 163, 230
  e tratamento igualitário, 165, 167
  e xenofobia, 232-3
pecado original, 314
percepção, *versus* formulação verbal, 39
pessoas físicas
  atividade de, 106
  como caracteres, 92-3
  separação de. *Ver* separação entre as pessoas
Pincione, Guido, 75, 255
planejamento central, 103-6
pluralismo, 4, 24, 121-3, 154, 252, 258
poder político, compra e venda, 172-3
posição original, 86-8, 334-9
  ideal, 338
posse inicial [primeira possessão], 230-2
  e chegada não-simultânea, 165
  e duração da propriedade, 230
  e quem chega mais tarde, 233-6
  fora do âmbito da justiça, 236-7
preferencial nas ruas e estradas, 237, 318-9
pretensões à necessidade
  limites das, 244-5
  e satisfação de necessidades reais, 250
Price, Terry, 170
princípio da diferença, 49, 86-7, 93, 195, 208-9, 282-91, 328, 331, 341
princípio precursor, 280-1, 340-1
princípios, em contraste com regras, 342
princípios baseados no que existe num determinado momento, 297
princípios de justiça. *Ver* justiça
princípios do estado final, 298
princípios históricos, 299
princípios padronizados, 298
  e entrelaçamento de padrões, 305
  e padrões fracos, 301-3
propriedade particular, 306-7
punição [castigo]
  teoria promissória da, 69
  e reciprocidade, 111, 121

qualidade de vida, 196

Rachels, James, 60, 65-6, 89, 115-20
raciocínio maximínimo, 332, 341
Radzik, Linda, 321-2
Rawls, John, 4, 11, 13, 20, 27, 53, 83-9, 94-6, 160, 195, 208, 260, 275-95, 302-3, 326-42
  crítica do merecimento, 49
  dois princípios de justiça, 49, 285
  e fatos naturais, 330
  e reciprocidade, 278
reciprocidade, 21, 278. *Ver também* favores
  como fenômeno interno ao grupo, 231

como um dever imperfeito, 127, 152
como um segundo movimento, 124
como valor moral, 129-31, 143-6
comparada com o merecimento, 116-7
contribuição e recompensa, 140
dentro de relacionamentos pessoais, 122. *Ver também* pecado original
e afirmação mútua, 131-2
e dívida para com a sociedade, 151
e dívidas para com a sociedade, 127, 129, 136, 139-40
e dívidas pessoais, 115-7
e entidades coletivas, 128
e os deficientes, 145-7
e pessoas indefesas, 124
especulação em torno da, 149
forçada, 152
permitindo a cooperação, 120
princípios da, 19, 114
reciprocidade de prejuízos [danos], 121
simétrica, 125-6, 143, 154
tipos apropriados de, 115
transitiva, 125, 134, 155
vaga [imprecisa], 126
valor instrumental da, 131
reciprocidade simétrica. *Ver* reciprocidade
reciprocidade transitiva. *Ver* reciprocidade
regra do reconhecimento, 251-3
renda familiar, 190
comparada com a renda por faixa etária, 191-6
comparada com as rendas individuais, 190-2, 200-1, 203
responsabilidade pessoal, 53-4, 267-8
restrições colaterais, 309-10
e imposição de riscos, 311
limite de velocidade como 309-10
retificação, 319, 324
Rose, Carol, 230
roubo de carteiras, 315, 320, 338
Rovane, Carol, 141

salários domésticos, 186
Samuelson, Paul, 220
Sanders, John T., 235
Saving Private Ryan [O Resgate do Soldado Ryan], 79
Sayre-McCord, Geoffrey, 258, 263
Scheffler, Samuel, 50
Sen, Amartya, 164
separação entre as pessoas, 106, 256, 265, 277, 286, 303, 306-8, 325
produtores comparados com consumidores, 303
Shue, Henry, 15
Simmons, A. John, 148
simplicidade teórica, 5
sistema de comunicação pública, 148
Smeeding, Timothy, 200
Smith, Adam, 152
Smith, Michael, 72, 130
sociedade fechada, 334
sociedade fluida, *ver* mobilidade vertical
sorte segundo o igualitarismo, 171

South Africa's Truth and Reconciliation Commission [Comissão sul-africana para promover a verdade e a reconciliação], 322-3
Spector, Horacio, 265
Stark, Cynthia A., 283
status quo, por que deve ser privilegiado, 232

tabela periódica, 5, 42
Temkin, Larry, 169-70, 181
tensões do compromisso, 283-5, 333
teoria da titularidade, 304, 313
teorias. *Ver também* contra-exemplos
  âmbito das, 33
  como abstrações, 32
  como mapas, 4, 7, 31-2, 37, 342-3
  e a verdade objetiva, 37, 342-3
  e consenso diário, 7-8
  e discordância, 6-7, 36
  e pressões sociais, 7
  incompletas, 5, 340-1
teorias monistas, 5. *Ver também* pluralismo
Thomson, Judith, 265
titularidade, 105
Tomasi, John, 143, 342
transferência justa, 315
tratamento igualitário, 165, 167

urgência, *versus* importância, 213, 245-6

utilidade marginal decrescente, 210, 222
utilitarismo, 88, 210-1, 260, 277-8
  e obtenção de bons números, 257
  e suspensão do teto, 258
  o problema dos maximizadores irrestritos, 257
  sacrifício de poucos em favor de muitos, 264
utilitarismo de regra de bolso, 260
utilitarismo de regra prática, 260
utilitarismo segundo regras, 257

Valjean, Jean, 69
valor moral idêntico, 180-1
valores, respeito *versus* promoção, 255
véu de ignorância, 285-7, 331-5
viver bem, 3, 14-6, 84, 253, 256, 266, 309
voluntarismo, 304, 314-5
vontade livre [livre-arbítrio], 59
voto feminino, 18

Waldron, Jeremy, 65, 106, 324
Walzer, Michael, 57, 172
Weinstein, Michael, 203
Wellman, Christopher, 278
Willott, Elizabeth, 186-7

Young, Iris Marion, 168, 172

Zimbabwe, 317

Orgrafic
Gráfica e Editora
tel.: 25226368